Adiestra a tu gato

Primera edición en este formato: enero de 2023
Título original: *The Trainable Cat*

© John Bradshaw y Dr. Sarah Ellis Consultancy Ltd., 2016
© de la traducción, Sonia Tanco, 2018
© de esta edición, Futurbox Project S.L., 2023
Todos los derechos reservados.

Imagen de cubierta: Por Utekhina Anna / Shutterstock
Diseño de cubierta: Taller de los Libros

Publicado por Kitsune Books
C/ Aragó, n.º 287, 2.º 1.ª
08009, Barcelona
www.kitsunebook.org

ISBN: 978-84-16788-72-9
THEMA: WNGC
Depósito Legal: B 1062-2023
Preimpresión: Taller de los Libros
Impresión y encuadernación: CPI Black Print (Barcelona)
Impreso en España – *Printed in Spain*

JOHN BRADSHAW Y SARAH ELLIS

ADIESTRA A TU GATO

CÓMO HACER QUE TU GATO Y TÚ SEÁIS MÁS FELICES

TRADUCCIÓN DE
SONIA TANCO

Kitsune Books

ÍNDICE

Dedicado a Herbie, el querido gato de Sarah.

Durante las últimas semanas que dediqué a escribir este libro, mi querido Herbie falleció inesperadamente. Quiero dedicarle este libro, ya que sin su inspiración no habría tenido el conocimiento, la habilidad o la fuerza para completarlo. Me gustaría que dejara un legado: que enseñara a muchos dueños a ayudar a sus gatos a hacer frente, e incluso a disfrutar, de los problemas y tribulaciones que conlleva vivir con nosotros.

Herbie… siempre llevaré tus huellas en el corazón.

Prefacio de Sarah

El adiestramiento de gatos es algo con lo que me topé por casualidad. Ahora, cuando trato de recordar cuándo empezó todo, me doy cuenta de que, en realidad, fue cuando debía de tener unos siete años (claro que por aquel entonces no sabía el impacto que tendría en mi vida, o en la de los gatos de los que sería propietaria). Mi madre compró un gatito burmés para la familia que se convirtió en el centro de todo mi afecto: era el protagonista de todos mis proyectos para obtener la insignia de los animales de las *girl scouts,* de todos mis dibujos e ilustraciones para los concursos de arte y de la mayoría de mis conversaciones con los amigos del colegio, por poner algunos ejemplos. Claude, así se llamaba, era muy cariñoso, activo y le encantaba la comida: una combinación perfecta de los rasgos necesarios para entrenar. En poco tiempo, guiaba a Claude a través de obstáculos construidos con trozos de comida que había robado de la nevera y lo hacía perseguir a toda velocidad una varita de juguete para que saltara por encima de las cuerdas de tender que mi madre tenía en el jardín. Creo que el truco del que más orgullosa me sentía era que, cuando me daba dos golpecitos en el hombro, Claude saltaba del respaldo del sofá a él y mantenía el equilibro mientras yo caminaba por el salón hasta el alféizar de la ventana. Entonces, le daba dos golpecitos al alféizar y Claude saltaba y frotaba la cara contra la mía. No cabe duda de que Claude correspondía el amor que sentía por él, pues dormía en mi cama y en las cunas de mis muñecas, y muchas veces me acompañaba cuando sacaba al perro a pasear. Perdí a Claude en mi decimosexto cumpleaños, cuando él tenía diecinueve años: había dejado una huella en mí, ya que por aquel entonces yo estaba a medio camino de estudiar un doctorado en comportamiento felino.

Mi estudio, junto a mi labor profesional en conductas felinas problemáticas, me ayudaron a conocer bien los problemas actuales relacionados con la propiedad de gatos que afectan al bienestar del animal: descubrí que a muy pocos gatos les gusta ir al veterinario, tumbarse y relajarse mientras viajan en coche, abrir la boca de buena gana para tragarse la medicación contra los parásitos, o aceptar a un nuevo miembro de la familia, ya sea felino, humano o canino. Como propietaria de gatos, creí que lo correcto era garantizar que mis gatos tuvieran, desde muy pequeños, la capacidad de permanecer tranquilos en esas situaciones. No soy una adiestradora de animales profesional, pero he tenido la suerte de trabajar junto a varios adiestradores maravillosos que han compartido sus conocimientos y habilidades prácticas conmigo y que, de vez en cuando, me dejan participar en los adiestramientos (de cachorros).

Combinándolo con lo que sabía sobre los gatos y la teoría del aprendizaje, empecé a incorporar el adiestramiento en la vida cotidiana de todos mis gatos. El entrenamiento les ha ayudado a hacer frente a los muchos desafíos de la vida. Pronto empecé a recibir comentarios positivos: los dueños que se sentaban a mi lado en la sala de espera del veterinario observaban con sorpresa lo tranquilos y relajados que estaban mis gatos dentro del transportín, y el veterinario comentaba: «Ojalá todos los gatos fueran tan buenos como los tuyos». Desde ese momento, decidí que adiestraría por norma a todos los gatos que tuviera.

Woody, el primer gato que tuve de adulta, se mudó conmigo muchas veces, incluso cruzó el mar de Irlanda sin pestañear gracias a los entrenamientos preliminares que habíamos realizado. Más adelante, Cosmos, otro de mis gatos que aparece a lo largo de este libro, compartió hogar sin problemas con muchos gatos de acogida y, posteriormente, aceptó a Herbie, que llegó cuando era un gatito travieso y juguetón, como habitante permanente. Unos años más tarde, enseñé a Herbie y Cosmos a convivir con una incorporación canina: Squidge, el Jack Russell. Sabiendo que en algún momento de sus vidas podía comprarme un perro, había empezado a entrenarlos para que aceptaran las visitas de perros desde que eran pequeños, mucho antes de decidir darle un hogar a Squidge.

La incorporación más reciente a la familia, y probablemente la que más me preocupaba, ha sido la de mi hijo Reuben: al fin y al cabo, ¡no podía buscarle un nuevo hogar si la convivencia no funcionaba! Sin embargo, estoy encantada de decir que Reuben, que ya no es un bebé, apunta maneras de ser la próxima generación de amantes de los gatos de nuestra familia y que todas las sesiones de entrenamiento, tanto las previas como las sucesivas, han servido para que los gatos disfruten de su presencia: muchas veces, Cosmos maúlla a Reuben cuando llega a casa y lo saluda restregándole la cara.

Como el entrenamiento había tenido consecuencias tan positivas para mis gatos, me sentí obligada a correr la voz: por eso empecé a escribir durante un año una serie de artículos con información práctica sobre el adiestramiento para una revista de gatos británica. Los artículos fueron recibidos efusivamente y me di cuenta de que solo había rascado la punta del iceberg. Quería hacer más, así que empecé a plantearme escribir un libro sobre el tema. Fue en ese momento cuando comencé a trabajar con el programa de la BBC Horizon *La vida secreta del gato,* en el que una de mis primeras tareas fue enseñarles a los dueños a entrenar a sus mascotas para llevar dispositivos de rastreo con GPS. John, que trabajó conmigo en el programa, lo presenció y, cuando empezamos a hablar sobre el adiestramiento de gatos y a compartir conocimientos, surgió la idea de escribir un libro conjuntamente. Aunque puede que empezara a entrenar gatos casi sin querer, he visto que el entrenamiento tiene un impacto tan positivo en el bienestar de los animales que pretendo difundir esta guía práctica por todo el mundo.

Prefacio de John

Tal y como dice Sarah, la idea de este libro surgió en 2013, cuando nos reunimos en el pintoresco pueblo de Shamley Green, la localización en la que se filmaría el documental sobre gatos de la BBC Horizon. Debo confesar que hasta que Sarah me sugirió la idea, no había pensado mucho en el adiestramiento de gatos. Conocía a varias personas que habían enseñado a sus gatos a realizar ciertos trucos, incluida una que se regodeaba de la habilidad de su gato para saltar sobre la tapa del váter convencional y utilizarlo en lugar de un arenero (no, ¡no describiremos cómo hacer eso en este libro!). Había visto «gatos amaestrados» en estudios de televisión y ninguno de ellos parecía especialmente cómodo, probablemente porque sin duda se encontraban lejos de sus entornos habituales. Sí sabía que los gatos son alumnos fantásticos, a pesar de su reputación de ser autosuficientes e independientes. El estudio que demuestra que cada gato aprende cómo utilizar el maullido (capítulo 4) me hizo darme cuenta, más que nada, de cómo los gatos adaptan su conducta para sobrevivir en el mundo en el que queremos que vivan. No obstante, al contrario que Sarah, yo nunca había llegado a la conclusión de que los gatos domésticos podían llevar vidas más felices y de que debíamos enseñarles cómo hacerlo.

Todo el mundo sabe que un perro sin amaestrar es una carga para el dueño y un peligro para sí mismo (aunque existen muchas corrientes de pensamiento opuestas sobre la mejor manera de entrenar a un perro). Nunca había oído a nadie quejarse de que un gato no estuviera «amaestrado»: por suerte para ellos, no son una responsabilidad social como los perros. Sin embargo, en algunas partes del mundo, sobre todo en Australia y Nueva Zelanda, están empezando a implantar leyes sobre los «gatos peligrosos». Claro que no por los mismos motivos que las leyes contra los «perros peligrosos»: en este caso, no suponen un peligro para el ser humano, sino para la fauna. A esa legislación le faltan argumentos (por ejemplo, «los toques de queda para gatos» no han conseguido detener la desaparición de algunos marsupiales australianos), pero su existencia demuestra que, para algunas personas, los gatos no son bienvenidos en la fauna local, a pesar de que en muchos lugares han formado parte del entorno durante cientos, incluso miles, de años, y sus cohabitantes parecen haberse adaptado en cierto modo a su presencia.

En muchos sitios (no solo Australasia) se aboga por mantener a los gatos dentro de casa las veinticuatro horas del día. Muchos son partidarios de que se haga para evitar que cacen; otros (incluidas algunas organizaciones que se encargan de buscarles hogares nuevos a los gatos) lo ven como una forma de proteger a estos animales de los vehículos a motor, depredadores (por ejemplo, los coyotes en Norteamérica) y otros gatos agresivos del barrio que quieran negarles el derecho a vagar a sus anchas o incluso a que atraviesen la gatera. A pesar de todas esas presiones, nosotros no estamos a favor de convertir a los gatos en mascotas exclusivamente de interior. No obstante, debemos admitir que la situación de algunos gatos y sus dueños requiere un estilo de vida solo de interior o, por lo menos, que se consideren seriamente los aspectos negativos de tener acceso al exterior y los de estar encerrados de por vida. Por tanto, en este libro queremos proporcionar posibles soluciones a esos dilemas: se puede enseñar al gato a que acuda a nuestra llamada, igual que a un perro bien entrenado, cuando el dueño percibe un peligro que el gato no; podemos añadir diversidad al entorno del hogar para satisfacer las necesidades del gato de explorar e investigar; los gatos de interior (o de interior y exterior) pueden jugar con sus dueños a juegos que imiten a la caza y así, (con suerte), disminuirá su deseo instintivo de cazar; y podemos enseñarles juegos que tengan muy poco que ver con la caza pero que mejoren su relación y los divierta a ambos.

A la larga, nuestra ambición es derribar dos ideas preconcebidas: en primer lugar, que los gatos no pueden entrenarse; en segundo lugar, que los gatos no se benefician de que los entrenen. Siempre hemos sabido, y puede demostrarse, que lo primero es falso. Por lo que respecta a lo segundo, creemos que el bienestar de los gatos del futuro depende de un cambio fundamental en la actitud, un cambio que se haga eco de las exigencias actuales de que todos los animales domésticos sean «ciudadanos ejemplares». Ha pasado mucho tiempo desde que se permitía que los perros vagaran a su libre albedrío, por lo menos en occidente: estamos cada vez más cerca de que ocurra lo mismo con los gatos. Esto no quiere decir que estemos sugiriendo que los gatos deban ser igual que los perros: los dos animales se parecen tanto como la tiza y el queso en cuanto a su naturaleza y sus necesidades fundamentales para ser felices, que podemos resumir de la siguiente manera: «los perros necesitan a la gente, los gatos necesitan espacio». El tipo de adiestramiento para gatos que proponemos no se parece en nada al entrenamiento de «obediencia» que encontrarás en la mayoría de libros sobre adiestramiento de perros. Se basa más bien en ayudar a los gatos a adaptarse a nuestras exigencias, unas que antes se esperaba que gestionaran ellos solos.

Si los gatos supieran leer, querríamos que premiaran nuestros esfuerzos con un equivalente felino del agradecimiento.

Introducción

¿Por qué deberíamos adiestrar a un gato?
(Y por qué los gatos no son perros,
y, desde luego, tampoco niños)

¿A quién se le ocurriría adiestrar a un gato? Hace años, los leones y tigres domesticados eran indispensables en los circos, hasta que la opinión pública se volvió contra ellos. Los gatos domésticos amaestrados parecen recibir una mayor aceptación: en Moscú existe un teatro de gatos y los espectáculos de la compañía Amazing Acro-Cats recorren todo Estados Unidos cuando no acuden a programas de televisión o hacen películas. Sin embargo, ¿por qué iba a querer alguien entrenar a su gato, salvo tal vez para alardear de los talentos de su cómplice felino delante de sus amigos?

Este libro tiene un propósito más serio: queremos enseñarte que entrenar a un gato puede mejorar no solo tu relación con el animal, sino también el bienestar de tu mascota. Esto no implica que entrenarlo no vaya a ser divertido, pues lo será para ambos, pero la diferencia es que conseguirás que tu gato sea más feliz y esté más dispuesto a colaborar, no que se convierta en una estrella de circo.

Como parte del trato de vivir con nosotros, los gatos tienen que hacer frente a muchas situaciones cotidianas. No asimilan fácilmente que los seres humanos venimos en distintas formas y tamaños, y que los hombres, las mujeres y los niños somos y nos comportamos de maneras igualmente diferentes.

A muchos les cuesta adaptarse a vivir con perros, o incluso con otros gatos. Odian sentirse atrapados y no entienden que a veces tenemos que limitar sus movimientos por su propio bien, como cuando tenemos que darles los medicamentos. No les gusta que se los lleve a sitios que no conocen o en los que sienten que podría haber peligro. Mientras que algunos gatos parecen tomarse estas situaciones con calma, la mayoría no lo hace. Al seguir los sencillos ejercicios de este libro, podrás darle a tu gato una vida mejor… ¿y quién no querría algo así para su preciado compañero? Hoy en día esperamos mucho más de nuestros gatos que antes, y entrenarlos es la mejor manera de ayudarlos a lidiar con nuestras exigencias.

Los dueños de perros saben que pueden adiestrarlos, pero rara vez se nos pasa por la cabeza a los que tenemos gatos la idea de entrenarlos. Es cierto que un perro sin adiestrar puede ser un peligro para sí mismo y las personas con las que vive, mientras que los gatos se las han arreglado durante milenios sin que alguien trate de amaestrarlos deliberadamente. No obstante, que no se los entrene no quiere decir que sea difícil: solo porque muy pocas personas se molesten en entrenar a sus gatos no significa que modificar el comportamiento de un gato sea un tipo de magia negra, digna solo de una minoría selecta de profesionales. Al contrario, todos los gatos pueden beneficiarse de que les enseñen a sobrellevar mejor las situaciones difíciles, como tomarse los medicamentos o entrar en el transportín. Una vez hemos aceptado que los gatos no piensan como los perros, entrenar a un gato es algo extraordinariamente sencillo.

Fundamentalmente, la forma en que aprenden los gatos es muy similar a la forma en que lo hacen los perros o, de hecho, cualquier mamífero, pero los gatos tienen una forma única de analizar y valorar el mundo que los rodea. De algún modo, esto se debe a la manera en que sus sentidos les permiten percibir el entorno, que, lo creas o no, es muy distinto de la versión en la que vivimos los seres humanos. Sin embargo, la forma de aprender de los gatos se basa principalmente en su inusual jerarquización de la información que reciben y en cómo reaccionan a ella, aspectos ambos un tanto diferentes a la forma en que lo hacen los perros, y todavía más distinto a como lo hacemos nosotros. La mayoría de las cualidades que hacen que los gatos sean gatos (su independencia, su aversión a cualquier tipo de trastorno o cambio social o su fascinación por la caza), tienen sentido una vez comprendemos cómo pasaron de ser depredadores salvajes a animales domésticos.

Hay gatos domésticos en cada rincón del planeta. En todo el mundo hay aproximadamente tres gatos por cada perro doméstico y, aunque la mayoría de ellos no tienen dueño, en muchos países tener un gato de mascota es al menos igual de popular que tener un perro. Aun así, el hecho de que algunos gatos tengan dueño mientras que otros no, sugiere la posibilidad de que, como especie, los gatos no están domesticados del todo. De hecho, los gatos tienen la reputación de ser animales bastante independientes, muy distintos de los perros, que son mucho más dependientes emocionalmente. Esto no quiere decir que los gatos sean fríos e impasibles, como mucha gente quiere hacernos creer, sino que son mucho menos propensos a mostrar sus sentimientos cuando tienen la oportunidad de hacerlo. Y, por lo general, son mucho más fáciles de cuidar que los perros, porque no necesitan que se les saque a pasear y llevan muy bien que se los deje solos durante varias horas, una situación que a muchos perros les genera estrés (aunque pocos dueños parecen darse cuenta).

Hace diez mil años no existían los gatos domésticos, solo aproximadamente treinta especies de felinos pequeños, así como un puñado de especies más grandes, que vivían en distintas partes del mundo. El linaje de todas ellas puede rastrearse hasta diez millones atrás, al primer gato, conocido como *Pseudaelurus,* del que descienden todos los felinos de hoy en día, desde el león hasta el gato patinegro más pequeño. Si avanzamos unos dos millones de años, veremos cómo surgen muchos de los tipos de gato salvaje que todavía viven en la Tierra. Algunos evolucionaron en Sudamérica, entre ellos el ocelote, el gato de Geoffroy y el yaguarundí (que se parece, y vive, más como una nutria que como un gato). Otros colonizaron el centro y el sur de Asia: entre ellos el manul o gato de Pallas, al que se consideraba un posible antepasado de las razas de gato doméstico de pelo largo hasta que las pruebas de ADN lo descartaron; y el gato leopardo asiático, del que deriva en parte la «raza» moderna del gato de Bengala.[1]

Más al oeste, otro grupo de gatos evolucionó y empezó a extenderse por Europa. Entre ellos estaba el antepasado de todos los gatos domésticos de hoy en día, el gato montés *(Felis silvestris)*. Esta especie se encuentra por toda África, Asia occidental y Europa: incluido en las tierras altas de Escocia, donde habita la única raza británica de gato montés, al borde de la extinción. Los primeros registros fiables de la existencia de gatos domesticados provienen de Egipto hace aproximadamente 6 000 años, pero es muy plausible que el proceso de domesticación hubiera empezado cientos de años antes, promovido por un evento clave en nuestro viaje hacia la civilización; la invasión de los ratones.[2]

Es probable que los ratones irrumpieran en las casas cuando una nueva fuente de alimento apareció por primera vez: los cereales y frutos secos que nuestros antepasados cosechaban al cambiar la caza y las colectas nómadas por un lugar fijo donde almacenar la comida para sobrevivir en tiempos difíciles. Todavía no se había inventado la alfarería y los recipientes que se utilizaban, hechos de fibras tejidas, pieles o arcilla sin cocer, eran vulnerables a las plagas. Los perros se habían domesticado varios miles de años atrás, pero no eran de mucha ayuda en la guerra contra los ratones y otros roedores que se alimentaban de las reservas de comida sin precedentes que les había proporcionado el cambio de estilo de vida de los seres humanos. En este contexto, aparecieron los gatos monteses, inevitablemente atraídos por las nuevas concentraciones de roedores, igual que los roedores se habían sentido atraídos por las cosechas de cereales y frutos secos.

Se cree que la primera civilización a la que plagaron los roedores fue la natufiense, que vivía al este del mar Mediterráneo, en un área que, hace unos 10 000 años, el territorio que ahora se divide en el Líbano, Israel, Palestina, Jordania y Siria. Es muy probable que los gatos monteses empezaran a transformarse en gatos domésticos en esta región, una teoría respaldada por el ADN de los gatos actuales, que es más parecido al de los gatos monteses de Oriente Medio que al de los que habitan Europa, India o el sur de África en la actualidad.

Durante cientos, y probablemente miles, de años, aquellos gatos solo habrían visitado las residencias de los humanos para cazar y, luego, se retiraban a la naturaleza para dormir y criar a sus cachorros: llevaban una vida muy similar a la de los zorros urbanos actuales, excepto porque los intentos de los gatos por mantener a raya a los roedores eran más valorados. Es muy probable que el gato montés y el doméstico se dividieran cuando varios de ellos, más atrevidos y tolerantes con los seres humanos que el resto, empezaron a quedarse en los pueblos entre una incursión de caza y otra. Posiblemente los seres humanos incentivaron esta división, aportándoles lugares seguros en los qué dormir y tener crías. Con el transcurso de las generaciones, los gatos que toleraban mejor la presencia de humanos podían pasar la mayor parte del tiempo cazando y dedicándose a sus asuntos sin que les molestaran nuestras actividades cotidianas, como ocurre con la mayoría de los depredadores salvajes. El innegable encanto de los gatitos recién salidos del nido habría llevado a que los humanos, en especial las mujeres y los niños, cogieran y acariciaran a los animales, algo que daría lugar a que los gatos tolerasen todavía mejor a los humanos de lo que lo habían hecho sus padres. Así comenzó la asociación entre humanos y gatos.

Sin embargo, aunque los gatos acabaran por tolerar al ser humano, seguiría resultándoles difícil vivir junto a otros miembros de su propia especie. Los gatos monteses son muy territoriales y agresivos entre ellos por instinto. Los machos no toleran a ningún otro macho y solo se asocian con las hembras una vez al año para aparearse. Las hembras adultas son igual de agresivas las unas con las otras y, aunque son madres muy atentas con sus crías durante los primeros meses de vida, las ahuyentan cuando ya son los bastante maduras como para valerse por sí mismas. Conforme crecían los asentamientos humanos, proporcionando plagas suficientes para alimentar a una buena cantidad de gatos durante todo el año, esa conducta territorial habría sido un problema, ya que distraía a los gatos mientras cazaban para protegerse de los ataques de sus posibles rivales. Todavía quedan rasgos significativos de esa conducta en la actualidad, tal y como indican las dificultades que tienen muchos gatos a la hora de compartir el espacio con otros gatos con los que no han crecido.

A pesar de las limitaciones impuestas por sus instintos antisociales, los gatos consiguieron desarrollar una forma de cooperación algo restringida; restringida porque se limita a las hembras, mientras que los machos no esterilizados siguen siendo sumamente independientes (recuerda *El gato que caminaba solo,* de Kipling). Cuando tienen comida suficiente, las madres permiten que las crías hembras permanezcan con ellas incluso cuando ya son lo bastante mayores para tener crías, y cuando las tienen, la madre y las crías adultas a menudo ponen a sus gatitos en un mismo nido y los alimentan a todos indiscriminadamente. Esta conducta es común entre gatos salvajes, como los gatos de granja, pero nunca se ha visto en gatos monteses, lo que sugiere que se desarrolló durante y como consecuencia de la domesticación.[3]

Por eso existen dos diferencias clave entre el comportamiento de los gatos monteses y los gatos domésticos. En primer lugar, los gatos domésticos pueden aprender fácilmente a ser sociables con los humanos, siempre y cuando empiecen a aprenderlo de pequeños. Los gatos monteses, incluso aquellos que se han criado lejos de sus madres, se convierten en animales salvajes que no confían en nadie, excepto tal vez en la persona que los crio. En segundo lugar, las gatas domésticas (y los machos esterilizados) pueden entablar amistad con otros gatos, en especial, aunque no siempre es así, con los gatos junto a los que han crecido. No obstante, muchos gatos domésticos pasan su vida sin tolerar a otros gatos, un legado que perdura de sus orígenes salvajes, y les causa mucho estrés cuando se encuentran en presencia de otros felinos.

¿Por qué fue el gato salvaje el único felino que pudo domesticarse? Había (y todavía hay) muchas otras especies de gato viviendo cerca de los primeros asentamientos permanentes del ser humano. Incluido el gato de la jungla, que tenía más o menos el tamaño de un spaniel, al cual puede que los antiguos egipcios intentaran domesticar. Mantuvieron a miles de ellos en cautividad, pero probablemente eran demasiado grandes para controlar las plagas de ratones con eficiencia y demasiado peligrosos para permitir que vagaran libremente por lugares en los que había niños (los gatos de la jungla son lo bastante fuertes como para matar a una gacela pequeña). Cerca de ellos también vivían los gatos del desierto, animales nocturnos más pequeños con almohadillas peludas en los pies que les permitían cazar en la arena caliente y que se asentaban en áreas desiertas que los gatos monteses no podrían tolerar. No obstante, los primeros pueblos en almacenar cereales vivían en áreas boscosas, el hábitat típico de los gatos monteses y una zona que probablemente quedaba demasiado lejos de los gatos del desierto más cercanos.

Es probable que el paso de controlador de plagas a mascota fuera gradual. La primera prueba que tenemos de que se considerara a los gatos algo más que exterminadores proviene de Egipto, hace unos 6 000 años.[4] No podemos estar seguros de si habían exportado a esos gatos desde el norte o si los egipcios domesticaron a los gatos monteses locales, pero sí que sabemos que más de 3 000 años después, los gatos empezaron a ser cada vez más importantes para los egipcios. No solo como controladores de plagas, aunque eran famosos por su habilidad para matar serpientes, entre otras especies, sino también como objetos de veneración.

Los antiguos cultos y religiones egipcios incluían muchos tipos de animales distintos, en especial los gatos grandes (leones y leopardos), así como pájaros (el ibis, por ejemplo). Los gatos domésticos empezaron a asociarse con la diosa Bastet, cuya forma original, hará unos 5 000 años, era la de una mujer con la cabeza de un león. Al principio, se representaba a los gatos domésticos como sus sirvientes, pero aproximadamente quinientos años antes del nacimiento de Cristo, Bastet se había transformado en algo mucho más felino, tanto en apariencia como en carácter. Por aquel entonces, los sacrificios de animales eran un gran rasgo de la religión egipcia y millones de gatos domésticos eran momificados y sepultados como ofrenda a Bastet y a otras diosas. A muchos de esos gatos se los tenía en criaderos especialmente erguidos para ellos junto a los templos, pero buena cantidad de los gatos momificados que se han recuperado fueron enterrados en ataúdes detallados y ornamentados, por lo que es evidente que eran mascotas queridas que habían muerto de viejas.

La actitud de los antiguos egipcios hacia los gatos puede parecernos extraña desde el punto de vista moderno: algunos fueron sacrificados, otros fueron venerados, puede que muchos no fueran más que humildes controladores de plagas. Asimismo, toda la historia del gato doméstico desde aquella época hasta la actualidad refleja cambios en el equilibro entre esas tres concepciones. Aunque hoy en día ya no se venera a los gatos (en sentido religioso), hace dos mil años los cultos de gatos se extendieron de Egipto a todo el Mediterráneo y persistieron en áreas rurales hasta la Edad Media. Los intentos de la Iglesia Católica por erradicar esa y otras «herejías» tuvieron el desafortunado efecto de autorizar la crueldad contra los gatos inocentes. Hoy en día todavía quedan vestigios de esas supersticiones, como la supuesta asociación entre el gato negro y la brujería que conmemoramos en Halloween y acontecimientos como el Festival de Gatos de la ciudad belga de Ypres, que terminaba cuando se arrojaba una cesta llena de gatos desde lo alto de la torre más elevada de la plaza mayor; a día de hoy, la cesta está llena de peluches, pero el uso de gatos solo se suspendió hace menos de doscientos años.

A muchas personas les gustan los gatos, pero una minoría los considera repulsivos y, en el transcurso de los siglos, la actitud predominante ha fluctuado entre los dos extremos. No obstante, parece que nunca se ha puesto en duda la utilidad de los gatos como exterminadores de roedores. Por ejemplo, en las leyes galesas del siglo X se valoraba a los gatos igual que a las ovejas, las cabras o los perros sin entrenar. Ya entonces se consideraba a los gatos miembros de la familia: la misma ley ordenaba que, en caso de divorcio, se permitía al marido llevarse con él a su gato preferido, pero el resto de los gatos del hogar pertenecerían a la mujer.

La idea de que los gatos podían ser mascotas se remonta ante todo al siglo dieciocho, cuando los gatos empezaron a ser referidos en términos ciertamente cariñosos. Por ejemplo, se dice que el escritor Samuel Johnson adoraba a sus gatos Hodge y Lily, les daba ostras para comer y les permitía subirse gateando a sus hombros. Sin embargo, la reina Victoria hizo más que cualquier otra persona para dar popularidad a los gatos: su gato angora, White Heather, era conocido por haber sido uno de sus consuelos durante la vejez y la sobrevivió hasta convertirse en la mascota de su hijo, Eduardo VII.

Cuando los gatos empezaron a popularizarse como mascotas por todo el mundo, surgieron distintas razas. Al contrario que muchas razas de perros, que en un principio tenían propósitos específicos, como cazar, socorrer, guiar a los rebaños o vigilar, todas las razas de gatos son, ante todo, animales de compañía. Ninguno es especialmente antiguo: el ADN de los gatos siameses demuestra que solo se separaron de sus primos, los gatos callejeros, hará unos 150 años y, en el de los persas, no hay rastro de sus supuestos orígenes en Oriente Medio. Hasta ahora, los gatos con pedigrí no tienen los mismos problemas genéticos que los perros con pedigrí; los pocos problemas que tienen están siendo identificados y se están tomando medidas para reducirlos y eliminarlos con el tiempo.[5]

En los últimos años se ha conseguido crear nuevos tipos de gatos cruzando los gatos domésticos con gatos salvajes de otras especies: entre ellos se encuentran el Bengala, derivado del gato de leopardo asiático; el Savannah, un cruce con el serval africano; y el Safari, derivado de una especie sudamericana, el gato de Geoffroy. Aunque a menudo se habla de ellos como razas, en realidad son híbridos, y su conducta puede ser tan impredecible y salvaje como sugieren sus orígenes.

Hoy en día, la mayoría de los gatos carecen de pedigrí. Son producto de miles de años de selección natural, no de la cría deliberada y, por lo tanto, su salud y forma física están, en general, adaptadas al medio en el que viven. Aun así, hay animales muy especializados cuya biología, por no mencionar su psicología, debemos entender bien si queremos proteger su bienestar.

Igual que los perros y los seres humanos, los gatos son mamíferos, y las tres especies comparten plan corporal. Dado que su estilo de vida es en su gran mayoría predatorio, los perros y los gatos tienen dientes distintos a los nuestros: tienen colmillos prominentes, que utilizan para cazar, y sus molares, que la mayoría de los mamíferos utilizan para triturar, actúan como tijeras al masticar. Aunque los gatos y los perros guardan mucho parecido (por ejemplo, ambos comen carne), también existen numerosas diferencias entre ellos. La mayoría de las veces, los gatos protegen las garras tras la piel de los dedos y solo las extienden cuando quieren usarlas. Los perros tienen garras inmóviles que se les desgastan al caminar, porque sus patas están diseñadas para correr y cavar. Y, por supuesto, los gatos son mucho más ágiles que los perros. No tienen clavículas, lo que les permite situar una de las patas delanteras tras la otra con precisión cuando caminan sobre la valla del jardín y utilizan la cola como si fuera la pértiga de un acróbata para mantener el equilibrio. De este modo, para los gatos, un hogar es un lugar mucho más tridimensional que para un perro. La habilidad de los gatos para saltar y escalar significa que pueden utilizar todo el espacio que los rodea, no solo el interior, sino también el exterior.[6]

Las mayores diferencias entre gatos, perros y humanos no radican solo en el exterior, sino también bajo la piel. Cuando se trata de escoger qué comer, los perros se parecen más a nosotros: ambos somos omnívoros, capaces de subsistir tanto con una dieta a base de alimentos animales y vegetales, como de sobrevivir con una dieta vegetariana. Los gatos domésticos, igual que todas las especies de la familia felina, son estrictamente carnívoros. En algún momento durante el transcurso de su evolución, quedaron «estancados» en comer carne, perdieron alguno de los mecanismos clave que nos permiten a nosotros, y a los perros, convertir la fruta, los vegetales y los cereales en músculo y tendón.[7]

Por eso, hasta la aparición de la comida para mascotas moderna, los gatos solo disponían de la caza como única fuente fiable de carne. Esto es parte del motivo por el que los gatos siguen saliendo a cazar aunque los alimentemos bien: solo unas generaciones atrás, la habilidad de cazar era crucial para su supervivencia. El otro factor es que, en general, los gatos cazan presas bastante pequeñas. Los ratones solo tienen unas treinta calorías, por lo que cuando cazaban para sobrevivir, los gatos tenían que matar unas diez veces al día solo para sobrevivir. Por eso cazarán incluso cuando se les haya alimentado, por si acaso no encuentran ninguna presa durante varias horas: si un gato esperara a tener hambre antes de salir a cazar, al final acabaría muriéndose de hambre.

A menudo se presenta a los gatos como «asesinos despiadados», pero un gato bien alimentado que sale a cazar simplemente actúa obedeciendo los instintos que le han servido a lo largo de su historia evolutiva. Y lo que es peor para su reputación, los gatos domésticos a menudo parecen «torturar» o «jugar» con sus presas, pero esto no es más que una interpretación antropomórfica. Esta conducta puede deberse a una reducción repentina del impulso de cazar del gato que ocurre justo antes o después de la caza, causada por la excelente condición nutricional del gato moderno. O puede que el gato simplemente nunca haya aprendido a cazar eficazmente. Esto también explicaría por qué muchos gatos no se comen a la presa que capturan: para explicarlo de una forma algo más elaborada, muchos gatos pierden el interés que tienen por su presa en el momento en que recuerdan que la comida para gatos comercial es mucho más sabrosa que un ratón.

Sin embargo, los gatos no necesitan encontrar una presa de verdad para satisfacer sus instintos de cazador. Muchos no entienden que, cuando los gatos juegan, su comportamiento es tan similar a cuando cazan de verdad que es muy probable que piensen que es lo que están haciendo. Manipulan los juguetes del tamaño de ratones como si fueran ratones de verdad; en cuanto a los juguetes del tamaño de ratas, o bien los evitan (no todos los gatos están preparados para enfrentarse a una rata de verdad), o los sostienen a distancia del mismo modo que sostendrían a una rata de verdad. Asimismo, los gatos juegan de forma más atenta e intensa cuando esperan la comida que cuando acaban de comer, hecho que demuestra que cuando están hambrientos su instinto de caza se acentúa. Esta superposición entre juego y caza revela la posibilidad de que los dueños sean capaces de satisfacer el instinto depredador de sus gatos con solo jugar con ellos.[8]

No es justo que los dueños esperen que un animal cuyas habilidades de caza se valoraban hasta hace pocas generaciones abandone el hábito. No obstante, a la mayoría les dan asco, y con razón, los «regalitos» sangrientos que sus gatos les dejan de vez en cuando. Y, desde luego, cada vez hay más presión por parte de los amantes de la naturaleza para que los dueños de gatos contengan los intentos depredadores de sus mascotas, aunque las pruebas apuntan a que los verdaderos culpables son los gatos salvajes, no los animales domésticos. Para aquellos gatos que insisten en perseguir pájaros y ratones, existen varios dispositivos diseñados para mermar su eficacia como cazadores, ya sea haciéndolos más visibles o alterando su capacidad de saltar. La mayoría se llevan alrededor del cuello y, aunque en general a los gatos no les gustan al principio, pueden llegar a aceptarlos con el adiestramiento adecuado.[9]

Los gatos, igual que todos los animales, reúnen información del mundo que los rodea, incluidas sus presas, a través de los sentidos, sintonizados de forma exquisita con su modo de vida ancestral como cazadores especializados. Su oído alcanza un rango más extenso que el nuestro y, al contrario que nosotros, oyen los chillidos agudos que los roedores utilizan para comunicarse, muy por encima del alcance de nuestro oído, por lo que nos referimos a ellos como «ultrasónicos». La parte exterior de sus orejas (el pabellón) tiene mucha movilidad, y pueden desplazarlas de forma independiente la una de la otra para determinar de dónde provienen los sonidos con mayor precisión que nosotros. Las pequeñas ondulaciones que tienen dentro de las orejas sirven para algo más que para mantener el pabellón erguido: alteran sutilmente el tono de un sonido y permiten que el gato deduzca la altura de la que proviene.

Los ojos de un gato están todavía más especializados para cazar. En comparación con el tamaño de la cabeza, son enormes: en términos reales, son casi tan grandes como los nuestros. Permiten que los gatos vean el camino incluso en las noches más oscuras y sus retinas están especializadas para el mismo propósito, llenas de receptores de visión nocturna que, igual que los nuestros, son en blanco y negro. Pero, al contrario que nosotros, los gatos tienen pocos receptores de color durante el día: pueden distinguir entre algunos colores, pero prestan menos atención que nosotros al color de las cosas.

Otro de los rasgos que les otorga visión nocturna es la capa reflectante de la parte posterior del ojo, el *tapetum*, que sirvió de inspiración para crear los «ojos de gato» que se utilizan en las carreteras. Cualquier luz que se escape a los receptores al penetrar en el ojo se reflejará después a través de ellos, y la luz que se escape esta segunda vez irradiará desde los ojos del gato, dándoles ese característico «brillo de ojos» verde.

A ojos tan especializados para la visión nocturna puede costarles un poco ver durante un día soleado y brillante. Si las pupilas del gato se contrajeran tanto como las nuestras, la luz les dañaría la vista, por lo que, en su lugar, sus pupilas se cierran en rendijas. A veces eso no los protege lo suficiente y el gato entorna los ojos para que solo la mitad de la rendija quede expuesta (los gatos también entornan los ojos cuando se sienten especialmente relajados, independientemente de la iluminación).

También es difícil enfocar unos ojos tan grandes, por lo que, para el gato, cualquier cosa que esté literalmente debajo de su nariz se verá borrosa. Para compensar, los gatos son capaces de mover sus sensibles bigotes hacia adelante y sustituir la vista de cerca por el tacto. Los bigotes y otros mechones de pelo sensorial menos obvios que tienen en la cabeza y en los laterales de las piernas ayudan a los gatos a palpar el camino en lugares oscuros.

Aunque los perros son famosos por su sentido del olfato, no todo el mundo sabe que los gatos también tienen un olfato muy sensible; tal vez sea diez veces menos sensible que el de un perro, pero lo es al menos mil veces más que el nuestro. Por consiguiente, los gatos, igual que los perros, viven en un mundo de olor que nosotros solo conocemos vagamente. Los gatos pueden localizar ratones por el rastro de olor que han dejado al moverse por la hierba y, lo que es todavía más importante para los gatos domésticos, es muy probable que adquieran muchísima información sobre el paradero y las actividades de otros gatos del barrio solo por el olor. Aunque sí utilizan la nariz para esto, también analizan el olor de otros gatos mediante otro sistema olfativo secundario, conocido como órgano vomeronasal, que se encuentra entre las fosas nasales y el paladar. Para ponerlo en práctica entornan la boca y «prueban» el aire; por eso, cuando un gato parece estar en trance y con la boca abierta, es probable que haya detectado el rastro que ha dejado otro gato.[10]

Además de una visión nocturna muy desarrollada, las capacidades sensoriales de los gatos se parecen más a las de los perros que a las nuestras. Es más, sus cerebros también son muy parecidos y siguen un patrón común a todos los miembros de la familia de los carnívoros, con diferencias cruciales al nuestro, el de los primates (véase la siguiente figura). Que los gatos sean más pequeños significa inevitablemente que sus cerebros son más ligeros que los nuestros, pero sus cerebros suponen un 0.9 por ciento del peso de su cuerpo, relativamente más pequeño que el nuestro, de un 2 por ciento. En gran medida, el tejido extra de nuestro cerebro lo aporta la zona «pensante», la corteza cerebral, que rodea gran parte del exterior del cerebro y está muy arrugada. La corteza cerebral de un gato es mucho más pequeña y está mucho menos arrugada que la nuestra (aunque está algo más arrugada que la de un perro), lo cual sugiere que los gatos probablemente no dependen del pensamiento consciente tanto como nosotros. En cambio, la mayor dependencia de los gatos en el sentido del olfato se refleja en la prominencia de la parte del cerebro dedicada a procesar la información olfativa (consulta la figura). En lugar de estar en la parte delantera del cerebro, como en el caso de los perros y los gatos, en el cerebro humano la región olfativa se desplaza hasta la parte inferior del cerebro a medida que va creciendo, a causa del drástico desarrollo de la corteza cerebral.

Estas diferencias entre la forma en que están construidos nuestros cerebros y los de los gatos reflejan inevitablemente las disparidades en nuestra forma de pensar, pero hasta ahora la ciencia no ha sido capaz de identificarlas del todo. Sabemos

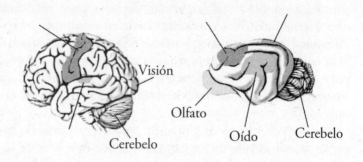

Visión

Olfato

Oído

Cerebelo

Cerebelo

Vista lateral del cerebro humano y el cerebro de un gato (no a la misma escala) que muestra algunas de las regiones dedicadas a los sentidos, la locomoción y a precisar la coordinación del movimiento (el cerebelo).

intuitivamente cómo es ser humano, pero es mucho más difícil tratar de percibir el mundo tal y como es en la mente de un gato. No obstante, podemos estar prácticamente seguros de que nuestra versión del mundo y la versión que tiene un gato son distintas, y de que intentar entender las desigualdades es esencial para comprender cómo reaccionan los gatos a nuestros intentos de entrenarlos.

Una de las preguntas importantes que debemos hacernos es: ¿cómo nos ven los gatos? La explicación más aceptada sobre el tamaño de nuestra corteza cerebral es que nos permite comprender las relaciones sociales de forma mucho más sofisticada que el resto de los mamíferos. Debido a que les faltan las estructuras cerebrales necesarias, es lógico que los gatos perciban las relaciones con sus dueños (y con los demás) de una forma más sencilla a como concebimos nosotros nuestra relación con ellos.[11]

Una de las diferencias esenciales entre los dos es la que a menudo se conoce como «teoría de la mente». Cuando hablamos a nuestros gatos, nos imaginamos que nos escuchan y sabemos que tienen mentes propias. Los gatos identifican a los humanos que conocen de forma individual y reaccionan ante lo que hacemos, pero las pruebas científicas indican (y esto puede ser difícil de comprender para los dueños) que no comprenden lo que pensamos de ellos. Es probable que la capacidad de concebir y predecir lo que piensa otro animal o humano se limite, por lo menos en cuanto a los mamíferos terrestres, a los primates más evolucionados (los simios) y esté mucho más desarrollada en nuestra especie que en cualquier otra. A pesar de lo mucho que a los dueños nos gustaría creer que nuestros gatos nos ven igual que nosotros los vemos a ellos, lo distintos que son sus cerebros demuestra que es casi seguro que no sea así.[12]

En la práctica, eso quiere decir que los gatos son capaces de prestar mucha atención a lo que hacemos, pero no parecen entender muy bien nuestros procesos mentales. Cuando alguien ve que falta un trozo de carne en la encimera de la cocina y llega a la conclusión de que su gato la ha robado, es natural que vayan a buscar al gato para regañarlo. De un niño que hubiera robado una galleta de la cocina unos minutos antes esperaríamos, y con razón, que supiera exactamente por qué lo estamos regañando, incluso antes de la explicación verbal. Por eso, es natural que esperemos que un gato sea capaz de hacer la misma deducción. Sin embargo, dado que los gatos ni siquiera saben que pensamos, es imposible que sepan en qué pensamos.

Otra diferencia importante entre nuestro cerebro y el de los gatos es que los gatos viven la mayor parte del tiempo en el presente. Tienen una memoria excelente (si no, entrenarlos sería imposible) pero es probable que lo único que desencadene esos recuerdos sea que les ocurra algo similar en el presente: por ejemplo, un gato que ve un gato negro desde la ventana puede que recuerde en ese momento otros encuentros que ha tenido con gatos negros. Unos minutos después de que el gato negro desaparezca, ya estará pensando en otra cosa: no parece que los gatos sean capaces de traer recuerdos a la memoria cuando quieren, del mismo modo que tú y yo podemos (o que por lo menos creemos poder). Un gato que oye la voz de su dueño diciendo: «ven aquí, gatito», recordará enseguida las ocasiones anteriores en las que ha respondido corriendo hacia su dueño y ha recibido comida como premio por las molestias, por lo que, si no lo distrae alguna otra cosa, volverá a hacerlo.

Por el mismo motivo, es muy poco probable que los gatos puedan ser «retorcidos» o «maquinadores», por mucho que queramos interpretar su conducta de ese modo. No solo viven en el presente, sino que parecen ser incapaces de reflexionar sobre lo que les ha ocurrido en el pasado o, tal vez más importante, planificar el futuro.

La capacidad de comprender y predecir los sentimientos de un gato es fundamental para que el entrenamiento tenga éxito, pero en lo que se refiere a la vida emocional de los gatos, abundan los malentendidos. Aunque no se han llevado a cabo muchos estudios sobre los sentimientos más íntimos de los gatos, desde hace poco es posible observar los cambios de la actividad cerebral en distintos contextos. Esto ha sido posible gracias a que se ha entrenado a perros y otros mamíferos para que permanezcan quietos el tiempo suficiente para obtener imágenes por resonancia magnética funcional, algo que no tardará mucho en poder ponerse en práctica con los gatos.[13]

Estos estudios demuestran que el cerebro de un mamífero, ya sea el de un gato, un perro o un ratón, genera una gama de emociones simples (felicidad, miedo, ansiedad, frustración) a las que también se conoce como «instintos viscerales». En el fondo, entrenar se basa en alterar las circunstancias que provocan esas emociones. El adiestramiento que funciona mejor con los gatos es el basado en premios, que pretende disminuir los sentimientos negativos, como el miedo, la ansiedad y la frustración, y aumentar los sentimientos positivos como la alegría y el cariño, cambiando la forma en que el gato asocia esos sentimientos con sus experiencias cotidianas.

Muchos dueños también creen que los gatos son capaces de sentir emociones más complejas, incluyendo aquellas que consideramos experiencias conscientes, por lo menos para nosotros. Estas engloban la envidia, que probablemente sienta el perro más inteligente y social, pero es muy probable que un gato no, y el orgullo, la empatía y la culpa, que casi seguramente van más allá de las capacidades mentales de un perro o un gato. El dueño que castiga a su gato bajo la creencia errónea de que es capaz de sentirse culpable por el desorden que ha causado mientras no estaba dañará su relación con el animal (y seguramente provocará que el gato vuelva a generar el mismo desorden). Los gatos viven «en el momento» y son incapaces de asociar una acción que hayan llevado a cabo con su consecuencia, negativa o positiva, si esta ocurre unos minutos después, mucho menos si sucede una hora después. En lugar de eso, el gato asociará el castigo, o el premio, con lo que sea que esté pensando en ese momento. En el caso del gato que ha causado un desastre mientras su dueño estaba fuera, puede que lo acabe asociando con la llegada del mismo. Quizás los dueños que siguen esas estrategias se queden estupefactos cuando el gato deja de recibirlos con cariño, y es muy probable que el desorden empeore cuando aumente el nivel de estrés del gato.

Los gatos y los perros son distintos fundamentalmente por cómo interpretan la información social, tanto si proviene de otros miembros de su misma especie como de las personas. Los gatos difieren mucho del perro corriente en la manera en que reaccionan a situaciones con las que no se han topado nunca.

Existen muchas formas de comenzar a entrenar a un perro mascota, pero todas tienen dos cosas en común: dependen de su especial sensibilidad ante el lenguaje corporal humano y también de su cariño innato por quien cuide de ellos. Los perros son sociables, reflejo de sus orígenes como lobos que vivían en manadas cooperativas. La domesticación ha cambiado profundamente la mente del perro con respecto a su antepasado, el lobo, hasta el punto en que los perros anhelan la atención humana: un perro que haya sido abandonado seguirá a cualquiera que lo trate con amabilidad, aunque solo sea durante quince minutos. Los experimentos han demostrado que los perros son más atentos a los gestos humanos incluso que los chimpancés, supuestamente los animales más inteligentes, aparte de nosotros. Estas dos capacidades han sido una parte esencial de la relación entre perros y humanos durante miles de años y nos han permitido utilizar a los perros para multitud de labores, incluidas la vigilancia, el arreo de los rebaños y la caza, aunque, por supuesto, hoy en día valoramos a la mayoría de los perros por la compañía que nos proporcionan. Todo esto quiere decir que entrenar a un perro siempre será distinto a entrenar a cualquier otro animal, por el mero hecho de que tienen una percepción diferente de los seres humanos.[14]

Las profundas desigualdades en la forma en que nos ven los gatos en comparación con la manera en que lo hacen los perros pueden ocultar el hecho de que en realidad las dos especies aprenden, a todos los efectos, del mismo modo. Lo que los diferencia es su motivación para aprender; cómo aprenden, y su facilidad para el aprendizaje son cualidades equiparables. Como se considera que los perros pueden entrenarse y los gatos no, resulta previsible asumir que los perros aprenden más que los gatos. Aunque nos resulta imposible saber cómo es ser un gato o un perro, podemos decir con certeza que ambos son unos alumnos excelentes.

Dado que descienden de animales solitarios y territoriales, en general los gatos se muestran más recelosos al contacto social. Muchos tienen que aprender a confiar en otros gatos, y en las personas, y a menudo solo pueden hacerlo de uno en uno. Los gatos sienten apego a los lugares, no a las personas. Eso no quiere decir que no puedan ser afectuosos con sus dueños, porque es evidente que sí pueden, pero su apego solo puede desarrollarse en un ambiente seguro. Antes de empezar a establecer vínculos sociales, la prioridad principal de un gato es encontrar un lugar seguro en el que vivir y una fuente fiable de comida, algo que las mascotas normalmente pueden satisfacer en casa de sus dueños.

Para muchas personas, los gatos, en especial las crías, tienen un encanto difícil de explicar con palabras. Ahora sabemos que el encanto de los gatitos funciona a modo de reacción básica; desencadena una actividad en las mismas partes del cerebro que se ponen en marcha cuando vemos u oímos a un bebé humano. La gran popularidad de los gatitos y los gatos en internet puede atribuirse seguramente a esta respuesta innata. Sin embargo, este fenómeno por sí solo no explica por qué muchos de nosotros pasamos del encanto inicial a formar vínculos para toda la vida con nuestras mascotas. La mayoría de los dueños de gatos describen a sus mascotas como miembros de la familia de forma espontánea y, aunque la ciencia todavía no puede explicar del todo por qué tanta gente piensa en eso de manera tan natural, es algo que garantiza que muchos gatos reciben los cuidados y la atención que necesitan.[15]

No obstante, los gatos no consideran a los seres humanos sus mejores amigos automáticamente. Hay gatos por todo el mundo que no llegan a confiar en las personas durante toda su vida. Los gatos (igual que los perros) tienen que aprender a interactuar con las personas desde que son muy pequeños. Si los gatitos no tienen aunque sea un poco de contacto amable con los humanos en el período crucial entre las dos y ocho semanas de edad, a menudo terminan por convertirse en gatos salvajes. Esa notable plasticidad en sus preferencias sociales demuestra lo maleable que puede llegar a ser el cerebro felino: algo que contradice su reputación de ser distantes e inflexibles. Aunque pueden volverse más obstinados conforme se hacen mayores, los gatos retienen la capacidad de asimilar nuevas experiencias y aprender nuevas respuestas a lo largo de su vida.

La diferencia entre gatos y perros en la solidez de sus vínculos con las personas explica por qué los métodos de adiestramiento tradicional basados en el castigo son siempre contraproducentes cuando se aplican a los gatos. El castigo físico también es malo para el bienestar de los perros y los gatos por igual, pero los perros forman un vínculo tan fuerte con sus dueños que ni siquiera disminuye cuando son conscientes de que son sus dueños los que les causan malestar (como, por ejemplo, con un collar de castigo) o incluso dolor. Igual que un niño maltratado se aferra a sus padres instintivamente, los perros siguen asociándose con las personas que los han castigado físicamente (aunque su lenguaje corporal deja entrever la parte abusiva de la relación).

Esto no ocurre con los gatos, que huirán por naturaleza de cualquier situación que les cause aversión y, por ello, si descubren que los sentimientos desagradables están relacionados con su dueño, su afecto por él disminuirá instantáneamente. Incluso los castigos moderados que solo les causan un pequeño malestar y que asustan al gato pueden tener el mismo efecto. Por ejemplo, a menudo se recomienda utilizar un espray de agua para impedir que los gatos se suban a las encimeras de la cocina: el sonido del espray, que se parece al bufido de un gato, y sentir el agua en la piel pueden ser ligeramente desagradables para el gato. Pero deberíamos preguntarnos: ¿qué asocia el gato con ese objeto, el acto de saltar a la encimera o verlo en la mano de su dueño? Un castigo así solo logrará el resultado esperado sin dañar la relación entre el dueño y el gato si se hace de modo que el animal no sea del todo consciente de que el dueño está involucrado e, incluso en ese caso, podemos conseguir que un gato que ya es nervioso lo sea todavía más. Es muchísimo mejor utilizar los métodos basados en las recompensas que recomendamos en este libro sin que sea necesario utilizar un castigo más severo que quitarles el premio o juguete que desean.

La mayoría de las conductas anormales e indeseables de los gatos surgen de situaciones en las que se sienten amenazados, tal vez porque un gato nuevo ha entrado bruscamente en el que consideran su hogar, se ha mudado un gato agresivo a la casa de al lado o ha llegado un bebé nuevo a la familia. Aun así, la mayoría del estrés que sin duda sienten los gatos en situaciones así puede reducirse, e incluso eliminarse por completo, mediante el entrenamiento. Es más, los ejercicios también deberían desempeñar un papel importante a la hora de prevenir que surjan esos problemas en primer lugar, por ejemplo, utilizándolos como parte de las preparaciones para introducir a un gato nuevo en casa.

Cuando se topan con algo desconocido y potencialmente amenazador, los gatos tienen una doble desventaja con respecto a los perros. Como animales generalmente solitarios, los gatos no pueden depender de ser más en número, al contrario que los perros, que son mucho más sociables. Además, los gatos son más pequeños y, por lo tanto, más vulnerables que el perro común, y todavía más que el antepasado del perro, el lobo, del que probablemente proviene la confianza en sí mismo del animal en entornos sociales . De este modo, la reacción estándar de la mayoría de los gatos a cualquier cosa desconocida es mantener las distancias y salir huyendo ante el primer indicio de que vaya a haber peligro. Algunos gatos son más asustadizos que otros por naturaleza, pero es muy raro que un gato sea lo bastante atrevido para mantenerse firme ante la aparente adversidad. Por eso, muy pocos gatos llegan a aprender alguna vez cómo lidiar con una situación desconocida, aparte de distanciándose de ella. Si esas experiencias se repiten, las connotaciones negativas aumentan: los gatos se muestran reacios a entrar en el transportín, pero buscarán voluntariamente una caja de cartón de tamaño similar en la que dormir la siesta. Por este motivo, el entrenamiento a menudo debe empezar con aplicar cambios en el entorno del gato que mejoren su sensación de seguridad y le den la confianza suficiente para enfrentarse a sus miedos, pero de una forma más suave: solo así podrán desarrollar más connotaciones positivas.

Incluso los gatos más tranquilos, seguros de sí mismos y sociables se toparán con situaciones que consideren desagradables. Los gatos de pelo largo necesitan cuidados frecuentes, porque sus lenguas han evolucionado y solo pueden lidiar con el pelaje corto de sus antepasados. El bienestar de los gatos ha mejorado de forma inmensurable gracias a la existencia de cirujanos veterinarios especialistas en gatos, ¡pero intenta explicarle eso a un gato que se resiste con uñas y dientes a entrar en el transportín! De hecho, es muy común que los gatos falten a sus citas con el veterinario porque sus dueños no han podido llevarlos hasta la consulta, y también que muchos de los medicamentos por vía oral que se les prescriben a los gatos nunca lleguen a su objetivo porque el gato los escupe o incluso se niega a que le abran la boca.

A los gatos, de forma muy parecida a los niños pequeños, les resulta imposible entender que algo que es desagradable en el momento será bueno para ellos a largo plazo. Muchos gatos de pelo largo se sienten incómodos con los nudos que se les forman en el pelaje, pero, al mismo tiempo, no les gusta que los cepillen. Todos se oponen instintivamente a que se los meta en un espacio cerrado y viajar en un vehículo a motor no les gusta por naturaleza. Los seres humanos podemos tolerar las pequeñas humillaciones que ocurren en un examen médico porque entendemos que es por nuestro bien: a menos que se les enseñe lo contrario, es probable que los gatos perciban un examen veterinario como las atenciones de un tipo de depredador inusual y claramente desagradable. La mayoría de los gatos son asustadizos de nacimiento, se ponen nerviosos cuando entran personas desconocidas en su hogar y necesitan que se les proporcionen oportunidades centradas en reforzar su confianza. Algunos pueden ser particularmente sensibles a que se los coja o se los acaricie.

En general, los perros están tan unidos a sus dueños que toleran mucho mejor las pequeñas incomodidades. Los gatos, para los que la mayoría de su sensación de seguridad proviene de su entorno físico, suelen sentir rechazo ante cualquier pequeño incidente que encuentren desagradable. Si el incidente se repite, puede que el gato se acostumbre a alejarse cada vez que parezca que va a ocurrir la misma situación. Cada año, un número significativo de gatos se escapa y se muda a una casa cercana que les parece menos estresante. Esto demuestra que los gatos aprenden las consecuencias de interactuar con el mundo que los rodea de forma muy efectiva. En lugar de dejar que el gato se valga de sus instintos para aprender lecciones que les sirvieron a sus antepasados, sin duda alguna es mucho mejor que el dueño les enseñe lecciones centradas en las complejidades de vivir como mascota; en otras palabras, que utilice el adiestramiento para ayudar a que la relación con su gato sea más fácil.

El entrenamiento también puede ser útil cuando se introduce a un nuevo gato en casa. Puesto que los gatos descienden de animales solitarios, en general su capacidad de llevarse bien con otros gatos es bastante limitada. Los gatos callejeros que conviven junto a otros suelen haber nacido en el grupo en lugar de unirse a él como adultos. Desde luego, no hay dos gatos que sean exactamente iguales, y la forma en que aceptan a otros miembros de su especie varía. No obstante, y en contra de las ideas preconcebidas de muchos dueños, presentarle un gato a otro nuevo es igual de complicado que presentar a dos perros y a menudo puede ser más laborioso. Los dueños que no entienden esto pueden provocarles sin querer ansiedad y estrés de por vida a ambas mascotas: además de ayudarnos a comprender cómo cada gato puede sentirse amenazado por el otro, el entrenamiento desempeña un papel muy importante para lograr que las presentaciones se lleven a cabo sin contratiempos.

Una vez se han cubierto sus necesidades básicas de comida, bebida, un arenero limpio y un lugar fiable para dormir, a menudo la felicidad de un gato gira en torno a lo seguro que se sienta. Al contrario que a los perros, a los gatos no les importa que se los deje solos, pero sí aprecian tener una rutina predecible y estabilidad en el entorno social.

Uno de los problemas que preocupa a muchos dueños de gatos es permitir que estos salgan al aire libre. Mantener al gato dentro de casa tiene tres ventajas esenciales: no será capaz de molestar o cazar a la fauna salvaje, no quedará expuesto al tráfico o a las personas que quieran hacerle daño y no se peleará con otros gatos del barrio. Sin embargo, el gato totalmente de interior es un concepto nuevo y los gatos domésticos, ya sean interiores o exteriores, descienden de gatos que cazaron para vivir y se mantuvieron en territorios extensos al aire libre. En términos evolutivos, es demasiado pronto para que los gatos hayan perdido su impulso de deambular y explorar. De ahí que exista el riesgo considerable de que un gato que permanece encerrado sufra de frustración o aburrimiento. Los dueños que deciden que es demasiado peligroso que sus gatos salgan tienen que seguir unos pasos prudentes para prevenir que esto ocurra, y entrenar al animal puede tener un rol muy importante en el proceso. También deberían acomodar el entorno del animal de modo que le aporte el máximo de estímulos apropiados posibles, por ejemplo, permitiéndoles correr por un espacio exterior cerrado, jugando con el gato varias veces al día y utilizando juguetes que parezcan presas para satisfacer sus instintos de cazador.

Aquellos gatos a los que se les permite salir tienen más opciones que los gatos de interior y, aunque sin lugar a dudas les parecerá estimulante, algunos tienen la mala suerte de que otro gato les impida salir, e incluso llegue a atreverse a entrar en la casa, y les genere todavía más estrés. Aunque haya pocas probabilidades de que les ocurra algo así, el gato podría mostrar señales de estar estresado, pasar demasiado tiempo escondiéndose, orinando y defecando en casa fuera del arenero o hasta manifestar su tensión interior atacando a su dueño.[16]

Algunas de las situaciones en las que se encuentran los gatos son un problema solo para ellos; otras son también un problema para el dueño. En cualquier caso, el adiestramiento a menudo aporta soluciones que benefician a ambas partes. Consideramos que el principal propósito de entrenar a un gato siempre debería ser el de mejorar su bienestar, aunque los dueños también descubrirán que, al mismo tiempo, recibirán la considerable recompensa de tener a un gato más feliz y fácil de manejar.

Los gatos solo harán algo si les apetece. Nuestro trabajo consistirá en garantizar que nuestra mascota quiera hacer lo que sea lo mejor para ella, incluso cuando sus instintos le digan lo contrario.

Capítulo 1

Cómo aprenden los gatos
Y lo que puedes hacer para facilitárselo

Entrenar a un gato no es un proceso misterioso, pero solo tendrá sentido si entendemos cómo aprenden. Es posible que los gatos tengan la reputación de ser inescrutables, pero en realidad son animales muy adaptables y aprenden del mismo modo que todos los mamíferos, incluidos los perros. Los gatos son igual de listos que nuestros amigos caninos, solo que tienen sus propias motivaciones y prioridades y, puesto que estas son mucho menos valoradas que las de los perros, los gatos se han ganado la fama de ser imposibles de entrenar. Nada más lejos de la verdad: los dueños de gatos pueden adquirir la habilidad y el conocimiento necesarios para modificar la conducta de su mascota, no solo para beneficio propio sino también por el del animal. Podemos enseñarles a los gatos que las situaciones corrientes que no les gustan por instinto, como, por ejemplo, que los cepillen o que los metan en el transportín, son en realidad experiencias potencialmente agradables en lugar de algo a lo que deban temer. Además, apreciar el modo en que aprenden los gatos también es clave para entender gran parte de su comportamiento cotidiano, ya que los gatos son mucho más receptivos de lo que sugiere su reputación de obstinados e independientes.

Muchos dueños parecen no ser conscientes de que sus gatos aprenden en todo momento. Cuando le preguntamos a la señora Smith si creía que Smoky, su gata, había aprendido mucho durante la última semana, ella respondió:

«Smoky no ha aprendido nada últimamente, ya que ha pasado la mayor parte de la semana dentro de casa. Normalmente le gusta entretenerse al aire libre mientras yo estoy en el trabajo, pero odia mojarse y había estado lloviendo durante varios días. Es una gata muy dulce y cariñosa y le gusta acurrucarse en mi regazo pero, a decir verdad, esta semana ha sido un poco pesada. He tenido la semana libre en el trabajo y he estado intentando cocinar cuando no podía salir al jardín. Sin embargo, Smoky ha tenido otras ideas en mente y ha estado saltando a la encimera de la cocina mientras yo intentaba cocinar. No dejaba de decirle que estaba siendo una gata muy mala mientras la bajaba de la encimera y la acariciaba de forma rápida y cariñosa. Incluso cuando ya había metido el pastel en el horno y fui a comprobar el correo, no dejaba de ponerse en medio e intentar sentarse en el portátil. Pensaba que se conformaría con que la hubiera acariciado y me dejaría seguir con las tareas, pero no lo hizo. Al final, en ambas ocasiones, terminé dándole de comer antes de tiempo para poder seguir con lo que intentaba hacer. Y, aunque el tiempo ha mejorado hoy, Smoky ha decidido quedarse en casa y molestarme en lugar de salir a tomar un poco el aire. Me está volviendo loca».

La señora Smith parecía no darse cuenta no solo de lo mucho que Smoky había aprendido en esos días lluviosos, sino también de lo mucho que ella había influido sin querer en ese aprendizaje.

En primer lugar, sabemos por el comportamiento de Smoky que ya había aprendido que salir cuando llueve hace que tenga frío y se moje, así que es mejor que se quede dentro, donde estará seca y caliente. También había aprendido que su dueña no va a trabajar cada día, sino que a veces se queda en casa y, como es de esos gatos que disfrutan de la compañía de su dueño, había descubierto que al quedarse durante el día obtendría esa recompensa. No obstante, Smoky también había observado que la señora Smith a veces hacía cosas que no tenían que ver con ella y, como consecuencia, no siempre le prestaba la atención que deseaba. Al situarse entre la señora Smith y la tarea en la que estaba centrada (la encimera de la cocina o el portátil), Smoky conseguía que le prestara algo de atención. La señora Smith pensó que Smoky la entendía cuando le pedía que no interfiriera, pero desde el punto de vista de Smoky, que la cogieran y le hablaran era recibir una atención positiva. No importaba que la señora Smith le estuviera diciendo a Smoky que estaba siendo una «gata mala»: lo único que Smoky entendía era el tono de voz, un tono amable, y que al saltar a la encimera conseguía que la abrazaran. E incluso mejor, cuando Smoky hacía todo esto, conseguía que le dieran de comer antes de tiempo… ¡el premio gordo! Al aprender que interponerse entre la señora Smith y cualquier tarea que estuviera haciendo conseguía atenciones… y… (¡un extra!)… comida, Smoky estaba destinada a poner en práctica el mismo comportamiento al día siguiente. Sin querer, la señora Smith le había enseñado a Smoky que comportarse de esa manera implicaba buenos resultados (¡en general, interponerse significa obtener comida!). Si la señora Smith hubiera entendido cómo aprende Smoky, puede que hubiera actuado de forma ligeramente distinta y hubiera logrado cocinar y trabajar con el portátil con tranquilidad mientras hacía feliz a Smoky al mismo tiempo.

Los gatos aprenden siempre, independientemente de si intentamos enseñarles algo a propósito o no. Algunas asociaciones las aprenden después de una sola exposición, en especial si las consecuencias son desagradables para ellos; por ejemplo, un gato al que persigue un perro al colarse en el jardín del vecino habrá aprendido inmediatamente que no debe volver a entrar en ese jardín, o por lo menos a no entrar cuando ve que el perro está allí. Otros sucesos tendrán que repetirse varias veces para que lo aprendido se consolide hasta que el gato modifique su comportamiento en dichas circunstancias; por ejemplo, un gato necesitará recibir comida de alguien nuevo que visite el hogar antes de cambiar su comportamiento hacia esa persona.

Cada experiencia tendrá consecuencias diferentes para el gato. Algunas serán siempre positivas, otras siempre negativas y otras serán neutrales (es decir, o el gato no ha notado las consecuencias o no le preocupan). Otras experiencias pueden o bien reforzar lo que ya han aprendido en esa situación en particular (si el resultado sigue siendo el mismo) o empezar a enseñarles algo nuevo (si el resultado cambia; por ejemplo, de algo agradable a algo que no lo sea tanto). Los gatos procesarán en el cerebro todas esas experiencias y las consecuencias en el momento en que aprendan y, a partir de ahí, se establecerán los recuerdos y surgirán las emociones y los sentimientos. Al final, todo eso influirá en el comportamiento del gato, no solo en el momento sino también en el futuro.

La clase más sencilla de aprendizaje, que comparten todos los animales que tengan un sistema nervioso, desde los gusanos a los seres humanos, y que es tan básica que se cuestiona si debería llamarse aprendizaje de verdad, se conoce como «habituación». Es la forma en que los animales aprenden a ignorar aquellas partes de su entorno que no tienen consecuencias especiales y que, por lo tanto, son irrelevantes. Tras estar expuestos repetidamente a sucesos u objetos así, los gatos aprenden a percibirlos como inofensivos y por eso los ignoran. Que un animal con unos sentidos tan bien desarrollados como el gato se centre continuamente en lo irrelevante hace que desvíe su atención y energía de sucesos que puedan tener impacto en su supervivencia, como al encontrarse con sus presas u otros depredadores. Por eso, la habituación es un proceso de aprendizaje vital. Por ejemplo, es probable que un gatito que llega a un nuevo hogar se sobresalte cuando oiga sonar por primera vez el teléfono móvil de su nuevo dueño. Sin embargo, después de varias repeticiones del sonido, el gatito habrá aprendido que en ese momento no ocurre nada de relevancia y por lo tanto dejará de reaccionar al tono de llamada. En términos técnicos, el gatito se ha habituado al sonido del teléfono móvil. Así, la habituación es un proceso de aprendizaje importante, no solo para los gatitos, sino también para los gatos adultos que se topan con entornos desconocidos, como al mudarse a una casa nueva. Igual que nosotros, los gatos tienen que aprender qué es importante y qué no, aunque solo sea para evitar sufrir una saturación sensorial.

La «sensibilización» es el término opuesto a la habituación. En este proceso, la exposición continua a un suceso provoca una reacción mayor del animal, en lugar de una reducción de la respuesta al mismo y la posterior ignorancia que caracterizan a la habituación. La diferencia esencial es que, en este caso, la exposición es a algo que al gato no le gusta por instinto. Por ejemplo, varias visitas al veterinario que incluyan experiencias desagradables, como una vacuna, pueden provocar que el gato desarrolle miedo al veterinario, incluso durante visitas posteriores en las que el veterinario sea amable con él y no se haya planeado ponerle una inyección. Además, cuando un gato se sensibiliza a una situación, puede que tenga la misma reacción en circunstancias similares. Por ejemplo, sentir desconfianza o miedo de gente nueva que se parezca, suene o incluso huela como el veterinario. Incluso puede llegar a tener miedo de nuevos entornos que le recuerden a su viaje al veterinario. La sensibilización es un mecanismo de protección muy poderoso que ayuda a los gatos a evitar cualquier cosa que perciban como potencialmente peligrosa. Uno de nuestros objetivos al entrenar a los gatos será enseñarles que no deben percibir sus encuentros con el veterinario, y muchas otras situaciones, como una amenaza, para así prevenir la sensibilización antes de que ocurra.

Tanto la habituación como la sensibilización cambian la intensidad de las reacciones del gato, pero no lo ayudan a desarrollar nuevas respuestas: para eso se necesitan procesos de aprendizaje más complejos. El más directo de todos ellos, el «condicionamiento clásico», se da cuando un gato descubre que un acontecimiento concreto predice con precisión que algo más está a punto de ocurrir. Cuando un gato maúlla y corre hacia a su dueño al escuchar cómo se abre el armario que contiene la comida para gatos, responde al condicionamiento clásico. El gato ha aprendido que el sonido de la puerta del armario (que en sí mismo es un sonido carente de significado) anuncia que la comida viene de camino. El gato necesita oír cómo se abre la puerta del armario en varias ocasiones justo antes de que llegue la comida para asignar el valor predictivo al sonido. Cuando por fin lo ha aprendido, ese sonido específico desencadena sentimientos positivos en la mente del gato muy similares a aquellos que se producen al oler o probar la comida. El gato no tiene que aprender que la comida deliciosa lo hace feliz; es una respuesta involuntaria que ya ha asimilado. Lo que el gato sí aprende es que otros aspectos, además de probar y ver la comida, pueden generar sentimientos semejantes: en este caso, el ruido de la puerta del armario. Un proceso de aprendizaje así se basa en una asociación coherente: como que el ruido de la puerta del armario siempre vaya seguido de la presentación de comida. Al principio puede que el gato cometa errores, como responder al sonido de cualquier armario de la cocina al abrirse, pero la mayoría son capaces de perfeccionar lo que saben aprendiendo que solo el sonido característico de ese armario irá seguido de la aparición de comida.

El condicionamiento clásico permite que el gato entienda mejor el entorno, pero para que el comportamiento del gato cambie se necesita otro tipo de aprendizaje, el «condicionamiento operante». El condicionamiento operante es un proceso en el que las consecuencias de las acciones de un gato influyen en su estado de ánimo y, por lo tanto, en cómo se comportará a continuación. Las consecuencias de cada comportamiento pueden clasificarse en cuatro clases distintas (ver cuadro siguiente).[1]

El condicionamiento operante explicaría por qué las acciones de la señora Smith provocaron que su gato saltara y le impidiera hacer lo que quería, no solo una vez, sino en varias ocasiones. Los sentimientos positivos causados por las caricias, las palabras amables y la comida alentaron al gato a que repitiera el patrón de saltar y entrometerse con lo que hacía (es decir, la consecuencia número 1). De manera más técnica, diríamos que su conducta se ha visto reforzada. Con esto queremos decir que el gato ha descubierto que su comportamiento tiene un resultado que lo recompensa y, por eso, es más probable que repita dicho comportamiento con el objetivo de recrear el resultado positivo.

Para que un gato aprenda que cualquier resultado se asocia realmente con su conducta, a menudo es esencial que las consecuencias (positivas o negativas) ocurran inmediatamente. Si no es así, es poco probable que el gato establezca la conexión. No obstante, es posible que en algunos casos el condicionamiento clásico salve la situación. Por ejemplo, un gato entra a la cocina desde el jardín y al dueño le gustaría premiar su comportamiento (para que ocurra de nuevo) dándole comida, pero puede que en ese momento no tenga nada que darle. Sin embargo, si el gato ya ha aprendido, gracias al condicionamiento clásico, que ver y oír cómo se toca la lata de comida va seguido de un premio, solo con echar mano a la lata de comida para gatos (vacía) cuando el gato vuelva del jardín, el dueño será capaz de ganar algo de tiempo para premiar al gato con comida: la acción de estirar la mano hacia la lata del premio hará que el gato se dé cuenta de que el premio de verdad está en camino.

Los gatos no responden bien a que les ocurra algo desagradable (por desgracia para ellos, los perros son mucho más tolerantes en este aspecto). Es muy importante ser consciente de la tendencia natural que tienen los gatos a huir a la mínima señal de peligro.

Aunque sin duda se aprende como resultado de algo negativo, en especial cualquier clase de castigo físico, utilizar este tipo de sanción puede tener un efecto desastroso en la relación entre el gato y el dueño. Si un gato ha sufrido castigos físicos, es mucho más probable que tenga una o varias respuestas negativas. En primer lugar, puede que tenga miedo de su dueño, e incluso que les tenga miedo a otras personas, debido a la sensibilización. El gato puede expresar su miedo mediante una reacción agresiva dirigida a quienquiera que le infligiera el castigo físico o a cualquiera que esté cerca en ese momento. El miedo también puede hacer que el gato intente escapar o evitar más interacciones de cualquier tipo. Además, utilizar castigos normalmente reduce el comportamiento espontáneo de los gatos en presencia de los dueños, por lo que entrenarlos en el futuro sería mucho más difícil. Por último, el castigo le da al gato la capacidad de aprender lo que no debe hacer, pero no le ayuda a aprender lo que sí debe hacer. Asimismo, todas esas consecuencias son angustiosas para el gato y es probable que perjudiquen su calidad de vida. En el caso de los gatos, que un entrenamiento tenga éxito se basa en premiar la conducta deseada e ignorar el comportamiento no deseado. Mantener esa estrategia como base de todo adiestramiento garantizará que la relación sea positiva y una experiencia de aprendizaje exitosa y feliz para ambas partes.

Aunque los gatos aprenden muchísimo de sus dueños, también pueden aprender de otros gatos con los que se lleven bien. Los gatitos aprenden mucho de sus madres. Tanto los gatos como los adultos aprenderán a llevar a cabo una tarea muy rápido solo con ver a un gato experimentado completar la misma tarea. Muchas veces, los dueños creen que los gatos que viven juntos se han «enseñado» unos a otros algunos comportamientos particulares; por ejemplo, cómo utilizar la gatera. No se sabe si el segundo gato aprende cómo desempeñar ese comportamiento directamente del otro gato o si las acciones del gato más hábil simplemente llaman la atención del otro y hacen que vea la gatera como algo que vale la pena investigar. Tampoco se sabe si los gatos son en realidad capaces de imitar nuestras acciones (probablemente no), pero podemos utilizar su curiosidad natural para llamar su atención hacia aquellas características del entorno que queremos que aprendan. A continuación, proporcionándoles los resultados adecuados, los dueños pueden asegurarse de que la conducta deseada vuelva a repetirse y el comportamiento a evitar, no.

Los gatos aprenden de manera espontánea y en todo momento, especialmente al descubrir asociaciones entre ciertos

Las cuatro clases de consecuencias que desencadenan el condicionamiento operante[2]

Situación hipotética: el gato está sentado delante de ti en el suelo laminado. De repente, decide saltar a tu regazo.

Consecuencia 1:
se le entrega algo bueno (ej. le das comida al gato como premio)

Consecuencia 2:
algo bueno termina o desaparece (ej. dejas de dar premios al gato y lo ignoras)

Consecuencia 3:
puede empezar u ocurrir algo malo (ej. te levantas y te vas, o empujas al gato para que vuelva a bajar al suelo)

Consecuencia 4:
algo malo termina o desaparece (ej. mientras está en tu regazo, no está en el suelo frío)

sucesos o características de su entorno, tal y como hizo Smoky. Por eso, se recomienda empezar a observar a tu gato, prestar atención a su lenguaje corporal cuando lleve a cabo ciertas acciones y fijarse en si actúa de la misma manera una y otra vez. Por ejemplo, ¿puedes descifrar si una acción concreta que haya llevado a cabo ha tenido resultados positivos, neutrales o negativos para él? ¿Has notado que su comportamiento sigue unas pautas determinadas? ¿Cuáles crees que son las causas de las pequeñas rarezas y peculiaridades de tu mascota?

Los gatos aprenden conforme abordan sus vidas cotidianas, pero podemos aumentar las posibilidades de que aprendan lo que queremos enseñarles asegurándonos de que se encuentren en el estado de ánimo correcto. Igual que nosotros, los gatos aprenden mejor cuando están cómodos y no se dejan llevar por las distracciones. Son criaturas sensibles por naturaleza que huyen de cualquier amenaza o incertidumbre; es por eso que el mejor lugar para enseñar a un gato es un espacio que sea tranquilo y familiar para él. Igual que las personas, los gatos necesitan que no haya distracciones si queremos que aprendan correctamente. Aunque a muchos nos resulta difícil ignorar un teléfono que suena, los gatos, con su agudo sentido del olfato y el oído, pueden distraerse con cosas que nosotros apenas notamos. Por ejemplo, tanto al dueño como al gato puede resultarles difícil concentrarse cuando el ruido de la lavadora indica que empieza el centrifugado. No obstante, una persona normal apenas notaría el olor suave de un pedazo de carne que se descongela sobre la encimera de la cocina, cosa que resulta sumamente tentadora para un gato empujado por sus instintos a saltar sobre la encimera e investigar (los gatos son oportunistas y rara vez dejan escapar la posibilidad de conseguir comida gratuitamente). Para los gatos, las distracciones no son solo sonidos altos, irritantes o inesperados, sino también olores e imágenes tentadores y desconocidos. Por ejemplo, entrenar delante de una ventana con vistas a comederos para pájaros puede no parecerte un problema, pero ver cómo revolotean los pájaros podría desviar la atención de tu gato, en especial si le gusta cazar. Por eso, antes de empezar cualquier entrenamiento, es importante pensar en lo que puede ser una distracción desde la perspectiva felina.

Igual que nosotros, los gatos aprenden mejor cuando se sienten cómodos: ni demasiado sedientos, ni a temperatura demasiado alta o baja, ni demasiado cansados ni con necesidad de vaciar la vejiga o los intestinos. Así, cuando decidas en qué parte de la casa puedes empezar a entrenar a tu gato, asegúrate de que tenga acceso a agua fresca o al arenero (o al exterior si tu gato no utiliza arenero). La temperatura tiene que ser agradable y tu gato debería tener la posibilidad de retirarse o descansar si lo desea. A Herbie, por ejemplo, le resultaba difícil concentrarse en cualquier tarea de entrenamiento si el fuego de la estufa de leña estaba muy avivado; el calor era demasiado irresistible. Al ser un gato asiático (raza que solo tiene una capa de pelaje, al contrario que el pelaje doble tradicional que tienen los gatos domésticos de pelo corto), Herbie siempre iba en busca de una fuente de calor. Nunca pasaba mucho tiempo hasta que dejaba de participar en el entrenamiento para tumbarse y dormir delante de la estufa cuando estaba encendida. Por eso, siempre realizaba las sesiones antes de encender la estufa y ponerme cómoda por la noche.

En general, los gatos no aprenden bien si acaban de comer: es necesario que tengan un poco de hambre antes de poder darles comida como premio. Un premio justo después de un comportamiento concreto funciona como resultado positivo para un gato hambriento y lo incentiva para que repita ese comportamiento. Por eso, es importante que el gato tenga hambre para que esté motivado e interactúe contigo esperando recibir un premio. Sin embargo, lo hambriento que esté el gato puede influir en la calidad del aprendizaje y esto, a su vez, dependerá mucho de su personalidad. Que tenga mucha hambre puede impedir el entrenamiento, ya que el gato puede estar más centrado en la comida en sí que en aprender qué acciones en concreto están siendo premiadas.

Una vez se ha preparado el entorno para que haya las mínimas distracciones y la máxima comodidad, el siguiente paso que hay que tener en cuenta es la creación de una caja de herramientas de aprendizaje. Y no solo metafóricamente: es buena idea tener algún tipo de caja resistente en la que guardar la mayoría de los objetos del adiestramiento. Tenerlo todo a mano nos permite entrenar durante varios minutos esporádicamente y sacar provecho de cualquier oportunidad que se nos presente para entrenar. Puesto que los gatos pasan gran parte del día durmiendo, es importante estar preparado para aprovechar cada momento en que estén despiertos y alertas para una sesión de entrenamiento corta. Por suerte, los gatos aprenden mejor en períodos breves de tiempo, por lo que aprovechar esas pequeñas oportunidades nos permitirá tener mayor éxito. Conforme el gato va aprendiendo que el adiestramiento es parte de su rutina diaria, notarás que mientras estés con él pasará más tiempo despierto: después de todo, ahora tiene un pasatiempo nuevo, fascinante, estimulante e interesante que compartir contigo.

Al tener todos los objetos imprescindibles para el adiestramiento en una caja portátil, la caja en sí puede servir como señal para indicar a tu gato que vais a entrenar un poco. Tu gato aprenderá muy rápido que si ve la caja, pronto tendrá acceso a los fascinantes premios que hay en su interior (algo que en sí es un ejemplo de condicionamiento clásico) y, en consecuencia, se comprometerá a trabajar contigo.

Los premios son los objetos más importantes de la caja de adiestramiento: entrenar a un gato con éxito se basa en estar perfectamente equipado para premiar la conducta que deseas con algo que el gato aprecie de verdad. Los premios pueden tener muchas formas. Los gatos, igual que las personas y los perros, a menudo pierden el interés si reciben el mismo regalo una y otra vez; por eso, es muy importante tener varios premios a mano para poderlos cambiar antes de que el gato ya se haya cansado de ellos. Este punto en concreto se demuestra magníficamente en un estudio que llevamos a cabo en el que se le ofrecía un juguete al gato para que jugara con él. Cuando el juguete que se le entregaba era el mismo cada vez, los gatos reducían el tiempo que jugaban con él hasta que apenas lo tocaban, demostrando así que se habían acostumbrado al objeto. No obstante, cuando se cambiaba el juguete cada vez, los gatos seguían jugando con ellos, lo que demuestra que no se «aburrían» de jugar, sino que necesitaban un estímulo nuevo para seguir motivados.[3]

Al principio del entrenamiento, los premios más importantes son aquellos a los que se conoce como «refuerzos primarios». Son todos aquellos que los gatos consideran gratificantes por instinto, y el ejemplo más común de ellos es la comida. Como carnívoros, los premios que más valorará tu gato serán los que se componen exclusivamente de proteína animal. Por lo tanto, el premio ideal sería un pedazo pequeño de carne o pescado cocinado (como, por ejemplo, un cuarto de gamba cocinada). También servirán los premios con alta proporción de proteína animal; por ejemplo, una porción muy pequeña de la dieta normal del gato (una galleta o un trozo de carne de una bolsa o lata) o golosinas para gatos del supermercado: sus preferidas son las golosinas semihúmedas o de carne secada al aire. Si se reservan parte de las raciones de comida diarias del gato (las golosinas o la dieta regular) como premios para el entrenamiento, el gato no aumentará de peso. Parte de su ingesta diaria puede pesarse o guardarse para el adiestramiento y reducir la comida habitual de manera proporcional.

Cuando le enseñes algo nuevo a tu gato, deberías darle las recompensas a menudo y en pequeñas cantidades. Es importante que los premios sean pequeños; en primer lugar, para que puedan comérselos rápidamente y permitirte retomar el entrenamiento donde lo dejasteis antes de entregarle su recompensa, sin perder el momento de aprendizaje (en general, los gatos comen mucho más despacio que los perros) y, en segundo lugar, para evitar que el gato se sienta saciado demasiado rápido. Normalmente, los gatos prefieren comer en pequeñas cantidades con frecuencia; recuerda que un gato salvaje puede llegar a comer diez pequeñas comidas al día. Como referencia, un premio debería ser aproximadamente del tamaño de la mitad de tu uña más pequeña.[4]

Al contrario que a los perros, la mayoría de los cuales se comerían cualquier cosa, a los gatos se los considera una especie quisquillosa con la comida. Por eso, antes de empezar a entrenarlos, es muy importante valorar qué tipo de alimentos le gustan a tu gato y cuánto le gustan. Esto puede hacerse de muchas maneras, desde simplemente ponerle una selección de trocitos de comida delante y ver cuál escoge comerse primero hasta poner distintos tipos de comida en un comedero con rompecabezas y observar cuáles motivan a tu gato a trabajar para sacarlos.

De hecho, los comederos con rompecabezas son una buena forma de preparar el cerebro de tu gato para un aprendizaje dirigido por el ser humano. Al extraer la comida de un aparato diseñado expresamente para eso, como, por ejemplo, una pelota o un laberinto que dispensen comida, el gato aprenderá inevitablemente que su comportamiento, ya sea hacer rodar la pelota o empujar la golosina por un laberinto hasta poder cogerla con la boca, tiene como resultado la llegada de un premio. Este método de aprendizaje tiene tres etapas: identificar que hay comida dentro del artefacto, normalmente gracias al olfato o a que ven u oyen cómo lo colocas allí dentro; el deseo de obtenerlo y, finalmente, probar varias formas de acceder a la comida. A medida que el gato vaya obteniendo con éxito trozos de comida, aprenderá que tiene que repetir la acción que precedía inmediatamente a la recompensa para poder conseguir más comida. Durante el adiestramiento más formal ocurre el mismo proceso, la única diferencia es que el entrenador es el dispensador de comida y que la forma en que se presenta la comida puede adaptarse para ayudar al gato a aprender el comportamiento correcto más rápido que mediante un proceso sencillo de prueba y error. Los gatos hacen un esfuerzo considerable para conseguir comida de un comedero con rompecabezas, pero la evolución los diseñó para eso, puesto que para cazar en la naturaleza se necesita un empeño mayor. Trabajar para obtener la comida es intrínsecamente gratificante para los gatos, y por eso, es algo que debemos estimular con el entrenamiento. Los comederos con rompecabezas ayudarán a tu gato a aprender que su comportamiento conlleva consecuencias satisfactorias y a «activar» aquellas partes del cerebro que establecen nuevos vínculos.

Al empezar a entrenar a tu gato, es muy útil hacer una lista de sus comidas favoritas en orden de preferencia (quizás tenga más de una). Puedes escoger los premios dependiendo de su estado de ánimo y motivación en el momento del entrenamiento y de la dificultad de la tarea que se llevará a cabo. Por ejemplo, a un gato hambriento y motivado que participa y aprende una tarea sencilla se le puede premiar con varios de los premios de menor valor, como las galletas que come habitualmente. Le recompensarán lo suficiente como para que siga motivado, pero no le resultarán tan deliciosas como para sobreexcitarse y querer arrancarte la comida de las manos. Asimismo, si el gato se muestra desinteresado en algún ejercicio, el valor del premio puede incrementarse para aumentar su motivación. Es buena idea asegurarse de darle a tu gato varios de esos premios solo durante las sesiones de adiestramiento. Esto aumentará mucho su valor y reforzará la conducta deseada. Igual que las personas, no todos los gatos opinan lo mismo de la comida; a algunos les entusiasma y maullarán reiteradamente a la hora de la comida, a otros les basta solo con comer de vez en cuando. Es más probable que a estos últimos les parezcan más satisfactorios los premios de mucho valor (carne y pescado cocinados).

Existen muchos tipos de premios además de la comida, incluso para aquellos gatos a los que es lo que más les motiva. Además de comer (y dormir), una actividad con la que los gatos se lo pasan bomba es jugando. Debido a que el juego está estrechamente relacionado con su comportamiento al cazar, es una experiencia muy gratificante para los gatos (y los científicos lo utilizan cada vez más para valorar la felicidad los animales). De este modo, para los gatos (en especial los gatos jóvenes, los que no tienen acceso al exterior y los que son juguetones por naturaleza) la oportunidad de jugar es un premio igual de poderoso que la comida. Por este motivo, la caja de herramientas debería contener también una serie de juguetes. Los juguetes ideales para las sesiones de entrenamiento son aquellos que se pueden mover con rapidez, los que generan ráfagas de juego cortas e intensas y aquellos que puedes quitarle al gato con facilidad sin riesgo a que te arañe o muerda. Por eso, los juguetes ideales son las varitas (también llamadas cañas de pescar). Son un juguete pequeño unido con una cuerda o goma elástica a una varita (que sujetas tú). La varita permite que mantengas las manos fuera del alcance del gato mientras la mueves rápidamente en línea recta. Estos movimientos son una buena forma de desencadenar el juego: los juegos de varita imitan el movimiento de las presas cuando se desplazan por el suelo.[5] Otros te permiten imitar el movimiento de las presas que vuelan: en lugar de una varita con una cuerda o goma elástica unida al juguete, muchas veces tienen un cable que hace que el juguete pueda sacudirse en el aire.

Las varitas de juguete están diseñadas para utilizarse en juegos interactivos y, por eso, no deberían omitirse. Reserva varios de esos juguetes únicamente para las sesiones de adiestramiento y guárdalos en la caja de herramientas cuando no los utilices: así siempre les parecerán interesantes, su disponibilidad estará vinculada claramente al entrenamiento y su valor como premio aumentará.

Las caricias también pueden utilizarse como premio durante el entrenamiento para cualquier gato que sea particularmente cariñoso y al que le guste el contacto. La mayoría de los gatos prefieren que se les den caricias cortas y seguidas, en lugar de acariciarlos durante períodos extensos. En uno de nuestros estudios, que examinaba los lugares en los que los gatos prefieren que se les acaricie, descubrimos que los gatos responden de forma más positiva cuando concentramos las caricias en la cabeza y la cara. Estas zonas están repletas de glándulas odoríferas que generan sustancias químicas comunicativas cuando los gatos frotan objetos con la cara. Los gatos que están muy unidos también frotarán la cara los unos con los otros en saludos amistosos y muchas veces dirigirán ese comportamiento a las manos y las piernas de los humanos. Podemos imitar ese comportamiento amistoso al acariciarles dichas zonas. Sin embargo, dado que reservan este gesto para los compañeros más cercanos, es probable que solo les resulte gratificante a aquellos gatos que disfrutan de las interacciones físicas y se sienten muy a gusto con sus dueños.[6]

Cosmos pasa mucho tiempo restregando la cara contra objetos como muebles o puertas. A menudo ronronea cuando lo hace y, si estiro una mano hacia él, frota las mejillas y el mentón contra ella. Es obvio que se trata de algo que le resulta agradable. También le gusta que le cepille las zonas en las que tiene las glándulas faciales: mientras lo cepillo, se mueve hasta colocarse en una posición en la que reciba mayor atención en la cara. Teniendo eso en cuenta, durante una de las sesiones de entrenamiento en las que enseñaba a Cosmos a sentarse, decidí dejar que frotara la cara contra un cepillo como recompensa. Salió bien, así que el cepillo de aseo es ahora una herramienta básica en nuestra caja.

Entender cómo aprenden los gatos te permitirá establecer unas bases sólidas para comprender los ejercicios de adiestra-

Cosmos de pie antes de que se le pida que se siente.

Cosmos responde sentándose a la señal que se le ha hecho con la mano.

Cosmos frota la cara contra un cepillo como recompensa por haberse sentado.

miento descritos en este libro. No obstante, no todos los gatos aprenden del mismo modo: identificar las peculiaridades de tu gato te ayudará a adaptar cada ejercicio a sus gustos y necesidades excepcionales y te garantizará el éxito.

Capítulo 2

Comprender los requisitos
de adiestramiento de tu gato

Los gatos son gatos, sin duda alguna, pero todos y cada uno de ellos son únicos y tan peculiares para su dueño como lo es una persona para otra. Esa singularidad no radica solo en características físicas como la edad, el sexo, la salud y la raza, sino también en la personalidad, el estado de ánimo y las experiencias del pasado y presente individuales, incluida su situación actual en el hogar. Al combinarlos, todos esos factores se unen y hacen que cada gato responda al entrenamiento de forma distinta y que algunos sean algo más fáciles de entrenar que otros. Como resultado, la forma en que entrenas a tu gato debe adaptarse a él. Por ejemplo, factores como el mejor tipo de premio, la duración óptima de una sesión de adiestramiento, el tiempo que tardará en conseguir realizar una tarea y qué objetos serán los mejores, son distintos en cada animal. Dedicar tiempo a reflexionar sobre las características únicas de tu gato, además de su estado de ánimo actual, será por lo tanto un paso previo muy útil antes de intentar iniciar cualquier entrenamiento formal.

Tal vez el primer factor que hay que tener en cuenta antes del adiestramiento es la edad del gato. Gracias a la mejora en los cuidados veterinarios, los gatos ahora viven hasta una edad muy avanzada y no hay razón para no enseñarle trucos nuevos a un gato viejo. Sin embargo, como la mayoría de los animales, incluidos nosotros, los gatos aprenden más rápido cuando son jóvenes y un poco más despacio cuando son mayores. Muchos gatos mayores (de once años o más) serán capaces de hacer frente al entrenamiento, pero es probable que necesiten que dediquemos más tiempo a cada elemento para adaptarnos a su velocidad de aprendizaje. Esto es cierto sobre todo en gatos mayores que no han entrenado de jóvenes. Aunque para entrenar a un gato más viejo se necesitará ser más repetitivo, las sesiones de adiestramiento tendrán que ser más cortas, puesto que sus cerebros (y cuerpos) se cansan con mayor rapidez.

Los gatitos aprenden algo nuevo casi cada minuto, pero hasta que tienen unas diez semanas sus cerebros crecen con mucha rapidez y su nivel de concentración es muy limitado. Las sesiones de entrenamiento deberían ser sencillas y durar solo unos pocos minutos. Por ejemplo, podrías premiar a tu gatito por decidir jugar con un juguete en lugar de con tus manos o pies. Jugar es satisfactorio automáticamente, en particular a esa edad, por lo que jugar con un juguete se convierte en el premio por no saltar sobre los humanos que están más cerca. Esto puede conseguirse solo con apartarte del alcance del gatito si intenta jugar con tus manos o pies. Las sesiones de entrenamiento, aunque sean cortas, serán más beneficiosas si son frecuentes, hasta tres o cuatro sesiones por día. No obstante, deberían estar separadas para que el gatito tenga tiempo de descansar y dormir entre ellas.

Probablemente debas adaptar las herramientas para asegurarte de que no les causas heridas físicas a gatitos que todavía se están desarrollando. Lo mismo debe aplicarse con los más viejos, pues son menos ágiles y tienen menos libertad de movimientos. Por ejemplo, puede que tengamos que bajar las plataformas elevadas y añadir escalones a ambos lados de la gatera para prevenir que salten mucho al salir y al entrar, y puede que debamos añadir mallas metálicas en las barreras de seguridad para bebés para prevenir que un gatito se cuele entre los estrechos barrotes. Las mantas y las camas para gatos ancianos deberían ser de telas en las que no se les puedan quedar las zarpas atrapadas; por ejemplo, de lana. A muchos gatos mayores les cuesta retraer las garras, por lo que son más propensos a que se les queden atrapadas en telas como la felpa o lanas tejidas con punto ancho.

Aunque a menudo se dice que las gatas son mucho más cariñosas que los gatos, esta idea se remonta seguramente a antes de que esterilizar a los gatos fuera la norma. Los machos castrados son cada vez más independientes de los seres humanos a medida que se hacen adultos, momento en el que se obsesionan con buscar hembras receptivas y defender su territorio de otros gatos rivales. Hoy en día, a la mayoría de los machos se los esteriliza antes de los seis meses y, de hecho, los dueños que no lo hacen pueden perder a sus gatos para siempre, ahuyentados por los otros machos maduros del vecindario que han empezado a percibirlos como rivales. Las hembras, si quedan intactas sexualmente, en general permanecen cerca del hogar, por lo menos hasta que entran en celo. Entonces, el centro de sus vidas cambia durante una semana más o menos y se dedican a buscar el mejor padre para sus gatitos. Una vez castrado o esterilizado, la personalidad del gato no parece verse afectada enormemente por si es macho o hembra, por lo que no debería influir mucho en el entrenamiento.

Al contrario que los perros, los gatos descienden de un único antepasado y, como consecuencia, tienden a ocultar las enfermedades y heridas de forma excepcional. No es conveniente hacer notar a los potenciales rivales que estás impedido y eres incapaz de defender tu territorio. Igual que todos los animales, los gatos aprenden mejor cuando están sanos y en forma, así que es importante prestar atención a la salud de tu gato. Debes evitar entrenarle si muestra señales de enfermedad o heridas. Aunque los problemas crónicos de salud con los que tu gato tiene que convivir no tienen por qué impedir el entrenamiento por completo, puede que debas tenerlos en cuenta en el plan de entrenamiento: por ejemplo, con gatos que padecen problemas dietéticos o diabetes solo pueden utilizarse ciertos tipos o cantidades de comida como premio. Si tu gato está tomando alguna medicación o no estás seguro de cómo van a influir tus planes de entrenamiento en su estado de salud actual, deberías consultar a un veterinario antes de empezar cualquier ejercicio. Sería bueno preguntarle antes de cambiar la hora de la comida o el tipo de comida que recibe el gato. También es probable que cualquier discapacidad sensorial influya en la capacidad de aprendizaje del animal. Por ejemplo, no sirve de nada premiar a un gato sordo verbalmente, pero el destello de una linterna podría emparejarse con comida para enseñarle, a través del condicionamiento clásico, que hay un premio en camino. Para un gato con problemas de visión, se debería ofrecer como premio comida de olor fuerte y entregársela a una distancia desde la que pueda olfatearla.

De muy pocos gatos puede decirse que sean de una raza en particular, pero algunas razas se comportan de formas características, algo que puede ser parte de su encanto. Los persa tienden a ser menos activos que otras razas, y algunos son excepcionalmente tolerantes con otros gatos y gente desconocida, aunque esto puede deberse a que cuesta más convencerlos de que salgan huyendo. Los siameses y otros gatos orientales suelen ser más parecidos a los perros que el resto de gatos, buscan contacto activo con las personas y muchos son muy vocales y parecen intentar «hablar» con sus dueños. Los gatos bengalíes (híbridos de otra especie distinta, el gato leopardo asiático, criados originalmente por sus notables marcas y desde luego no por su temperamento) tienen fama de ser hiperactivos y muchos pueden volverse agresivos con otros gatos. Aunque a la mayoría de las razas se las define, y juzga, por su aspecto, a los Ragdoll se los ha criado específicamente por su naturaleza tranquila. La cría de esta raza dio como resultado a un gato calmado y amable con una tolerancia extrema a que se los toque, incluso a que se los coja: la disposición de gatos como estos a estar tranquilos por naturaleza debería establecer unas buenas bases para que el adiestramiento salga bien.

Las características de cada raza tendrán que tenerse en cuenta a la hora de entrenar a cualquier tipo de gato con pedigrí. Los persas y otros gatos de cara chata (exóticos) tienen la reputación de ser un poco difíciles de entrenar: su actitud despreocupada puede suponer un reto, no solo a la hora de encontrar premios que los motiven lo suficiente como para llamar su atención, sino también porque su cara achatada puede hacer que comerse premios pequeños de tu mano o del suelo les resulte difícil y les lleve mucho tiempo. Los siameses y otras razas orientales pueden ser particularmente atentos con sus entrenadores, y es probable que el reto de entrenar a razas de este tipo sea intentar que el gato no se aburra, frustre o sobreexcite. Si tu gato es de pedigrí, tal vez debas investigar su raza en particular para descubrir qué peculiaridades de comportamiento y rasgos de personalidad son habituales en esa raza y planear el entrenamiento de acuerdo a ellos.[1]

Hoy en día, la mayoría de nuestras mascotas no tienen pedigrí pero, aun así, tienen personalidades distintas. Algunos gatos son solitarios, prefieren ir por su cuenta la mayor parte del tiempo y parece que solo toleran el contacto con las personas u otros gatos. Otros son más parecidos a los humanos y mantienen relaciones cercanas con una o más personas de la casa. Mucho menos comunes son los gatos que buscan activamente la compañía de uno o más gatos concretos, pero hay unos pocos que son sumamente extrovertidos y tratan de hacer amistad con todo el mundo, incluso con cualquier gato que conocen. Naturalmente, la mayoría de los gatos se encuentran entre los dos extremos.

Desde el punto de vista del adiestramiento, tal vez el aspecto más fundamental de la personalidad de un gato sea cuan atrevido o asustadizo es, sin importar la situación en la que se encuentre. Algunos gatos se ponen nerviosos ante sucesos específicos (los fuegos artificiales, por ejemplo, o que gente desconocida venga de visita a casa), pero el resto del tiempo parecen relajados y curiosos. Aunque es parte de su personalidad, también es el resultado de experiencias particulares que el gato ha vivido y, por lo tanto, una consecuencia del aprendizaje. La valentía y su opuesto, la timidez, pueden considerarse actitudes generales ante la vida: los gatos valientes estarán mucho más dispuestos a participar en situaciones con las que no se han topado nunca y a explorar objetos nuevos en casa que les parezcan interesantes y fascinantes, mientras que los gatos asustadizos no se acercarán, puesto que los objetos desconocidos les parecerán intimidantes y potencialmente amenazadores y puede que incluso huyan en cuanto empiecen a sentirse incómodos. Esta diferencia afectará al tipo de premios que se utilicen en las sesiones de entrenamiento. Con gatos más valientes, darles la oportunidad de jugar con nuevos juguetes nos ayudará a reforzar ciertas conductas y motivarán al gato para que vuelva a repetirlas, mientras que los mismos juguetes pueden tener el efecto contrario en gatos asustadizos. Para estos, los premios deberían ser familiares y, por lo tanto, «seguros». Por supuesto, estos son dos casos extremos: la mayoría de los gatos se encuentran en un punto intermedio.

Que un gato sea más bien valiente o asustadizo depende en parte de cómo eran sus padres: en otras palabras, el componente genético tiene mucho que ver. Resulta lógico, pues, que algunos gatos sean fundamentalmente más asustadizos que otros, porque ningún gatito puede predecir en qué mundo crecerá. Si por desgracia se encuentra en un entorno peligroso, algo de cautela le asegurará la supervivencia en un lugar en el que un gato más valiente perecería. No obstante, si crece en un entorno de bajo riesgo, es probable que salga perdiendo frente a otros gatos más seguros de sí mismos que sean capaces de apoderarse más rápido de la comida disponible y de otros recursos. Por eso, a lo largo de los milenios de evolución del gato doméstico, la selección natural no ha erradicado los genes de la valentía o los genes de la timidez, porque ambos han sido útiles en distintos sitios y épocas del pasado.

Solo porque los genes influyan en dichos rasgos del carácter, no significa que sean cualidades inalterables durante toda la vida del gato. Los gatitos que son atrevidos cuando dejan a sus madres tienden a seguir siéndolo durante el próximo año más o menos, igual que los gatitos que son más tímidos que la mayoría, pero esas diferencias parecen desvanecerse durante el segundo año de vida del gato. Se desconoce si esto se debe a que se atenúa el componente genético o a que los gatos cambian la forma en que reaccionan al mundo basándose en las situaciones que han vivido, aunque es probable que ambos aspectos tengan algo que ver. Esto quiere decir que hay muchas posibilidades de utilizar los ejercicios de entrenamiento para convertir a un gato tímido en uno más confiado o, tal vez, convertir a un gato demasiado atrevido en un animal más prudente, aunque lo segundo no supondrá tanto problema, ni para el gato ni para el dueño, como lo primero.[2]

Lo intrépido que sea un gato no solo afecta a su reacción cuando se enfrenta a una situación nueva, sino también a lo que aprende y cómo lo aprende. Esto puede empezar en una edad muy temprana. El animal más tímido de la camada es a menudo al que menos cogen, porque pasa fácilmente desapercibido en favor de los gatitos más atrevidos, que son los primeros que piden que se les coja y acaricie. Aunque ser un poco tímido sea una estrategia de supervivencia valiosa en la naturaleza, en general es mucho menos útil en el entorno más seguro en el que nacen la mayoría de los gatitos. Que se los trate con amabilidad puede ayudarlos a superar los efectos inmediatos de la timidez, así que lo ideal es que los dueños de la madre se hayan asegurado de que todos los gatitos de la camada reciban las caricias que les corresponden. De lo contrario, será necesario llevar a cabo un entrenamiento correctivo después de que el gato llegue a casa para ayudarlo a salir del cascarón (por decirlo de alguna manera). Se puede entrenar a los gatos nerviosos se les puede entrenar para que se relajen mientras se los acaricia y, a la larga, esto puede dar lugar a que las caricias sean satisfactorias para ellos en sí mismas, ampliando las posibilidades de seguir entrenando.

Estas atenciones durante los primeros meses de vida tienen la capacidad de convertir a un gato descarado en uno muy sociable. Los gatos así tienen muchas más posibilidades de ver las interacciones sociales (como los elogios y las caricias) como algo gratificante, mientras que los gatos que se asustan más de las personas pueden percibir esas interacciones como un castigo en lugar de un refuerzo. Asimismo, es probable que los gatos más confiados aprendan más rápido y necesiten menos sesiones de entrenamiento, mientras que los gatos tímidos o asustadizos necesitarán trabajar a un ritmo más lento y el objetivo del entrenamiento deberá dividirse en etapas más reducidas y fáciles de alcanzar.

Además de por la personalidad, la disposición del gato a aprender se ve afectada también por su estado de ánimo. Por eso, es de vital importancia ser capaz de reconocer qué estados de ánimo son normales para tu gato y también qué estado de ánimo tiene tu gato en momentos determinados. Por ejemplo, algunos gatos son difíciles de motivar en general, casi como si entrenar les pareciera aburrido. Si tu gato parece perezoso y desinteresado, será casi imposible progresar durante el adiestramiento, algo que reducirá el entusiasmo de tu gato y el tuyo para los próximos entrenamientos. Por otro lado, están los gatos que son particularmente nerviosos. Entrenar a un gato que está sobreexcitado puede ser igual de difícil que entrenar a uno que se muestra desinteresado, porque el gato pasa la mayor parte del tiempo centrado en recibir el premio sin considerar qué comportamiento debe seguir para conseguirlo.

Por suerte para nosotros como entrenadores, al contrario de lo que se cree, los gatos revelan su estado de ánimo con su conducta y lenguaje corporal: esto nos permite descifrar lo que sienten y modificar el entrenamiento para maximizar su aprendizaje. Los gatos que no quieren formar parte de una sesión de entrenamiento a menudo muestran interés en todo menos en el adiestrador y en los premios que se le ofrecen: puede que aparten la mirada de ti lentamente o se alejen por completo. Muchas veces muestran sus ganas de descansar, quizá se dejan caer de lado lentamente, o hacen evidente su indiferencia bostezando o quedándose dormidos. A lo mejor se lamen de forma rítmica y sistemática, de manera muy distinta a cuando se acicalan una parte del cuerpo, algo que repiten cuando sienten frustración momentánea. Sin embargo, que aquellos gatos que no participan pero sí disfrutan de las acaricias tengan un gesto relajado, significa que aceptan el contacto.

Por suerte, podemos hacer varias cosas para fomentar su implicación durante los entrenamientos. En primer lugar, antes de intentar continuar con la sesión, revisa el entorno en busca de distracciones y, siempre que sea posible, quítalas o minimízalas. A continuación, plantéate incrementar el valor de los premios: por ejemplo, podrías utilizar comida más sabrosa como carne o pescado recién cocinados o un juguete más interesante como una varita con plumas o pelo de verdad. Alarga el tiempo entre la última comida, sesión de juego o interacción social de tu gato (según lo que vayas a utilizar como premio) antes de comenzar la próxima sesión de entrenamiento para aumentar su motivación. Además, reducir la dificultad de cada paso en la evolución hacia los objetivos deseados te permitirá aumentar el ritmo de entrega de los premios y, al ser más frecuentes, ayudarán a mantener motivado a tu gato. También es aconsejable añadir más variedad de premios cambiando con frecuencia la clase, el tamaño y la forma de entregarlos: por ejemplo, por el primer comportamiento correcto, prémiale con un trozo de jamón; a continuación, el premio puede ser jugar con una pluma y, luego, tres golosinas de buena calidad esparcidas por el suelo para que el gato las busque, y así sucesivamente. Esparcirlos por el suelo incentiva el movimiento y ayudará a motivar a tu gato a estar más centrado.

Si tu gato no está realmente interesado en aprender un comportamiento específico, intenta enseñarle otro, tal vez uno que le resulte más estimulante y divertido, una acción que ya realice de forma espontánea o algo que incluya movimiento y contacto físico contigo; por ejemplo, tocarte la mano con la nariz o la pata. Una vez hayas conseguido su atención, podrás regresar a la parte del entrenamiento que querías. Intenta ser siempre lo más interesante de la habitación: muévete, muéstrate animado y utiliza la voz para atraer al gato. Por último, trata de no repetir mucho las mismas acciones y que las sesiones de entrenamiento sean cortas: dejar a tu gato con ganas de más ayudará a que se mantenga participativo a largo plazo.

En el otro extremo están los gatos que se sobreexcitan con facilidad: esto puede deberse a una gran variedad de emociones, pero normalmente ocurre en gatos que están frustrados porque quieren algo que todavía no pueden obtener. Durante los entrenamientos, lo mejor será que evitemos que el gato esté muy nervioso, porque los gatos con este estado de ánimo suelen perder parte de su autocontrol y, como consecuencia, les cuesta aprender la tarea que intentas enseñarles. Por ejemplo, a los gatos nerviosos (puede que porque saben que les vas a dar comida como premio) se les hará irresistible la presencia de comida. Esto conlleva que se entusiasmen todavía más y que, a su vez, les resulte todavía más difícil centrarse en la tarea que tienen que desempeñar para obtener el premio. En lugar de eso, maullarán incansablemente e intentarán conseguir el premio. Ese entusiasmo desemboca rápidamente en frustración y, como resultado, muchos gatos atacarán con las garras para intentar conseguir la comida.

Por eso, es muy importante ser capaz de reconocer cuándo un gato empieza a sobreexcitarse y perder interés en la tarea que se le enseña, principalmente para que el entrenamiento siga siendo seguro para ti y tu gato. Es más, reconocer cuándo el gato empieza a ponerse nervioso te ayudará a evitar que comience a comportarse de forma agresiva y que ataque (por ejemplo, mordiéndonos o arañándonos) para obtener la comida. Si se previene esa respuesta y al mismo tiempo se le enseña al gato una alternativa apropiada, el comportamiento indeseado desaparecerá de su repertorio con el tiempo, incluso cuando se ponga nervioso.

Los gatos pueden mostrar sobreexcitación de muchas maneras. Algunos invadirán tu espacio personal (por ejemplo, saltarán sobre tu regazo sin que se lo pidas) y puede que te arañen o muerdan las manos para conseguir el premio. Otros gatos maullarán en exceso, vocalizando mucho más que cuando están relajados; otros mostrarán señales de nerviosismo, correrán de un lado a otro, darán vueltas y cambiarán rápidamente de un comportamiento a otro. Algunos parecerán que dan caza a un juguete imaginario y saltarán sobre el aire. En general, da la impresión de que a los gatos sobreexcitados les falte concentración, algo que puede interpretarse (de forma descortés) como «sordera selectiva». Varias señales revelan que un gato se está alterando, incluidas las pupilas dilatadas y que mueva los ojos de un lado a otro rápidamente, que empiece a

Sheldon demuestra un comportamiento agresivo: muerde la tapa de la caja de herramientas para obtener los premios que hay en el interior, un ejemplo de sobreexcitación asociada al entrenamiento.

sacudir la cola, a estremecerse y crisparse, tense los músculos cada vez más y se le acelere la respiración. En gatos frustrados, también podemos observar que bajan las orejas ligeramente y las echan hacia atrás, incluso que empiezan a sacudir la cola.

Como los gatos demuestran su agitación de distintas maneras, es importante aprender a reconocer las señales individuales de sobreexcitación de tu gato y el orden en que suelen aparecer. Si tu gato llega a su máximo nivel de excitación durante el entrenamiento o parece seguir aumentando a pesar de tus intentos de reducirlo, tómate un descanso. Haz que las próximas sesiones sean más cortas y termínalas antes de que incremente su nerviosismo. Dale oportunidades apropiadas a tu gato para que desahogue su energía de vez en cuando fuera del entrenamiento: proporcionarle ocasiones de sobra para jugar y hacer ejercicio ayudará a reducir las posibilidades de que el nerviosismo reaparezca durante el adiestramiento.

Para reducir todavía más los niveles de excitación, trata de reducir el valor de los premios de comida. Por ejemplo, sustituye el pescado o la carne recién cocinados por galletas para gato secas y evita utilizar recompensas que promuevan su agitación, como los juguetes. Entrenar en un entorno lo más tranquilo y silencioso posible y hacer movimientos lentos y deliberados también te ayudará a prevenir que su nerviosismo aumente. Si enseñas a tu gato a llevar a cabo un ejercicio relajado (Recurso Clave n.º 6 en el capítulo 3) antes de empezar, te asegurarás de que comience a entrenar con el nivel adecuado de implicación, y así reducirás las probabilidades de que se sobreexcite.

Otro consejo útil es entregarle los premios a tu gato de modo que promuevas su autocontrol. Por ejemplo, podrías poner los premios en un recipiente pequeño, como el de un yogur, situado estratégicamente a medio metro de distancia. Es recomendable llevar a cabo algunas rutinas de entrenamiento de pie, en lugar de estar sentados o en cuclillas, para que así les sea más difícil abalanzarse sobre ti. Además de protegerte las manos, entregarles las comida lejos de tu cuerpo les enseña que tienen que mantener la distancias para obtener el premio y también que, si se comportan de forma demasiado entusiasta, les será más difícil conseguirlo. Por ejemplo, únicamente podrá sacar la comida del recipiente si mete una sola pata con cuidado. También existe la opción de utilizar dispensadores de comida automáticos disponibles en el mercado. Sujetar la comida con unas pinzas o dársela de un tubo (como el de la pasta de dientes) es mejor que dársela con la mano, de nuevo para protegernos de posibles ataques. Cuando ya no se usen la comida o los juguetes, mantenlos fuera de su vista y guárdalos (para evitar que perciban olores tentadores que los pongan nerviosos) hasta que vuelvas a necesitarlos. Aunque podemos enseñarles a controlar sus niveles de excitación por la comida con el tiempo, si se ponen nerviosos les resulta más difícil tranquilizarse que a los perros.

Por último, lo que le resulta más gratificante a un gato varía según el animal. Hay gatos que no responden ante deliciosos bocados de comida; a los gatos tímidos les resultará más estresante que agradable jugar con una «caña de pescar», y aquellos gatos que, o bien son asustadizos o no están acostumbrados a tratar con personas, se sentirán algo indecisos cuando se los acaricie. No obstante, esto puede cambiar a medida que el gato madura y es susceptible de verse afectado directamente por el adiestramiento; por ejemplo, te enseñaremos cómo entrenar a los gatos para que se relajen mientras se les acaricia y, a la larga, esto conseguirá que las caricias les resulten gratificantes en sí mismas, por lo que se ampliarán las posibilidades en futuros entrenamientos.

Puesto que los gatos aprenden en todo momento (no solo durante las sesiones de entrenamiento), cada gato conserva los recuerdos de experiencias previas, tanto buenas como malas, y estos tienen un efecto muy poderoso en la forma en que reacciona a situaciones o técnicas de adiestramiento específicas, además de en los rasgos más generales de su personalidad. Por

Participación ideal en el entrenamiento

Signos de comportamiento

- Tu gato se muestra más interesado en lo que hacéis y en los premios que le darás que en todo lo que le rodea.
- Centra su atención en ti: en general, los gatos no mantienen el contacto visual cuando están relajados, así que tu gato no te observará todo el tiempo, pero debería mirarte a ti y al lugar donde guardas los premios.
- El gato se mantendrá cerca de ti pero no te atacará para obtener el premio.
- Es probable que muestre diferentes conductas de forma espontánea.
- Se progresará en el adiestramiento cuando se consigan los objetivos de entrenamiento individuales.
- Los gatos familiarizados socialmente con las personas te dedicarán gestos cariñosos, como frotar la cara contra ti.

Cosmos se interesa en el premio que tengo en la mano y no se distrae, a pesar de estar al aire libre.

Sheldon está tranquilo y centrado en mí: está dedicado al entrenamiento.

Participación ideal en el entrenamiento

¿Qué puedes hacer para garantizar que el gato siga participando en los próximos entrenamientos?

- Anota qué circunstancias han hecho posible que el entrenamiento tenga éxito (por ejemplo, qué premios se han utilizado, la magnitud de las etapas del entrenamiento, la duración de las sesiones y el tiempo que pasa desde la última comida/juego hasta el entrenamiento).

- Enséñale a tu gato alguna orden para que se comprometa contigo: involucrarse con el entrenador es una conducta que el animal debe aprender, en especial los gatos, que no están tan orientados socialmente hacia los humanos como los perros, por lo que sería buena idea enseñarle a tu gato que quieres que se involucre durante todas las sesiones de adiestramiento. No deberías intentarlo hasta que no estés seguro de que el gato se involucrará en el entrenamiento. Para hacerlo, puedes decir el nombre del gato en primer lugar (para llamar su atención) y después una palabra o frase clave; puede ser la que quieras, por ejemplo, «a trabajar». A continuación, premia al gato por centrar su atención en ti. La Clave no tiene por qué ser una palabra: puedes usar en su lugar la caja de herramientas y, cuando el gato le preste atención, la abres y le das un premio. Otra posibilidad es utilizar una señal para indicar que la sesión de entrenamiento va a finalizar; por ejemplo, decir «se acabó» o guardar la caja de herramientas. Si el gato disfruta del entrenamiento cada vez más, no solo aumentará su concentración, sino que también se fortalecerá el vínculo entre los dos.

- A medida que se compromete más con el entrenamiento, puedes intensificar la dificultad de las tareas que quieres entrenar. También puedes llevar a cabo las más sencillas en entornos en los que haya más distracciones: por ejemplo, cuando ya has enseñado al gato a que acuda a tu llamada en la tranquilidad del hogar, prueba un entorno con más distracciones, como el jardín.

lo tanto, si sabes que tu gato ha vivido alguna experiencia negativa relevante, toma nota mental de no ponerlo sin querer en una situación que le recuerde a ella. Muchas veces, enseñarle a tu gato que una experiencia negativa previa puede en realidad percibirse como positiva lleva mucho tiempo y tiene que hacerse a un ritmo más lento que aquellos entrenamientos en los que no se repite el contexto o experiencias previas. Si la experiencia adversa tenía que ver con alguna de las herramientas, como un transportín o una gatera, plantéate cambiarlos por otro modelo antes de comenzar el entrenamiento, para que la asociación negativa no sea tan evidente. Si no puedes comprar equipo nuevo, limpia el objeto a fondo con algún limpiador enzimático (o con una solución casera que contenga un diez por ciento de detergente con enzimas, enjuágalo y pasa un algodón con alcohol, que debes dejar evaporar antes de volverlo a poner en contacto con el animal) para eliminar cualquier rastro de olores que tu gato (o cualquier otro) haya podido dejar en el objeto mientras se encontraba en un estado emocional perjudicial. Es probable que el gato dejara esos olores con las glándulas que tienen entre los dedos de los pies y en la cara, un aroma indetectable para el olfato humano, pero que, si no eliminamos, le recordará las experiencias negativas previas que ha vivido con el objeto. En el caso de aquellos gatos que han sido adoptados en refugios de animales, es muy probable que desconozcas sus experiencias pasadas, así que ve con cuidado.[3]

Los casos que exponemos a continuación ilustran cómo las diferencias entre cada gato pueden determinar la mejor forma de abordar la enseñanza de una tarea en concreto. El aprendizaje fue esencialmente el mismo para ambos gatos, pero que el resultado fuera satisfactorio dependía de estudiar minuciosamente la personalidad, la edad, la salud, las experiencias previas en una situación semejante y las cosas que les gustan y disgustan a cada gato.

Marmaduke es un gatito seguro y curioso cuyo pasatiempo favorito es jugar con las cajas de cartón que sus atentos dueños han llenado de hojas de periódico arrugadas, pelotas y plumas para que pueda saltar sobre ella. Le gusta la comida y enseguida les arrebata las golosinas para gatos de las manos a sus dueños. Ellos tienen muchas ganas de que se acostumbre al transportín, ya que tienen una casa que visitan en vacaciones con regularidad y les gustaría empezar a llevarse a Marmaduke con ellos. Desde que vive con ellos, solo ha entrado en el transportín dos veces; la primera fue cuando lo llevaron a casa desde el refugio de animales y la segunda durante una visita al veterinario para su correspondiente vacunación. Los dueños afirmaron que en ambos casos maulló y sacó las patas durante el trayecto, pero pensaron que lo hacía para llamar su atención, no porque estuviera asustado. Además, su amor por las cajas, la comida y los juguetes, y su confianza hacia las personas sugieren que debería ser fácil para él aprender que, en realidad, el transportín puede ser un sitio divertido. En primer lugar, les aconsejé a los dueños que pusieran una de las mantas preferidas de Marmaduke dentro del transportín para que tuviera un olor familiar y le resultara cómodo y agradable. Entonces, les enseñé cómo colocar las golosinas en un camino que llevara hasta el transportín antes de la hora de comer. La curiosidad y el hambre de Marmaduke fueron suficientes para que siguiera el rastro de comida hasta que entró directo en el transportín sin mirar hacia atrás. Una vez dentro, les aconsejé a los dueños que introdujeran más comida en el transportín a través de las rendijas de los laterales de plástico. El gato pronto aprendió que esa acción significaba recibir premios especiales. Además, mostré a los dueños cómo podían jugar con él mientras estuviera dentro del transportín, deslizando plumas largas por las rendijas y moviéndolas para que las golpeara y saltara hacia ellas, proporcionándole así un segundo premio por estar dentro del transportín. Una semana después, los dueños de Marmaduke me contaron que le encanta el transportín y que muchas veces lo oyen jugar con sus juguetes allí dentro por voluntad propia. El próximo paso será enseñarle a mantener la calma cuando se cierra la puerta del transportín y que, incluso cuando lo mueven y llevan a sitios nuevos, sigue siendo un lugar seguro y divertido en el que estar.

Jade, por su parte, es una gata artrítica y grande pero nerviosa a la que más de una vez han metido en un transportín demasiado pequeño para ella. Que la empujaran a un espacio reducido, junto con el dolor que le causa la tensión en sus articulaciones artríticas, le ha causado incomodidad y sufrimiento en numerosas ocasiones. Como resultado, tiene sentimientos negativos hacia el transportín y se resiste a entrar en él con garras y dientes. Por lo tanto, lo primero que debía hacerse era cambiar esa asociación negativa establecida. Compraron un transportín nuevo más grande para darle a Jade un espacio amplio en el cual pudiera girarse cómodamente. Dedicaron varias semanas a enseñarle a Jade que el transportín era un sitio seguro y cómodo. En la fase inicial, le quitaron el techo al transportín por completo y situaron la base en la misma habitación que su cama. Colocaron en el interior esterillas de calor para microondas, debajo de su manta de cama favorita, para que el interior fuera cálido, acogedor y apetecible. Se le dieron premios muy sabrosos (como gambas o atún) en su cama habitual, que poco a poco fueron acercando a la base del transportín para que tuviera que acercarse cada vez más a ella para cogerlos. Tras muchas repeticiones, finalmente lograron que Jade entrara en la base. La premiaron de inmediato con elogios amables y ofreciéndole gambas mientras permanecía en el transportín. Desde ese día, empezó a utilizarlo para dormir, alternándolo con su cama. En un período que duró más de seis semanas, le añadieron poco a poco el techo y la puerta (que siempre dejaban abierta). Cuando se sintió lo bastante cómoda como para entrar por sí sola en el transportín para dormir, con el techo y la puerta incluidos (todavía abierta), indicamos a los dueños de Jade que en momentos en que Jade estuviera relajada dentro cerraran la puerta durante unos segundos (no mucho rato, para evitar que se sintiera atrapada) y, al mismo tiempo, le dieran comida como premio a través de las rendijas del transportín. Esto le enseñó a

Jade que cerrar la puerta daba lugar a la consecuencia positiva de recibir un premio. Los dueños de Jade han conseguido que esté contenta dentro del transportín con la puerta cerrada y pueden levantarlo y llevarlo al coche sin disgustarla. El siguiente paso será que Jade aprenda que viajar en el coche dentro del transportín no es algo que deba temer.

Marmaduke y Jade aprendieron con éxito aspectos positivos del transportín a través del proceso de condicionamiento operante: es decir, descubrieron que estar dentro del transportín o cerca de él tiene consecuencias positivas. No obstante, había varias diferencias entre ambos que debían tenerse en cuenta durante el entrenamiento, para asegurar que los dos alcanzaran el mismo objetivo:

- La personalidad: Marmaduke era valiente, mientras que Jade era asustadiza.
- La edad: Marmaduke era un gatito, mientras que Jade era una gata anciana.
- Las experiencias previas: Marmaduke tenía poca experiencia con el transportín antes del entrenamiento y era relativamente neutral, mientras que Jade había vivido muchas experiencias en el transportín a lo largo de los años y, en general, le habían resultado desagradables.
- La salud: Marmaduke gozaba de buena salud, mientras que Jade sufría de artritis y, por lo tanto, de dolor en las articulaciones.
- Las cosas que les gustaban y disgustaban: a Marmaduke le gustaba jugar y comer cualquier cosa que le ofrecieran, mientras que Jade, al ser una gata mayor, no jugaba mucho y era quisquillosa con la comida.

Caracterizar a ambos gatos antes de empezar permitió personalizar el entrenamiento para cada uno. Por ejemplo, tanto las experiencias previas como la salud influyeron en el tipo de transportín que se utilizó al adiestrar a cada gato. Debido a las anteriores vivencias negativas de Jade con el transportín y a su actual artritis, era importante comprar uno más grande antes de empezar el entrenamiento. Utilizar un nuevo transportín no solo implicaba que Jade estuviera más cómoda físicamente dentro de él, con mucho más espacio para moverse, sino también que no hubiera asociaciones previas con ese transportín en concreto y, por consiguiente, fuera mucho más factible que lo reconociera como un lugar cómodo. Hubiera sido mucho más difícil enseñarle a disfrutar estar en el viejo transportín que detestaba con fuerza. Sin embargo, para Marmaduke, su experiencia limitada con el transportín que, por lo tanto, le resultaba relativamente neutral desde el principio, significaba que no requería uno nuevo antes de empezar a entrenar.

La edad y las experiencias previas influyeron en el tiempo que se precisó para enseñarles la tarea. Aunque ambos gatos necesitaron sesiones de entrenamiento cortas y frecuentes porque se cansaban con facilidad (algo que les ocurre a los gatitos y a los gatos ancianos por igual), debido a las experiencias negativas anteriores de Jade con el transportín necesitaba muchas más sesiones esparcidas durante un período prolongado de tiempo para llegar al mismo nivel de comodidad con el transportín que Marmaduke. De hecho, su cerebro envejecido también podría haber contribuido a que precisara muchas más sesiones de entrenamiento, ya que los animales mayores a menudo no aprenden tan rápido como los jóvenes.

Por último, la personalidad, la edad, la salud y lo que les gustaba y disgustaba contribuyeron a la hora de decidir qué premios utilizar durante el entrenamiento para cada gato. Marmaduke era un gato seguro de sí mismo al que le gustaba todo tipo de comida y juegos y, por eso, se utilizó una combinación de comida y juguetes, incluidas las golosinas comerciales que tan gratificantes le resultaban. Por el contrario, Jade tenía una personalidad más asustadiza: aunque había sido juguetona de pequeña, su edad y su artritis implicaban que jugar ya no era una de sus máximas prioridades. Siempre había sido una gata muy quisquillosa y, por eso, se utilizaron alimentos frescos y ricos en proteínas, como gambas y atún, porque eran los únicos premios que la motivaban a acercarse al transportín. Además, como Jade era anciana, que el transportín fuera un lugar seguro, fiable y cálido donde dormir (gracias a la ropa de cama familiar y la fuente de calor) fue lo que le resultó más atractivo. Sin embargo, lo que atrajo a Marmaduke fue tener un lugar para jugar y moverse.

Antes de iniciar cualquier entrenamiento, también deberías tener en cuenta tus prioridades. Tú, el dueño, eres el que debería saber cuáles son las necesidades de tu gato ahora y cuáles lo serán en el futuro. El hogar de cada persona, el estilo de vida y lo que se espera del gato también pueden variar, algo que a su vez influirá a la hora de decidir qué tareas queremos priorizar en el entrenamiento. En consecuencia, además de identificar las peculiaridades del gato y las necesidades personales resultantes, es importante considerar lo que implica el estilo de vida de tu gato y si este cambiará en el futuro. Entonces, podrás asegurarte de que el entrenamiento le ayuda a prepararse para cualquier cambio que puedas estar planeando, además de a hacer frente a los sucesos inesperados con los que pueda toparse. Los gatos carecen de nuestra previsión de futuro y es probable que no sean conscientes de los cambios hasta que ocurren. Por ejemplo, tú serás consciente de haber contratado albañiles para que arreglen parte de la casa y de que, en consecuencia, tendrás que cerrar algunas habitaciones. La primera vez que el gato sea consciente de ello será cuando muevas los muebles la noche antes de que lleguen los albañiles; esto ya será bastante desconcertante para un gato nervioso… por no mencionar el ruido, el olor, el polvo y las interrupciones que empezarán unas horas más tarde. Hasta qué punto debes preparar a tu gato para algo así dependerá de su personalidad, pero también de la disposición de la casa. Por ejemplo, ¿está la gatera a una buena distancia de la zona alterada, para permitir que se pasee como antes, o tendrás que enseñarle una nueva forma de entrar y salir de la casa? Otros cambios requerirán inevitablemente algo de preparación, sea cual sea la personalidad de tu gato, como por ejemplo la llegada de un nuevo gato o un bebé.

Deben tenerse en cuenta muchos aspectos antes de empezar a entrenar. Tendrás que identificar y comprender las necesidades de tu gato como individuo e intentar predecir cómo influirán en su capacidad de aprendizaje y lo que debes enseñarle; no solo ahora, sino también de cara al futuro. Afortunadamente, al dedicar tiempo a esta preparación, obtendrás una recompensa doble: en primer lugar, conseguirás que tu experiencia de entrenamiento tenga éxito y, en segundo lugar, llegarás a conocer y comprender a tu gato incluso mejor que antes.

Capítulo 3

Nuestra filosofía de adiestramiento
Dominar los recursos clave

Ahora que has comprendido que tienes que adaptar la manera de abordar la personalidad y las peculiaridades de tu gato, seguro que tienes ganas de empezar a entrenar. Es probable que ya hayas hecho una lista mental de lo que te gustaría que tu gato supiera hacer, ya sea tomarse una pastilla contra los parásitos sin rechistar, aprender alternativas a la caza o ser un poco más cortés con las visitas. Pero quizás no sepas muy bien por dónde empezar exactamente o cómo hacerlo.

La filosofía básica que hay detrás de todo entrenamiento para gatos se basa en utilizar la teoría del condicionamiento operante para premiar los comportamientos deseados e ignorar los comportamientos indeseados o redirigirlos hacia un objetivo más apropiado. Por ejemplo, si quieres que deje de arañar el sofá y tienes que redirigir ese comportamiento hacia el rascador que has comprado especialmente para eso.

Nunca propondremos el uso de la fuerza o el castigo. Cuando un gato presenta el comportamiento deseado de manera espontánea, deberíamos premiarlo inmediatamente. Cuando no lo haga, podemos «sugerirle» el comportamiento apropiado utilizando una serie de técnicas de adiestramiento estándar, comunes a todos los entrenamientos de animales, desde perros a mamíferos marinos; solo debemos adaptarlas un poco para que se adecúen a la biología de los gatos y su forma única de pensar. Utilizando esta filosofía podemos entrenar a nuestros gatos para que hagan un gran número de cosas: mientras cuenten con la capacidad física para llevar a cabo dicho comportamiento, no hay motivos por los que no podamos enseñárselo. Por supuesto, la mayoría de los dueños solo querrían enseñarles a sus gatos un puñado de ejercicios útiles, pero reconforta saber que tienen potencial para ir mucho más allá.

Independientemente de la tarea que quieras enseñarle, hay una serie de recursos clave que son la base de cualquier entrenamiento para gatos: nueve, de hecho, igual que el número de vidas que se supone que tienen los gatos según algunas tradiciones. No todos los ejercicios precisan recursos clave (aunque algunos son parte esencial de todo adiestramiento), pero, de la misma manera que con distintas combinaciones de ingredientes básicos puedes crear muchas recetas, para entrenar diferentes aspectos se utilizarán distintas combinaciones de aptitudes fundamentales. Tener conocimientos sólidos de la ciencia que respalda estos recursos clave, además de la capacidad de llevarlos a cabo con éxito, te permitirá ser flexible a la hora de enfocar el entrenamiento. Al utilizar distintos recursos para diferentes tareas y tener la confianza y habilidad de probar un enfoque diferente si uno de ellos parece no funcionar, tú y tu gato tendréis éxito al alcanzar vuestros objetivos de entrenamiento deseados. Por eso, antes de meterte de lleno a entrenar la tarea específica que quieres que tu gato aprenda de verdad, dedicar algo de tiempo a asimilar y practicar los Recursos Clave utilizando los ejercicios que se exponen a continuación hará que tu gato y tú tengáis el éxito garantizado.

LOS NUEVE RECURSOS CLAVE QUE CONSTITUYEN LA BASE DEL ADIESTRAMIENTO PARA GATOS
Recurso Clave n.º 1: premiar la observación y exploración espontáneas

Los gatos se encuentran con muchas cosas nuevas a diario, tanto personas como una nueva pareja, un compañero de piso o un bebé; animales, como un gato o perro nuevos; u objetos, como un cortaúñas, un collar, un mueble o un electrodoméstico. Desde el punto de vista del aprendizaje, llamamos «estímulo» al objeto, persona o animal.

Hay una manera correcta y otra incorrecta de presentarle algo nuevo a un gato. En primer lugar, la manera incorrecta. Es bastante común que los dueños cojan a los gatos y los dejen al lado o incluso encima de los objetos nuevos en un intento de acostumbrarlo al estímulo en cuestión. Por ejemplo, muchas veces las visitas cogen a los gatos o los ponen en sus regazos, situación en la que estos tienden a liberarse de la atención no deseada y huir rápidamente. Otro ejemplo muy común se da cuando los dueños dejan físicamente a los gatos en el arenero o transportín nuevo antes de que haya tenido la oportunidad de inspeccionarlo. Estar tan cerca de un estímulo nuevo sin haber podido observarlo antes de lejos y determinar si es seguro hará que la mayoría de los gatos, en particular aquellos más asustadizos, salgan huyendo y eviten tanto al estímulo en concreto como a la persona que los ha llevado hasta él.

Los gatos son controladores por excelencia: es una característica heredada de un antepasado solitario al que arriesgarse a sufrir heridas le salía muy caro. De hecho, numerosos estudios científicos han demostrado que los gatos sobrellevan mucho mejor una situación y sufren menos estrés, tanto en su comportamiento como en su fisiología, cuando sienten que lo tienen todo bajo control. Por eso, el entrenamiento siempre irá mejor cuando el gato perciba que controla la situación y puede salir de allí en cualquier momento. Esto puede ponerse en práctica dándole la oportunidad al gato de observar el estímulo siempre desde una distancia segura (a varios metros) y así dejarle decidir si debe (a) huir si percibe que su seguridad está en riesgo, (b) ignorar el objeto porque no es una amenaza o no le interesa o (c) aproximarse, a menudo con cautela, para estudiar el objeto por si contiene algún premio o por si el gato necesita más información para tomar una decisión respecto al estímulo. El gato escogerá la respuesta a, b o c dependiendo de lo cómodo que se sienta en su entorno; por ejemplo, la respuesta será distinta si el gato se encuentra en los límites seguros de su hogar o si se ve intimidado en el veterinario. Además, su percepción única del estímulo se verá influenciada por una serie de factores, como la personalidad del gato y sus experiencias previas con estímulos semejantes. Por ejemplo, es poco probable que un gato asustadizo que ha tenido experiencias previas negativas con perros se acerque a un cachorro desconocido.[1]

Ahora, veamos la manera correcta. Cuando ves a tu gato observar con calma, acercarse y explorar algo nuevo, puedes premiar cada acción individualmente para que el gato asocie su comportamiento positivo hacia el estímulo con un resultado agradable. Quizá te veas tentado a acercarle el estímulo al gato, tal vez aproximándolo lentamente, centímetro a centímetro, pero si introduces el estímulo en su espacio personal , su sensación de estar controlando la situación disminuirá; por lo tanto, siempre que sea posible deberías evitarlo. Cuando el gato responde al estímulo huyendo (aunque lo haya mostrado a cierta distancia), la próxima presentación tendrá que ser a una distancia mayor y, si es posible, la magnitud del estímulo, en lo que respecta al gato (su prominencia), debería reducirse de antemano. Esto puede conseguirse mediante el uso del Recurso Clave n.º 2: la desensibilización sistemática y el contracondicionamiento.

Si la respuesta del gato se basa en echarle un vistazo rápido al estímulo (algo con lo que quieres que el gato interactúe, como el transportín o la gatera) y después ignorarlo, puedes utilizar el Recurso Clave n.º 3, el cebo, que le enseñará al gato que interactuar con el estímulo lo lleva a recibir un premio. Si el gato se acerca a él de forma espontánea, con calma y con seguridad, has tenido buena suerte: el entrenamiento ha empezado bien y deberías estar preparado para darle premios discretamente y así fomentar más interacciones.

Recurso Clave n.º 2: Poco a poco, sentido a sentido: la desensibilización sistemática y el contracondicionamiento

Algunas situaciones resultarán amenazadoras para todos los gatos, mientras que en otras no nos será tan obvio predecir que puedan suponer un desafío. Por ejemplo, casi todos los gatos son muy cautelosos cuando se topan con perros o gatos desconocidos: encontrarse con alguno de ellos puede suponer un riesgo de lesión para el gato o una amenaza a sus recursos como la comida o el territorio. Cómo percibirán los nuevos encuentros variará de un gato a otro; la presencia de un nuevo juguete para bebés que se ilumine y emita sonido hará que algunos gatos salgan huyendo, mientras que otros optarán por observarlo con cautela desde la distancia. Solo unos pocos se sentirán lo bastante seguros como para acercarse a él de inmediato. También habrá cosas que al gato no le parezcan ni tentadoras ni amenazadoras. La mayoría de los gatos ni siquiera pestañearán si ven una foto reciente en la pared o un cojín nuevo en el sofá, aunque sea lo primero que comente una persona que entre en la habitación.

Puedes exponer a tu gato íntegramente a aquellas circunstancias en las que estés seguro de que no se asustará o preocupará, aunque al principio desde una distancia que al gato le parezca segura (ver Recurso Clave n.º 1). Si crees que el gato va a reaccionar de forma negativa a una situación, ya sea porque por naturaleza es algo que cualquier gato percibiría como alarmante o porque sabes que tu gato ha vivido una experiencia similar y no ha respondido a ella positivamente (o no estás seguro de cómo reaccionará), es importante que reduzcas la magnitud de la situación hasta que el gato no tenga miedo, de lo contrario, es poco probable que aprenda a aceptarla. Supongamos que tu gato tiene miedo a la lavadora; entonces, podrías reducir su impacto poniéndola solo cuando el gato esté en otra habitación. Exponerse a ese nivel varias veces permitirá que el gato se habitúe al estímulo. Después será posible incrementar poco a poco el grado de exposición al estímulo, aunque con cuidado para no desencadenar su miedo; a este proceso se le conoce como «desensibilización sistemática». Es decir, puedes aumentar la exposición a la lavadora poco a poco poniéndola en su ciclo de lavado más silencioso y rápido. Además, si tu lavadora tiene un cristal a través del cual el gato pueda ver cómo se mueve la colada, sería recomendable cubrirlo: muchos gatos se sienten amenazados al ver su reflejo en el cristal de la lavadora. Presentar una situación de modo gradual permitirá que tu gato aprenda que no es nada (o algo) que deba temer y también impedirá que se sienta abrumado.[2]

Cuando tienes planeado presentarle una situación concreta a tu gato, recuerda que sus sentidos son más agudos que los nuestros, y también distintos. Nuestro sentido principal es la vista y los programas de desensibilización sistemática para seres humanos normalmente se centran en observar aquello a lo que se tiene miedo. Por ejemplo, a alguien que necesite recibir terapia de desensibilización sistemática contra la fobia a las arañas se le pedirá que imagine a una araña muy pequeña a lo lejos, reduciendo así la importancia de la araña. El olor o el sonido de la araña son prácticamente irrelevantes, ya que normalmente no están vinculados a la fobia. No obstante, los gatos utilizan su fino sentido del olfato en todo momento para comunicarse con otros gatos y orientarse, por lo que el olor del estímulo, en particular si es un estímulo vivo (por ejemplo, otro gato, un perro o un ser humano) será particularmente relevante. Aun así, el oído, la vista y el tacto no deberían ignorarse y se considerarán minuciosamente. Muchas veces resultará más práctico y más fácil para el gato que se le presenten los diferentes aspectos sensoriales de la situación de manera aislada. Por ejemplo, cuando presentas a un gato nuevo, la mejor práctica es introducir primero niveles bajos de olor (ver Recurso Clave n.º 7) antes de oír al gato (supongamos que oírlo maullar a través de una puerta cerrada). Solo cuando se haya acostumbrado al olor y al ruido del gato nuevo y se sienta cómodo con ellos le dejaríamos verlo, reduciendo así el impacto y permitiendo que lo vea solo a través de una puerta de cristal o a cierta distancia.

Aunque la desensibilización hará que tu gato deje de tener miedo, no le enseñará a ver la situación desde un punto de vista positivo. Por suerte, podemos utilizar el contracondicionamiento, con la desensibilización como una poderosa arma para cambiar la percepción del gato de negativa (o ambivalente) a positiva. El «contracondicionamiento» se basa en asociar una situación que les provocaba miedo con algo positivo. Mediante la desensibilización, los estímulos se presentan a un nivel más bajo que el que desencadena el miedo, por lo que se le dará al animal la oportunidad de aprender que el premio que se le ofrece se asocia con el estímulo antes que con otra cosa. Solo un poco de miedo basta para impedir que se desarrollen asociaciones agradables.

Tenía un gato llamado Harry al que le daba miedo la aspiradora. Para un gato que no tuvo la oportunidad de aprender de pequeño que no hay por qué temerle a la aspiradora, existen muchas propiedades sensoriales que ayudan a que se desarrolle ese miedo en la edad adulta. En primer lugar, las aspiradoras tienen un determinado aspecto (una caja con ruedas con un tubo flexible sujeto a un cepillo que se mueve en muchas direcciones por el suelo y, a veces, en dirección a Harry); un sonido (un ruido de succión muy fuerte que empieza y termina inesperadamente y un zumbido también repentino cuando el cable se retracta hacia el cuerpo de la aspiradora) y un olor (aunque es casi imperceptible para el olfato humano, es muy probable que haya olores que puedan asociarse con el plástico caliente y las partículas de polvo que se expulsan por el filtro de aire). Harry nunca había tocado una aspiradora, ya que no había tenido el valor de acercarse tanto. Por ello, si consideramos a Harry individualmente, parecía probable que fueran el sonido (fuerte e inesperado) y el movimiento (impredecible y, a veces, en su dirección) lo que le causaba miedo.[3]

La desensibilización sistemática y el plan de contracondicionamiento de Harry incluían, en primer lugar, oír la aspiradora (en su modo de succión inferior, que reducía el volumen) desde otra habitación, con la puerta cerrada para amortiguar el ruido tanto como fuera posible. Con esa intensidad, Harry parecía no tener miedo, aunque estaba un poco más alerta de lo normal. Utilizando golosinas como contracondicionamiento fui capaz de subir el volumen poco a poco, así como el ritmo de succión y, después, de abrir la puerta de la habitación en la que estaba la aspiradora. Otras veces, independientemente del ruido, dejé que Harry observara una aspiradora parada, al principio desde una habitación distinta a la suya (por ejemplo, mientras él estaba en el pasillo y la aspiradora en el salón con la puerta abierta entre los dos) y, luego, desde la misma habitación. A continuación, progresamos moviendo la aspiradora (aunque nunca en su dirección) estando apagada. Naturalmente, premiaba todas estas exposiciones con regalos como golosinas o elogios. A veces, en mitad del entrenamiento, paraba y le daba comida a Harry, o lo acariciaba o rascaba la cara: sabía que le gustaba mucho.

Tras muchas sesiones, pude juntar la presencia y el ruido de la aspiradora sin que Harry tuviera miedo. Para empezar, ponía la aspiradora a la mínima potencia y la movía despacio. Poco a poco, tras exponerlo varias veces, pude utilizar el modo de succión normal y moverla en todas direcciones. No mucho después de haber comenzado el entrenamiento, pasaba la aspiradora tranquilamente en la misma habitación que Harry, que solía quedarse tumbado en el sofá o en su cama. También avisaba a Harry de que iba a pasar la aspiradora encendiéndola y apagándola un segundo antes de encenderla de verdad. Si parecía que el sonido lo ponía nervioso, a veces salía de la habitación a paso tranquilo, pero de un modo que demostraba que iba a buscar algo más interesante que hacer, en lugar de salir disparado por el miedo.

Ejercicio

Piensa en algo que le dé miedo a tu gato y escribe todas sus propiedades sensoriales: cómo huele, la textura y cómo suena, además de qué aspecto tiene. A continuación, subraya las propiedades que crees que contribuyen a que tu gato tenga miedo. Recuerda considerar la biología de los gatos, además de las características de tu mascota (tanto la introducción como el primer capítulo te ayudarán en este aspecto). Por último, desarrolla un plan de desensibilización sistemática y contracondicionamiento describiendo las formas en que puedes reducir la importancia de las propiedades que le dan miedo al gato y cómo presentárselas de manera gradual para que no tenga miedo. Ahora empieza a trazar el plan y ten a mano muchos premios para el contracondicionamiento.

Recurso Clave n.º 3: el cebo

Solo porque el gato haya aprendido que no tiene que temer una situación no significa que quiera interactuar con ella a partir de ese momento. Esto no supone un problema en aquellas circunstancias que sencillamente queremos que nuestros gatos ignoren, por ejemplo, al pasar la aspiradora. No obstante, queremos que nuestros gatos estén cómodos interactuando con varios estímulos, desde cosas sencillas como collares, arneses, medicinas, cepillos, transportines y gateras hasta las más complejas, como una persona o tal vez una niñera para gatos, o entornos completamente nuevos, por ejemplo, una casa nueva o una residencia para gatos.

Si tu mascota nunca se acerca o interactúa con cosas nuevas, no sabrá si son relevantes para él o si relacionarse con ellas tendrá como resultado que le den un premio. Por ejemplo, un gato que está totalmente cómodo al lado de su gatera recién instalada (antes siempre salía por la puerta trasera) puede no saber que tiene que empujar la cabeza por la gatera para poder usarla. Asimismo, quizá un gato parezca relajado cuando le pones delante un collar desabrochado pero no esté dispuesto a introducir la cabeza por la apertura del collar que se le muestra, porque todavía no sabe que esa conducta merecerá la pena. En estos casos, tendrás que enseñarle al gato cómo comportarse alrededor de esos objetos para obtener un premio (ya sea tener acceso al exterior, en el caso de la gatera, o una recompensa, en el caso del collar).

Utilizar un cebo es la mejor forma de persuadir al gato para que participe en cualquier situación que queramos que aprenda. Un cebo es algo que atrae o tienta al gato, por eso el más común es la comida. Colocar un bocado delicioso de comida delante de su nariz y alejarlo lentamente animará al animal a intentar obtenerlo. Aunque establece las bases de un método que no emplea la fuerza para dirigir la conducta del animal, alimentarlo con la mano como cebo puede resultar problemático. Muchos gatos se sentirán tentados a golpear la comida para conseguirla, una parte natural de su conducta cazadora, en especial si nunca han visto un señuelo, les gusta mucho la comida o ya se les ha permitido robarla o agarrarla anteriormente. Una vez se ha consolidado el entrenamiento en la rutina del gato, es posible enseñarle a controlar la emoción que siente al ver la comida, pero mientras tu gato y tú aprendéis por primera vez este recurso clave, es importante que te protejas las manos para evitar el contacto accidental con las uñas o los dientes.

Afortunadamente, existen dos maneras mucho más seguras de entregar un cebo. La primera es utilizar herramientas en las cuales colocar el cebo, normalmente comida, y moverlo de forma que el gato lo siga pero puedas mantener las manos fuera de su alcance. Estas herramientas pueden ser unas pinzas de comida con las que sujetar un premio pequeño, como palitos con sabor a carne o una galleta; cucharas con el mango alargado, que son especialmente útiles para alimentos húmedos, como trozos de carne jugosos (las cucharas para bebés son ideales porque normalmente tienen un mango doblado que te permite sujetarlo a distancia para mantener las manos apartadas); o jeringuillas y tubos de papillas blandas (los que llevan una cuchara diseñada para cuando los bebés dejan de mamar son especialmente apropiados porque evitan que se derrame la comida), que pueden sujetarse por uno de los extremos y apretarse para que la comida salga por el otro lado.

A la larga, probablemente te resulte más productivo usar papillas como cebo, en lugar de un premio sujeto con un par de tenacillas o trozos de carne con una cuchara, porque las papillas de tubo te permiten entregarles una cantidad de comida pequeña y de forma continua: de esa forma evitarás que el gato intente arrebatarte los premios. Aunque pueda parecer algo trivial, enseñarle a tu gato desde el principio que no tiene que golpear o coger la comida es una lección muy importante que debe aprender, una que no solo te protegerá las manos, sino que además enseñará a tu gato a controlar sus impulsos. Puedes preparar comida líquida mezclando papillas de carne o pescado hechas para el consumo humano con un poco de agua. Si utilizas estas papillas, asegúrate de preguntarle al veterinario si los ingredientes son aptos para el consumo felino. Puedes utilizar patés para gatos, evitando así tener que aplastar la comida o hacerla puré, y puedes suavizarlos todavía más añadiendo agua. Aprender autocontrol conlleva muchas ventajas para cualquier gato que viva entre personas: la mayoría de las cosas que desean no siempre estarán disponibles al momento, ya sea comida, acceso al exterior o atención. A menudo los dueños se quejan de que los gatos maúllan en exceso o de que arañan los muebles; ambas acciones pueden deberse a que se sienta frustrado o pierda el control cuando no recibe lo que quiere cuando quiere. Por eso, enseñarle a tu gato a tener paciencia mejorará más de un aspecto de vuestra relación.

Otro método para atraer a los gatos consiste en utilizar un palo de adiestramiento, una vara retráctil con una pelota pequeña en el extremo, normalmente hecha de espuma o plástico: el «objetivo». Al ser la pelota un objeto que se ve fácilmente, y debido a la curiosidad natural de los gatos, es probable que quieran olfatearla. Si al principio no se acerca, puedes untar un poco de comida en el objetivo. Si lo inspecciona y se le premia, seguramente vuelva a hacerlo. Después de que acerque la nariz al objetivo o lo toque, y le premies dicho comportamiento varias veces, puedes empezar a mover la pelota poco a poco, al principio a poca distancia. El gato debería seguirla y, entonces, será momento de premiarle. Mediante este procedimiento, podrás empezar a alejar el objetivo cada vez más antes de apartarlo y premiar al gato, y él debería seguirlo. Recuerda colocar siempre el palo de adiestramiento lejos del alcance del gato mientras recompensas su conducta, por ejemplo, escóndelo a tu espalda: así evitarás que el gato lo toque o persiga cuando no estés listo. Puedes comprar un palo de adiestramiento en tiendas, aunque también es fácil fabricar uno pegando una pelota de *ping pong* o algo similar en el extremo de una antena retráctil o una caña de bambú.

Sheldon aprende a tocar con la nariz el cebo hecho a mano.

Una vez Sheldon lo ha tocado, se aparta el palo de adiestramiento y se le premia con un poco de papilla de carne en una jeringuilla.

Recurso Clave n.º 4: marcar un comportamiento

Durante las sesiones de entrenamiento, muchas veces no es posible entregarles el premio en el momento apropiado; por ejemplo, si el gato está lejos de ti. Además, los gatos, igual que los niños y los perros, desvían su atención de una cosa a otra con mucha rapidez, por lo que su conducta puede cambiar en un instante. Quizá para cuando le des el premio a tu gato, ya sea una golosina, un juguete o una caricia, esté haciendo algo distinto del comportamiento que querías premiar. Es probable que asocie la acción (irrelevante) que ha llevado a cabo justo antes de que se lo entregues con el premio, porque han ocurrido más seguidos. El secreto para que el adiestramiento tenga éxito es recompensar el comportamiento deseado justo cuando ocurre; de este modo, le damos al gato la oportunidad de asociar el premio con la conducta deseada y no con algo que haya hecho unos segundos después.

Imagina a un gato que camina hacia una gatera recién instalada. Cuando entrenamos a un gato para que atraviese una gatera, el primer comportamiento que podríamos premiar (por ejemplo, con comida) sería que simplemente caminara en dirección a la gatera. Recuerda el Recurso Clave n.º 1: debe-

Ejercicio

Practica a tentar a tu gato con comida líquida en una jeringuilla o un tubo. Apriétalo con suavidad para que salga algo de comida por la abertura y muéstraselo despacio, permitiéndole que se acerque, lo olfatee y lo lama. Cuando el gato haya aprendido que el nuevo aparato contiene un premio delicioso, puedes apartarlo de él solo un centímetro más o menos y esperar a ver si lo sigue. Si lo hace, vuelve a apretarlo para que salga algo más de comida. Si no lo hace, espera hasta que lama el tubo o la jeringuilla y sigue apretándolo y moviéndolo poco a poco para que el gato reciba pequeñas cantidades de comida y se desplace a la vez que el dispensador. Tras varias repeticiones, deberías ser capaz de incrementar la distancia a la que separas el dispensador antes de darle algo más de comida. Practica hasta que consigas que el gato gire en círculos a tu alrededor y que suba a una silla o plataforma elevada de algún tipo, dispensando la comida solo al final del ejercicio. Con algunos gatos se consigue en la primera sesión de entrenamiento, pero con otros serán precisas algunas más. Adáptate a las necesidades de tu gato y marca el ritmo de la sesión para que termine de manera positiva; por ejemplo, cuando el gato siga participando, no esté cansado o aburrido y haya mostrado el comportamiento deseado. No te veas tentado a seguir hasta que el gato se vaya, porque para entonces el valor del premio habrá disminuido.

Practica estos ejercicios sujetando el premio con unas pinzas o una cuchara alargada durante varias sesiones más. Con estos objetos solo podrás entregarle un premio al gato antes de tener que «recargarlos». No obstante, a estas alturas del entrenamiento no debería suponer un problema, ya que intentaremos que el gato persiga el cebo sin querer comérselo por el camino. De hecho, es una buena práctica no darle la comida al gato con las pinzas o la cuchara como premio cuando el gato la alcance, sino apartársela rápidamente de la vista y darle un premio nuevo, para evitar que quieran cogerlo y así incrementar su autocontrol. De este modo, el gato aprenderá que solo por intentar coger la comida no la conseguirá, pero que si la sigue con paciencia se verá recompensado.

Una vez hayas dominado esto, puedes empezar a practicar con un palo de adiestramiento que no contenga comida para convencer al gato de que te siga. Tu mascota ya habrá aprendido que al perseguir lo que le enseñes recibirá un premio, por lo que no dudará en seguir el palo de adiestramiento nuevo. Vuelve a empezar por la base, premiando cualquier investigación del objetivo, como que lo olfatee, y mueve el palo poco a poco mientras el gato lo sigue hasta el punto final; después, escóndelo y prémialo. Igual que con el cebo de comida, practica hasta que consigas que el gato se mueva en círculos o suba a una plataforma elevada, esta vez utilizando el palo de adiestramiento.

mos potenciar que se aproximen y exploren voluntariamente. Sin embargo, en el par de segundos que tardas en darle la golosina al gato, es común que este, al oírte rebuscar para sacar un premio de la caja de herramientas, se pare en seco y se aleje de la gatera para ver qué estás haciendo. Si los premiáramos en ese momento, reforzaríamos que se aleje de la gatera, exactamente lo contrario a lo que queríamos premiar. Por lo tanto, necesitamos un modo de decirles a nuestros gatos: «Sí, ese es el comportamiento por el que obtendrás un premio», en el momento preciso en que lo llevan a cabo o, por lo menos, no más de un segundo o dos después. En términos de adiestramiento, a esto lo llamamos «marcar un comportamiento». En entrenamientos con delfines, se suele marcar el comportamiento con el pitido de un silbato; con perros, se utiliza un *clicker*. No obstante, es tan sencillo como decir «bien» o «sí» en voz alta y de forma distintiva.

Este marcador, o «refuerzo secundario», como se le conoce formalmente, se convierte en un premio porque predice que se va a entregar el obsequio principal (o «refuerzo primario»: comida, juego o caricias) pronto. El marcador no comienza siendo un premio en sí mismo: es algo que deben aprender. En aparente contradicción con la forma en que muchos dueños se dirigen a sus gatos, los gatos no tienen la capacidad de entender mediante explicaciones verbales que algo que han hecho hace poco sea bueno o malo. Aunque pudiéramos transmitirles dicha información, los cerebros de los mamíferos no están pensados para lidiar con la larga espera entre lo que han hecho y el premio que reciben. Por eso, los refuerzos secundarios nos ayudan a marcar los comportamientos de los gatos cuando ocurren y nos dan unos segundos de margen previos a entregarles el premio de verdad (ya sea comida, juego o caricias suaves). De esta manera, no importará que el gato esté haciendo otra cosa.

Los marcadores deben ser sencillos, percibirse de forma instantánea y reconocerse con facilidad como tales, incluso desde lejos. Lo ideal es utilizar una palabra, aunque deberías usar una que no emplees a menudo con tu gato y tal vez pronunciarla con un tono de voz distintivo que solo utilices cuando entrenas: lo que importa es el sonido, no la palabra en sí. Con los gatos, igual que con otros animales, se puede usar un *clicker* mecánico (y hay quien lo prefiere), porque así se aseguran de que el gato solo oiga el sonido durante el entrenamiento y nunca en otras ocasiones. Además, el sonido es siempre exactamente el mismo, por lo que se le añade consistencia a las sesiones. Aunque los *clickers* pueden ser de gran utilidad durante los adiestramientos (hay mucha información sobre el adiestramiento con *clickers),* para aquellos que empiezan a entrenar gatos es otro objeto que deben sujetar en la mano y se necesita práctica y coordinación para pulsarlo en el momento justo. Por este motivo, recomendamos el «marcador verbal», que te permite tener las manos libres cuando enseñamos a los dueños a entrenar a sus gatos. Asimismo, puedes perder un *clicker,* pero no un sonido.[4]

Al principio, la palabra «bien» (o la que elijas) no significará nada para el gato. Por lo tanto, tendrás que enseñarle que cuando oiga esa palabra, recibirá un regalo de forma inminente. Esto se consigue mediante el condicionamiento clásico: se repite la palabra varias veces y, después, se les premia. Diversos estudios han demostrado que los animales aprenden mejor cuando hay una superposición muy ligera entre el final de la presentación del marcador y la entrega del premio. En términos prácticos, esto es casi imposible de conseguir porque estamos hablando de un breve instante. Por suerte para nosotros, los animales también aprenden con rapidez la conexión cuando el premio llega inmediatamente después del marcador.

Antes de entrenar cualquier ejercicio, pronuncia el marcador (si lo necesitas, di el nombre del gato para llamar su atención) y, entonces, entrégale el premio. La palabra siempre debe ir antes que el premio y el tiempo que pase entre el marcador y la entrega del premio tiene que ser muy breve durante este entrenamiento inicial (lo ideal es que sea menos de un segundo). Repite este ejercicio de cinco a diez veces en cada sesión, dependiendo de la capacidad de concentración del gato. Es bueno insistir durante varias sesiones antes de integrar el nuevo marcador en el entrenamiento habitual. Sabrás que el gato ha aprendido que la palabra predice la llegada de un premio cuando veas que cada vez que la oye su comportamiento muestra que espera un regalo; por ejemplo, que gira la cabeza hacia ti y te mira fijamente, maúlla, ronronea o se acerca. Antes de entrenar cualquier ejercicio durante el cual es probable que uses el marcador, es buena idea repetir la palabra y darle premios al gato para comprobar que todavía recuerda lo que significa el marcador.

Gracias a este proceso de repetición, el refuerzo secundario se convierte en un premio por sí mismo, porque anuncia la llegada de un premio «de verdad» (los estudios han demostrado que la felicidad del gato aumenta momentáneamente cada vez que oye el refuerzo secundario).[5] Si decides utilizar un *clicker*, puedes guardarlo en la caja de herramientas; si, por el contrario, usas una palabra sencilla como refuerzo secundario, puedes guardarla «metafóricamente» en la caja de herramientas, o incluso de manera literal, si crees que es útil dejar una nota en la caja para recordar qué palabra o palabras has elegido. Si tienes varios gatos, lo mejor es elegir una distinta para cada uno de ellos, para evitar que haya confusiones si tienes que premiar el comportamiento espontáneo de alguno de ellos mientras los otros puedan oírte.

Ejercicio

¿Puedes enseñar a tu gato a sentarse? Aunque no influya mucho en su bienestar, será la ocasión perfecta para practicar el uso de un marcador sin perjudicar el adiestramiento de aquellos comportamientos que sean más importantes para el bienestar del gato, como aceptar la medicación o disfrutar de que lo cepillen. Una pista: si las oportunidades de premiar que se siente de manera espontánea escasean, no olvides que puedes utilizar el Recurso Clave n.º 3, un cebo, para hacer que el gato se siente. Esto te permitirá cogerle el tranquillo tanto a utilizar un cebo como a marcar el comportamiento en la misma sesión, un par de habilidades que utilizarás en futuras sesiones de entrenamiento.

Recurso Clave n.º 5: contacto – cese – premio

Hay ejercicios que pueden llevarse a cabo con las manos libres; por ejemplo, enseñarle al gato a acudir a tu llamada (a menos que hayas utilizado el afecto físico como premio). No obstante, cuando cuidas de un gato habrá situaciones que requerirán que lo toques de formas que no les gustarán por instinto, como al sujetarlos en la consulta del veterinario, que les inspeccionen partes del cuerpo durante el examen médico o que les toquen la cabeza y el cuello cuando se les ajusta el collar. En otras situaciones, se usarán objetos para tocar al gato, como al auscultarles con un estetoscopio o al cortarles las uñas. Utilizar el Recurso Clave n.º 1, premiarles la observación y exploración espontáneas (del dedo/mano/objeto que se use para tocar al gato), combinando con Recurso Clave n.º 2, la desensibilización sistemática y el contracondicionamiento, nos garantizará que el dedo, la mano o el objeto pierda cualquier connotación perjudicial y, en su lugar, se perciba de forma positiva. Una vez se hayan puesto en práctica esas habilidades, será momento de empezar a entrenar las clases específicas de contacto con los dedos, manos u objetos que se necesitan para realizar un ejercicio en concreto.

Independientemente del tipo de contacto, es crucial que ocurra en su totalidad (presentación y retirada) antes de entregar el premio: contacto – cese – premio. Por ejemplo, puede que utilicemos la desensibilización sistemática y contracondicionamiento para enseñarle a que levante la pata como parte del objetivo de que lleve un arnés con comodidad: el primer paso sería enseñarle a que esté relajado cuando le toquen la pata; después, nuestra misión será levantarle la pata del suelo. El proceso sería el siguiente: tocarle la pata con el dedo – retirar el dedo – entregarle un premio. Lo mismo ocurriría con un objeto; por ejemplo, podemos practicar cómo aplicarle un tratamiento con pipeta (para tratar parásitos externos como las pulgas) al principio, colocándole solo la punta cerrada de la pipeta entre los omoplatos. Se seguiría la misma secuencia: contacto – apartar la pipeta del gato – premiar. Tras muchas repeticiones, aprenderá que si se queda tranquilo y quieto cuando se le toca, recibirá una recompensa.

¿Por qué tenemos que dejar de tocarlos antes de darles el premio? Si les enseñamos el contacto y el premio al mismo tiempo, puede que el gato se centre solo en la comida. Aunque parezca que no le importa que le toquen, lo que ocurre es que la comida supone una distracción suficiente para que se deje tocar (y, de todas formas, no es práctico tener que darle comida al gato constantemente con una mano mientras intentamos tocarlo con la otra). Si le quitáramos la comida, solo se centraría en el contacto y en lo poco que le gusta y, por lo tanto, no habría aprendido realmente que puede ser una experiencia positiva. Aunque sea tentador entregarles la comida a la vez que se produce el contacto porque pareces obtener el mismo resultado (el gato se queda quieto y te permite hacer lo que sea que tengas que hacer), pronto te darás cuenta de que, cuando lo intentas en un entorno más intimidante, como en la consulta del veterinario, el gato no ha aprendido en realidad a lidiar con este contacto. Es probable que el gato se niegue a comer en un entorno así y se resista a cualquier roce con garras y dientes. En lugar de eso, mantén al gato siempre en su zona de confort a la hora de practicar comportamientos que requieran formas de contacto o interacción física (utilizando el Recurso Clave n.º 2, la desensibilización sistemática y el contracondicionamiento) y, cuando llegue el momento de premiar dicha conducta, sigue el Recurso Clave n.º 5, contacto – cese – premio, para que el gato aprenda de verdad a aceptar que lo toquen.

Ejercicio

¿Puedes tocarle la pata a tu gato y que permanezca totalmente cómodo? Recuerda permitir que investigue tu dedo antes de colocárselo sobre la pata: puede que lo olfatee o que simplemente lo mire, pero premia el hecho de que lo inspeccione. Dejar que lo haga evitará que se asuste cuando levantes la mano para tocarle la pata. Si el gato es particularmente sensible, tal vez prefieras tocar primero el suelo que hay junto a su pata y premiar al gato por quedarse quieto mientras te aproximabas. Recuerda, debes darle el premio siempre después de retirar el dedo. Practica hasta que puedas tocarle la pata al gato con un único dedo durante dos o tres segundos mientras él permanece tranquilo.

Recurso Clave n.º 6: enseñarle a relajarse

Mucho de lo que le pedimos a nuestros gatos, desde que entren en el transportín a que les hagan un examen médico o les cepillen, requiere que permanezcan relativamente inmóviles. Es más probable que el gato se quede quieto si está relajado. Si le enseñamos a que asocie estar relajado con algo cómodo, como una manta (esto se consigue al premiar varias aproximaciones seguidas con una conducta calmada), creas una situación en la que el gato está tranquilo antes de empezar cualquier entrenamiento. Un gato relajado aprenderá de manera mucho más efectiva que un gato que esté nervioso o sobreexcitado. Por eso, muchos de los ejercicios de este libro deberán empezarse cuando el gato esté sereno en su manta especial de relajación.

El secreto para que este Recurso Clave tenga éxito es premiar el estado emocional de calma, en lugar de premiar solo la ubicación o la postura en las que el gato se encuentra. Por ejemplo, un gato puede estar tumbado pero permanecer alerta o atento, incluso tenso. Queremos premiar al gato solo cuando se sienta contento y relajado. Si premiamos su estado de tranquilidad mientras se encuentre en una manta en concreto, creamos un vínculo en la mente del gato entre la manta y el estado de relajación. Básicamente, el gato recibe un premio doble: tener la oportunidad de relajarse, algo que les gusta a todos los gatos, y recibir también un premio delicioso o una caricia suave. La gracia de este sencillo ejercicio es que la manta es portátil y, por lo tanto, podemos utilizarla en otros lugares o situaciones (por ejemplo, en el transportín o una residencia para gatos), y el gato se sentirá más relajado con ella que si no la tuviera.

Después de escoger una manta cómoda para tu gato, mejor si es una en la que ya haya dormido, colócala delante de ti en el suelo. Los gatos son animales curiosos por naturaleza, por lo que es probable que se acerque a investigar la manta en su nueva ubicación, la olfatee o coloque las patas encima y la atraviese hasta llegar a ti. Premia cualquiera de estos comportamientos. Puesto que nuestro principal objetivo es que el gato se relaje sobre la manta, deberíamos seleccionar los premios con cuidado para que no se sobreexcite. Hay una línea muy fina entre los premios que lo motivan lo suficiente como para trabajar por conseguirlos y los que hacen que se ponga demasiado nervioso mientras espera la entrega y, por consiguiente, le impiden relajarse. Una manera de evitar esto último es variar entre distintos premios; por ejemplo, puede alternarse uno que lo calme pero que sea menos motivador (las caricias) con uno que sea muy motivador y que probablemente aumente su excitación (la comida).

Veamos la forma en que enseñé a Sheldon a relajarse sobre la manta. Para empezar, escogí un momento en el que Sheldon estaba bastante relajado, puesto que ya había estado jugando conmigo horas antes. Coloqué la manta en el suelo entre los dos. Como es un gato muy sociable, la pisó para acercarse a mí. Durante las primeras etapas del entrenamiento de relajación, es probable que la conducta que deseas ocurra solo brevemente; por ejemplo, el momento en que pisan la manta se termina en una fracción de segundo. Utilizar un marcador verbal como la palabra «bien» en el instante preciso en el que ocurre esta conducta garantiza que premies esos comportamientos tan breves. No obstante, recuerda que ya deberías haber establecido la palabra «bien» como aviso de que llega el premio de verdad, que le entregarás poco después. En el caso de Sheldon, le di algo de comida. Al principio dejaba caer el premio justo delante de mí para que Sheldon tuviera que bajarse de la manta para recibir la comida. Eso no impidió que aprendiera que pisarla era lo que había causado la entrega del premio, porque solo se utilizó la palabra «bien» cuando Sheldon estaba sobre ella. Al darle la comida (o refuerzo primario) fuera de la manta, le di la oportunidad a Sheldon de que volviera a pisarla varias veces y ganara sus premios correspondientes, con lo que su aprendizaje acabó por consolidarse. Sheldon pasó cierto tiempo dando vueltas a mi alrededor para intentar conseguir un trozo de comida, pero aprendió muy rápido que había sido la acción de pisar la manta la que había causado que recibiera el delicioso regalo.

El siguiente paso fue conseguir que pasara algo de tiempo en la manta, es decir, no solo la pisara, sino que se quedara en ella. Lo conseguí poco a poco, esperando un segundo más aproximadamente antes de decir la palabra «bien» cada vez que Sheldon se subía la manta. Al repetir este proceso, llegó un momento en el que permanecía en la manta durante varios segundos aguardando el «bien», consciente de que había llevado a cabo el comportamiento correcto.

Sheldon aprendió muy rápido a utilizar ese método, pero si al principio tu gato no pisa la manta voluntariamente puedes empezar atrayéndolo con juguetes o comida. Además, levantar la manta y recolocarla después de haberle dado el premio hará que el gato vuelva a centrar la atención sobre ella, por lo que se animará a investigarla de nuevo. Tras echarle tan solo un vistazo, Sheldon se subió en la manta con las cuatro patas. Sin embargo, es posible que los gatos más cautelosos al principio solo coloquen una pata sobre la manta, luego dos, y así suce-

Sheldon se siente lo bastante seguro como para pisar
la manta con las cuatro patas.

sivamente hasta posar las cuatro, por lo que el objetivo puede dividirse en pasos más pequeños y fáciles de alcanzar. Con Sheldon, di por terminada la primera sesión de entrenamiento cuando le entregué el premio final sobre la manta. Para entonces se mostraba muy nervioso porque esperaba las golosinas, pero como mi objetivo en ese momento era solo conseguir que se subiera en la manta, no que estuviera relajado, no me pareció un problema. Los premios de gran valor habían hecho que Sheldon se centrara en el ejercicio. A continuación, podría sustituirlos por premios más relajantes, sabiendo que estaba centrado y de acuerdo con la tarea.

Cuando Sheldon ya estaba cómodo sobre la manta, el siguiente paso era enseñarle a relajarse. Seguí diciéndole «bien» y obsequiándole con golosinas por ponerse sobre ella, pero cada vez que premiaba a Sheldon colocaba la golosina encima de la manta, justo delante de su mentón. Esto hacía que se agachara para recibir el premio, y colocara el cuerpo en posición preliminar a tumbarse. Y lo que es más importante, potenciaba cualquier signo de que sus niveles de relajación aumentaban. Estos pueden ser un cambio de postura, por ejemplo, que pase de estar de pie a sentarse, agacharse y luego tumbarse con los pies a un lado y la cabeza inclinada para apoyarla en la manta; también cualquier signo obvio de relajación, como apartar la mirada de mí, pestañear despacio, cerrar los ojos, lamerse una pata delantera, ronronear o adormecerse. Cuando utilicé el marcador verbal «bien» para hacerle saber a Sheldon que iba a recibir un premio, mantuve un tono de voz tranquilo y pausado para que siguiera relajado. También intercalé las golosinas con elogios, en forma de caricias suaves en la cabeza y rascándole el mentón para que siguiera calmado.

Conseguir que los gatos se decidan a reproducir el comportamiento que queremos puede llevarnos algo de tiempo; por eso, si el gato no quiere hacer lo que deseas inmediatamente, no te rindas, siéntate en silencio y espera. Quizás necesiten algo de tiempo para procesar la información y actuar de

Ahora, premiamos a Sheldon en la manta por haberse quedado en ella.

acuerdo con ella. Por ejemplo, Sheldon necesitó algo más de dos minutos antes de empezar a cerrar los ojos mientras descansaba sobre la manta. Puede parecer una eternidad cuando esperas, pero la clave es tener paciencia. Practicamos la relajación durante muchas sesiones hasta que Sheldon se echaba tranquilamente sobre la manta en cuanto la veía.

Sarah acaricia a Sheldon como premio por tumbarse
relajado sobre la manta.

Muchos de los ejercicios de un entrenamiento requieren presentarle algo nuevo al gato, ya sea otro gato, un mueble nuevo o incluso una casa nueva. El olor tiene un papel muy importante en el modo en que el gato percibe el entorno y los estímulos que hay en él. Como seres humanos, lo primero que hacemos cuando valoramos si hay peligro es mirar a nuestro alrededor y examinar con la vista el entorno. Por ejemplo, nos daríamos cuenta de que ha entrado un intruso en nuestra casa por perturbaciones visuales como que uno de los cuadros que tenemos colgados en la pared esté torcido o que se haya caído un jarrón. Sin embargo, es muy poco probable que detectemos que alguien ha irrumpido en nuestra casa por el olor que haya dejado: no tenemos el olfato lo bastante desarrollado. Para los gatos es normalmente al revés: tienen un sentido del olfato muy agudo y la capacidad de detectar mensajes químicos de los de su especie (a través del órgano vomeronasal) que hacen que su mundo sea subjetivamente bastante distinto al nuestro. Los gatos patrullan el territorio de forma rutinaria, ya sea solo el interior o tanto el interior como el exterior, y lo olfatean todo a su paso para detectar si ha habido algún cambio desde su última inspección. Se detendrán y olfatearán con especial atención las líneas fronterizas, como las puertas o los postes del jardín. Es probable que hayas visto hacer esto a tu gato e, inmediatamente después, frotara las mejillas en un objeto cercano o levantase las zarpas delanteras y lo arañase.[6]

Se cree que al frotar la cara y rascar depositan unas secreciones que transmiten dos clases de información: en primer lugar, una «firma» que es única para cada gato y, en segundo lugar, feromonas, un olor que es igual en todos los gatos. Al hacer esto, los gatos pueden comunicar a otros de su misma especie que han estado en ese sitio en particular y posiblemente hasta cuánto hace que estuvieron allí. También se cree que esas secreciones tienen la función útil de ayudar al gato que las depositó a sentirse seguro en su propio entorno porque le permiten marcar físicamente su identidad en objetos, algo que le aporta una sensación de seguridad ambiental. Nosotros podemos sentirnos así al cerrar las puertas con llave por la noche pero, para los gatos, la seguridad proviene de detectar su propio olor en el entorno. Por este motivo, cuando un objeto, persona o animal nuevo entra en casa, destacará por no desprender el olor del gato residente y, por lo tanto, puede que lo considere una posible amenaza. Algunos gatos, en general aquellos de personalidad más segura, explorarán el nuevo estímulo sin problemas y lo marcarán con el rostro voluntariamente si no es demasiado intimidante, pero a lo mejor varía si el estímulo es un animal nuevo (que puede resistirse al avance), o si ha habido un cambio muy importante en la casa, como por ejemplo la redecoración completa de una habitación.

Por suerte, es fácil captar el olor de un gato mientras permanece contento y relajado y, después, trasladar la información química a los nuevos objetos del hogar, como si los hubiera marcado él mismo. Tener la oportunidad de presentarle el nuevo objeto al gato otorga una ventaja beneficiosa a nuestro entrenamiento. Podemos capturar el olor de un gato de varias formas para presentárselo a otro animal, aplicárselo a un objeto o incluirlo en el olor de una casa nueva. La primera es llevar un guante de algodón limpio y ligero cuando acaricies al gato en las zonas de la cara que producen las secreciones químicas. Estas se sitúan delante de las orejas, donde tienen menos pelo, y debajo del mentón y las mejillas, que empiezan justo detrás de los bigotes. Alternativamente, o de forma complementaria, puedes recoger el pelo de un cepillo que hayas utilizado para cepillar al gato, sobre todo de la zona de las mejillas y debajo del mentón. No obstante, si a tu gato no le gustan estos tipos de interacciones físicas, recomendamos colocar un pedazo de tela en su cama en el que pueda tumbarse e impregnarlo pasivamente con su olor. Cuanto más toques las zonas de secreción con tu método de recolección (los guantes, el cepillo o la tela), más concentración de aroma obtendrás. Para empezar, recolecta el olor brevemente acariciando o cepillando solo unas pocas veces o dejando la tela en la cama del gato una sola noche. Más adelante podrás utilizar muestras más concentradas en el entrenamiento: se recolectan del mismo modo, pero se consigue un mayor nivel de concentración acariciando o cepillando al gato durante más tiempo (deberías hacerlo durante varias sesiones para asegurarte de que siga siendo una experiencia positiva para el gato) o dejando la tela en la cama del gato durante períodos más largos. Al recolectar el aroma, puedes frotarlo en el estímulo si es un objeto inanimado (como un mueble) o situarlo a cierta distancia para que lo investiguen cuando deseen si se trata de un ser vivo.

Recolectamos el olor acariciando a Herbie con un guante de algodón ligero alrededor de las glándulas faciales.

> **Ejercicio**
>
> Captura el aroma del gato utilizando el método con el que consideres que tu gato se sentirá más cómodo. Si no le gusta que lo cepillen, acarícialo con un guante. Sin embargo, si a tu gato tampoco le gusta que lo acaricien, coloca un trozo de tela en su cama. Escoge un objeto de casa para restregar el olor contra él y presta atención al comportamiento del gato hacia el objeto designado durante los próximos días. Fíjate en si se produce algún cambio; por ejemplo, ¿se acerca el gato más a él, lo olfatea o incluso se frota contra él?

Recurso Clave n.º 8: mantener el comportamiento aprendido

Cuando enseñes a tu gato por primera vez que una acción concreta que desempeñe está relacionada con un premio, se le debería proporcionar uno por cada respuesta deseada: en otras palabras, deberíamos reafirmar cada respuesta correcta. Al premiarlos cada vez que demuestran el comportamiento deseado, el gato establece un vínculo en su memoria a largo plazo entre el comportamiento y el premio. Desde el punto de vista del entrenamiento, a esta rutina se la conoce como «refuerzo continuo». El refuerzo continuo genera una respuesta conductual fidedigna y consistente.

Cuando el gato lleva a cabo la acción deseada, es importante alejarse del refuerzo continuo por muchos motivos. En primer lugar, si premiamos cada ejemplo de un comportamiento, no habrá forma de perfeccionarlo. Por ejemplo, supongamos que entrenas a tu gato para que acuda a tu llamada: a veces, el gato irá hacia ti tan rápido como pueda y, otras veces, acudirá a ritmo tranquilo, deteniéndose para olfatear una planta o escalar un árbol por el camino. Aunque algunas respuestas sean exactamente las que esperas, otras pueden no serlo y si pones en práctica el refuerzo continuo minuciosamente, todas ellas recibirán el mismo premio. El gato aprenderá que siempre será recompensado cuando regrese contigo, que lo esperas pacientemente junto a la puerta abierta, así que, ¿para qué correr si hay cosas más interesantes que hacer por el camino? Si seguimos utilizando el refuerzo continuo, no crearemos una situación en la que el gato venga a casa de forma rápida y directa. En consecuencia, aunque el refuerzo continuo sea bueno para aumentar temporalmente la frecuencia con la que lleve a cabo un comportamiento, no es efectivo para mantener o mejorar la reiteración y calidad del comportamiento.

En segundo lugar, una actitud que se ha reforzado continuamente es más susceptible a extinguirse, es decir, tras varios sucesos en los que no se ofrezca un premio inmediatamente puede que no vuelva a ofrecer ese comportamiento. Imagina una situación en la que la dueña siempre, durante años y sin falta, ha entregado un premio a su gato por entrar voluntariamente en el transportín. En una ocasión, la dueña se ha quedado sin golosinas y renuncia al premio pensando que no pasará nada. Puede que el gato se quede dentro del transportín durante varios segundos, o incluso minutos, esperando el ansiado premio. Quizá salga del transportín y se acerque a su dueña en un intento de conseguirlo, e incluso vuelva a entrar en el transportín por segunda vez para tratar de que le den el premio. Cuando sea consciente de que no llegará, volverá a lo que estaba haciendo antes de que trajeran el transportín a la habitación.

Aunque la mayoría de los gatos simplemente dejarán de llevar a cabo la acción si no reciben un premio, habrá otros que responderán a esta situación con gran frustración. Por consiguiente, un tercer motivo para dejar de reforzar continuamente un comportamiento una vez se ha establecido es que en algunos gatos, si el refuerzo no se entrega por accidente o de forma intencional, podría desencadenar una respuesta arriesgada, como que el gato golpee o incluso muerda a su dueño en un intento de conseguir el premio. Esto será más común en aquellos gatos que han sido reforzados continuamente en muchos aspectos de su vida o en los que por personalidad presentan una mayor predisposición a alterarse (por ejemplo, aquellos con menos tolerancia a la frustración).

En cualquier caso, se habrá perdido la oportunidad de que el gato entre en el transportín la próxima vez que se lo enseñemos; en términos técnicos, decimos que el comportamiento de entrar en el transportín se ha «extinguido». El gato ha aprendido rápidamente que entrar en el transportín ya no implica premios y, por lo tanto, no merece la pena repetir esa conducta.

Además, darle un premio a tu gato cada vez que realice una acción deseada durante su vida no es práctico. Por ejemplo, puede que un gato nervioso se acerque y salude a la visita que llegue a casa justo cuando la invitas a que entre: como estás ocupado en abrir la puerta y acoger al visitante, pierdes la oportunidad de premiar al gato. Imagina también que llevas a tu gato al veterinario y cambia la conducta de sentarse y estar alerta a tumbarse y relajarse en el transportín: no podrás darle el premio porque estás centrado en conducir y no hay nadie más en el coche que se lo entregue por ti. Por último, premiar al gato cada vez que realice el comportamiento nos conducirá rápidamente a tener un gato muy voluminoso si le damos comida o uno muy cansado si el premio es jugar con él. En cambio, si son caricias, en general los gatos prefieren que la interacción física sea breve y frecuente, por lo que acariciarlos continuamente llevará a que deje de resultarles gratificante.

Así que, cuando el gato realice la acción deseada, para mantener ese comportamiento y mejorar la calidad deberías cambiar gradualmente de un plan de refuerzo continuo a uno en el que no lo premies cada vez que ofrezca dicho comportamiento. A esto se le conoce como «programa de refuerzo parcial» o «intermitente» y tiende a generar respuestas conductuales más persistentes y duraderas, mucho más difíciles de extinguir.

Piensa en lo adictivas que pueden llegar a ser las máquinas tragaperras o, en realidad, cualquier tipo de juego. Todos dependen de refuerzos parciales o intermitentes: las monedas que introduces en las tragaperras o las que utilizas al hacer una apuesta no siempre te hacen ganar. De hecho, los jugadores son incapaces de predecir qué moneda o apuesta les llevará a ganar: esto conlleva que su comportamiento sea muy persistente. Cuando ganan, la gratificación que sienten es mucho mayor de la que sentirían si obtuvieran una paga cada vez que jugaran, incluso cuando el valor monetario de todas las pagas juntas fuera mayor.

Imagina a un gato que maúlla para que lo dejen salir a la calle. Si la dueña ignora al gato a veces, otras abre la puerta inmediatamente y otras espera un rato antes de abrirla, el hábito de maullar quedará más arraigado en el gato y, en consecuencia, ocurrirá día tras día. En este ejemplo, la dueña ha creado sin querer la situación que intentaba evitar, que el gato maúlle sin cesar. El refuerzo intermitente del comportamiento lo habrá hecho más inmune a extinguirse. Por lo tanto, se tendrá que ignorar el comportamiento por completo durante mucho más tiempo hasta que finalmente termine. Aunque al principio puede resultar difícil de asimilar para los dueños, ignorar constantemente los maullidos (es decir, asegurarse de que no reciben un premio por hacerlo) es lo único que los detendrá.

Sin embargo, es posible usar este fenómeno a nuestro favor cuando queremos enseñar al gato ciertos comportamientos deseables. Por ejemplo, un gato al que se refuerza de forma intermitente por acudir a nuestra llamada probablemente lo hará de manera rápida y eficaz porque no querrá perder la oportunidad de recibir un premio; si el refuerzo ha sido intermitente, no sabe cuándo se le entregará el próximo obsequio y estará ansioso por llegar hasta ti y descubrirlo. En este caso, el refuerzo intermitente ayuda a los dueños a conseguir que el gato entre en casa o venga de cualquier otra habitación de inmediato y les ahorra tener que ir a buscarlo.

Además de alternar entre darles un premio o no hacerlo, podemos variar cada cuánto o cuántas veces dejaremos que el gato realice la acción antes de premiarlo. Es decir, a veces podemos obsequiarlos por relajarse sobre la manta durante unos segundos y otras esperaremos hasta que hayan pasado varios minutos. Para cada comportamiento es posible alterar el número de respuestas conductuales que les requerimos antes de entregarles el premio, por ejemplo, podemos acariciarlos con un cepillo varias veces antes de premiarles con una golosina en una ocasión, y la próxima vez entregarles un premio después de haberlos acariciado una vez. Cambiaremos también la clase y el valor de los premios que utilicemos: reservar los de mayor calidad para las muestras más acertadas del comportamiento deseado nos ayudará a mejorar la calidad de la respuesta.

Estos programas de refuerzo tienen, por lo tanto, un impacto profundo en el entrenamiento. La variedad de programas que pueden utilizarse potencialmente se ha definido de manera extensa en la literatura de la psicología. B. F. Skinner, uno de los psicólogos más influyentes del siglo pasado, centró gran parte de su carrera a estudiar el condicionamiento operante y dedicó un libro entero al tema. Sin embargo, el objetivo de nuestro libro no es conseguir animales óptimamente obedientes cuyo comportamiento sea impecable, por lo que no necesitamos un conocimiento amplio de los distintos programas de refuerzo y cuándo utilizarlos exactamente. En lugar de eso, solo pretendemos incentivar ciertos comportamientos (asociándolos con premios) que evitarán que nos veamos obligados a tomar represalias contra nuestros gatos en el futuro y fomentar así que tengan emociones y relaciones positivas con nosotros. Basta con comprender que una vez hayan realizado cierto comportamiento adecuadamente, pasar a un programa de refuerzo parcial o variable es la mejor forma de prolongar su cumplimiento. Mientras variemos cuándo, qué y si les damos un premio, lograremos con éxito que nuestros gatos se porten de la forma que queremos.[7]

Ejercicio

Para esta actividad, vuelve al ejercicio que mostraba cómo enseñar a tu gato a sentarse (relacionado con el Recurso Clave n.º 4, marcar un comportamiento) y utilízalo para probar distintos programas de refuerzo a la hora de entregarle los premios. Antes de embarcarte en esta nueva tarea, debes conseguir que el gato se familiarice con la acción de sentarse para recibir un premio. A continuación, selecciona cinco obsequios de entrenamiento distintos: pueden ser una combinación de comida, diferentes juguetes o incluso distintas formas de contacto físico, lo que sea siempre y cuando se trate de cosas que le gusten a tu gato. En un trozo de papel, escribe los números del uno al diez y asigna aleatoriamente «sin premio» a cinco números. Al azar, distribuye a cada número restante una de las tareas que has seleccionado. Ahora tendrás una lista de diez premios que deberás entregarle en el orden que has escrito: este será tu programa de refuerzo. Utilízalo para premiar al gato las próximas diez veces que se siente (no pasa nada por utilizar un cebo para conseguir que lo haga si a estas alturas no lo hace voluntariamente). Recuerda que si utilizas un marcador (tal y como se destaca en el Recurso Clave n.º 4), solo deberías usarlo cuando entregues el premio; por eso, cuando hayas escrito «sin premio» en el programa, no utilices ni la palabra ni el obsequio. Observa el comportamiento del gato y piensa en cómo ha respondido con los distintos tipos de regalos y, lo que es más importante, cuando no ha recibido un premio. Considera cómo ha influido el programa de reforzamiento en la motivación del gato para sentarse; por ejemplo ¿se ha sentado más rápido o más despacio?

Recurso Clave n.º 9: se acerca el final… cómo terminar un ejercicio de entrenamiento

Una vez ha comenzado una sesión de entrenamiento, muchas veces es difícil saber cuándo terminarla. Si no va bien, es probable que te sientas obligado a seguir hasta que el gato «lo capte»: no quieres rendirte y sentir que has fracasado. Asimismo, si la sesión va bien, a lo mejor te sientes entusiasmado y motivado a continuar con el siguiente objetivo de entrenamiento más rápido de lo que habías previsto. No obstante, es muy importante que las sesiones de entrenamiento sean cortas, que solo duren unos minutos para aquellos gatos que entrenen por primera vez y no más de diez minutos para aquellos con más experiencia.[8]

En aquellas sesiones que no vayan nada bien es mejor parar y tomarnos un descanso que seguir luchando para sacarlas adelante. Valora si el gato no está involucrado en el ejercicio y qué puedes hacer para mejorar su participación en la próxima sesión. Aunque el descanso dure solo unos minutos, será muy valioso porque te dará tiempo a replantearte la sesión y evitar que tanto tú como el gato la asociéis con sentimientos negativos.

Cuando una sesión va bien, decidir cuándo terminarla puede resultar difícil. En este caso, lo mejor es hacerlo cuando el gato siga estando motivado para realizar la acción y haya llevado a cabo un buen ejemplo del comportamiento deseado. Aunque es muy tentador esperar a que vuelva a ofrecer dicho comportamiento, a menudo no lo hará con la misma calidad y, al final, provocaremos que la sesión dure demasiado, por lo que se reducirán las probabilidades de que el gato repita correctamente el ejercicio, ya que estará cada vez más saciado o cansado.

Una vez hemos decidido dar por terminada una sesión de entrenamiento, ¿cómo lo hacemos? Podríamos simplemente marcharnos, pero quizá no dejaríamos lo bastante claro al gato que ya no va a recibir más premios: puede que te siga y se sienta frustrado por la repentina falta de obsequios. Además, en las primeras etapas de entrenamiento de un comportamiento concreto, no queremos arriesgarnos a que el gato realice de repente la acción que querías entrenar pero tú estés demasiado ocupado recogiendo y lo pases por alto. Por eso, lo mejor es ofrecer una señal clara de que la sesión de entrenamiento ha terminado. La señal puede ser algo tan sencillo como decir «ya está» o «se acabó» o hacer un movimiento como levantar las manos o cruzar los brazos. Dado que la señal irá seguida de recoger cualquier objeto de entrenamiento, guardar la caja de herramientas y alejarte del gato, el animal aprenderá pronto (gracias al condicionamiento clásico) que se ha acabado por ahora. Garantizar que las sesiones sean cortas y terminen con una señal clara ayudará a tu gato a no sentirse cansado, saciado o frustrado durante el entrenamiento.

Ejercicio

Para esta tarea, vuelve al ejercicio para enseñar a tu gato a aceptar que le toques la pata (el ejercicio relacionado con el Recurso Clave n.º 5, contacto – cese – premio). Escoge la señal que utilizarás para informar al gato de que la sesión de entrenamiento ha finalizado. Asegúrate de que sea apropiada; por ejemplo, si el gato es algo nervioso y eliges hacer una señal con la mano, conviene moverla despacio. Tócale la pata tres veces y haz la señal que da por finalizado el entrenamiento: repítela cuatro veces (es decir, un total de doce contactos en cuatro sesiones de entrenamiento). Fíjate en el comportamiento del gato justo después de haber hecho la señal. ¿Ha cambiado para la cuarta sesión? ¿Crees que ha aprendido lo que significa? Que realice acciones como ponerse en pie y alejarse, apartar la mirada de ti o cambiar de actitud indica claramente que el gato ha asimilado que habéis terminado la sesión.

¡Es hora de empezar!

Capítulo 4

Cómo se adaptan los gatos a vivir
con una especie «alienígena» (nosotros)

Aunque todos los gatitos domésticos recién nacidos tienen el potencial de convertirse en mascotas, esto no es algo irrevocable. La domesticación les ha dado la capacidad de socializar con los seres humanos solo cuando se dan las circunstancias adecuadas. En el mundo hay probablemente tantos gatos a los que no les gustan los seres humanos como gatos a los que sí. Esta diferencia crucial surge de las experiencias que vivieron cuando eran gatitos muy pequeños. Aquellos a los que se trata con amabilidad a menudo aprenden a confiar en las personas y disfrutan de su compañía. Aquellos gatitos que, o bien no tienen contacto con los seres humanos o solo viven experiencias negativas, acaban teniendo miedo a las personas: aunque puede que rebusquen comida en nuestras basuras, la mayoría nunca permitirá que un ser humano lo toque. A veces, describimos a esos gatos como «silvestres» para distinguirlos de los animales salvajes de verdad. Aunque los gatos silvestres pertenecen a la misma especie que el gato salvaje escocés y ambas razas pueden cruzarse, sus conductas son muy distintas. Mientras que un gato silvestre desciende de gatos domésticos, los antepasados del gato salvaje escocés auténtico eran todos salvajes, tanto si retrocedemos diez generaciones como dos mil.

Muchos de los gatos que adoptamos como mascotas son un poco tímidos o asustadizos. A esos gatos, al contrario que a los gatos silvestres, los habrán tratado bien de pequeños, pero no lo suficiente como para que se sientan confiados en las relaciones sociales con los seres humanos. Quizá muchos de ellos hayan desarrollado relaciones cariñosas con sus dueños, pero salgan corriendo de la habitación en cuanto ven que hay visitas. Otros pueden aceptar que sus dueños les den una caricia breve, pero rara vez buscan establecer contacto físico. Luego están aquellos gatos que parecen seguros en sociedad, hasta que hay un cambio en la composición social del hogar; el cambio más dramático es la llegada de un nuevo bebé.

Si los entrenamos mediante un enfoque sistemático podemos cambiar drásticamente la forma en que los gatos perciben a los seres humanos de todo tipo: se les enseña que la presencia de una persona e interactuar con la misma tiene consecuencias positivas, en especial si se utilizan premios como golosinas o el juego. Estos cambios no solo serán beneficiosos para el dueño del gato, sino que también mejorarán la vida del animal y lo prepararán para encontrarse con toda la gente nueva que conocerá a lo largo de su vida, ya sean visitas fugaces o miembros de la familia nuevos y permanentes.

En teoría, los gatitos comienzan a tomar consciencia sobre los seres humanos en cuanto les empiezan a funcionar los ojos y las orejas, algo que sucede cuando tienen unas dos semanas, y la primera fase de este aprendizaje social continúa hasta que cumplen las ocho semanas. Incluso una cantidad mínima de trato amable, que debería ocurrir en cualquier momento durante el espacio de seis semanas, puede ser suficiente para trazar un camino que, si continúa bien, le ayudará a convertirse en una mascota. Sin embargo, lo ideal es que se trate a todos los gatitos con cariño durante ese período, para ampliar las posibilidades de que se conviertan en mascotas amigables.[1]

Un gatito que no tiene contacto con seres humanos hasta que cumple las nueve o diez semanas se comportará de forma muy distinta de los que sí lo han tenido. Alrededor del final de las ocho semanas de vida se produce un cambio fundamental en el cerebro de rápido desarrollo del gatito, uno que invierte, casi de la noche a la mañana, su reacción a encuentros con animales «alienígenas», que incluyen de manera crucial a los seres humanos. Mientras que un gatito se muestra confiado y curioso, siempre dispuesto a aceptar las atenciones no solo de su madre, sino de las personas, un gatito algo mayor será más desconfiado a la hora de enfrentarse a experiencias nuevas que impliquen algo que se mueva y sea más grande que él. No reprimen sus reacciones instintivas hacia las presas, pero eluden activamente cualquier encuentro potencialmente peligroso con animales de mayor envergadura, como los perros; la mayoría de los gatitos mayores simplemente saldrá corriendo. Por lo tanto, el comportamiento social que distingue a los gatos salvajes de las mascotas se establece más o menos cuando los gatos entran en su tercer mes de vida.

Esto no quiere decir que los gatitos dejen de aprender cómo reaccionar ante los seres humanos cuando cumplen las ocho semanas, sino más bien que necesitan tener alguna experiencia agradable con los seres humanos antes de alcanzar esa edad si pretendemos que se conviertan en mascotas. Excepto los gatos con pedigrí, que entran al hogar más o menos a las doce semanas de edad, en general los gatitos domésticos se mudan al nuevo hogar al principio de su tercer mes, cuando sus cerebros todavía se están desarrollando rápidamente. Las experiencias que han vivido con las personas cuando estaban con sus madres deberían haberlos preparado para interactuar de manera amigable con sus nuevos dueños, pero, lejos de dejar de aprender, siguen perfeccionando la forma en que actúan durante los meses siguientes. Parecen probar diferentes maneras de llamar la atención de sus dueños e influir en su comportamiento; por ejemplo, descubriendo si sentarse en el regazo de una persona es una actividad agradable para ambas partes.

Para ilustrar lo flexible que es su conducta en ese momento de sus vidas, una de las habilidades que los gatos pequeños aprenden durante dicho período es cómo llamar nuestra atención, en concreto maullando. Esa vocalización es tan característica de los gatos que a menudo se cree que es innata. De hecho, en chino forma la palabra «gato», *mao*. Por el contrario, las colonias de gatos salvajes son, en general, lugares bastante silenciosos, ya que se comunican principalmente mediante el lenguaje corporal y el olor, y no con la voz: normalmente, los gatos se reservan ese sonido para comunicarse con el ser humano. Los gatitos maúllan por instinto para llamar la atención de sus madres, pero estas dejan de responder cuando quieren alejarlos, por lo que, cuando descubren que llamarlas ya no provoca ninguna reacción, dejan de hacerlo. No obstante, el maullido, aunque latente, permanece en su repertorio y, mientras se adaptan al nuevo hogar, descubren que vuelve a ser efectivo, esta vez a la hora de llamar la atención de los de nuestra especie. De este modo, vencen nuestra costumbre de centrar la atención en un libro, la televisión o la pantalla de un ordenador y no levantar la vista cuando el gato entra en la habitación, como esperan que hagamos. Algunos aprenden solo un maullido que les sirve para todo, mientras que otros desarrollan un repertorio de maullidos distintos, en el que uno significa: «tengo hambre», y otro: «por favor, déjame salir». Un estudio reciente de Sarah y sus compañeros ha demostrado precisamente eso. Grabaron los distintos maullidos de los gatos en diversos contextos: durante la preparación de la comida, intercambiando gestos cariñosos con el dueño o encerrados en una habitación diferente a donde se encontraba el dueño. Después, los propietarios escucharon las vocalizaciones, que fluctuaban entre las de su propio gato y las de otro al que no conocían en orden aleatorio. Descubrimos que los dueños podían identificar mejor los contextos en los que se habían producido los maullidos de sus gatos que los de los desconocidos. Al final, el gato decide con qué maullido obtiene lo que quiere, por lo que cada dueño y cada gato construyen un «idioma» privado entre ellos que ambos entienden perfectamente pero que no significa nada para cualquier otro dueño.[2]

Aunque el proceso todavía no se conoce bien, los gatos pequeños modifican muchos otros aspectos de su comportamiento para intentar adaptarse a la vida en sus nuevos hogares. Cuando cumplen los dos años, los gatos ya han desarrollado formas individuales de interactuar con sus dueños, formas que no se parecen mucho a cómo se comportaban cuando tenían cuatro meses, ni tampoco a cómo se comportarían en la misma situación sus hermanos o hermanas de dos años que acabaron en otros hogares.

La idea que tiene cada gato de lo que constituye a un ser humano diferirá ligeramente y, a su vez, influirá en lo que aprenda durante la adolescencia. Los gatitos no parecen establecer vínculos específicos con gente individual: en lugar de eso, cada gatito desarrolla su propia imagen compuesta de la raza humana; cuan completa que sea dependerá de cómo de variadas hayan sido sus experiencias anteriores. Por eso, los gatos que solo se hayan topado con mujeres durante sus semanas de formación pueden tener problemas más adelante para aprender a confiar en los hombres o en los niños. Es casi como si, y quizás así sea, no clasificaran a los humanos pequeños o a los humanos con voces graves en lugar de agudas como «humanos». En vez de eso, tendrán que construir una categoría completamente nueva para cada uno de ellos. Idealmente, todos los gatitos deberían haber tenido experiencias amables con mujeres, hombres y niños antes de cumplir las ocho semanas (tratarlos de forma brusca lograría el efecto contrario y les provocaría aversión para toda la vida). A menudo se recomienda que el gatito esté expuesto a, como mínimo, cuatro personas, pero probablemente sea más importante la variedad que el número exacto. La diversidad no debería limitarse a la edad y al género, sino que también es preciso tener en cuenta el aspecto físico: hay gente de todas las formas y tamaños, del mismo modo que una gran cantidad de vello facial o una indumentaria religiosa pueden ocultar partes de la cara y la cabeza. Los gatos tendrán más probabilidades de clasificarlos a todos como seres humanos más adelante si están expuestos desde pequeños a muchas personas con distintos aspectos. Idealmente, debería cogerse a cada camada durante una hora al día, dividida en varias sesiones cortas, asegurándose de que se trata a los gatitos más asustadizos de forma equitativa.[3] Puede que los gatitos que se pierdan algunas de estas experiencias importantes sean capaces de ponerse al día al primer o segundo mes de haber llegado a casa, pero otros no aprenderán nunca a confiar por completo en los hombres o en los niños, por ejemplo, sin ayuda adicional. Por suerte, es un problema que el entrenamiento tiene la capacidad de resolver.

Tres factores combinados influyen en la forma en que los gatos adultos se comportan con la gente en general. El primero es la personalidad con la que nacieron: algunos gatitos son más asustadizos que otros debido a su genética y tienden a retroceder al toparse con cualquier cosa nueva. El segundo factor es el rango y la naturaleza de las experiencias que hayan vivido entre las primeras dos y ocho semanas de vida. Cuando los dejan solos, es menos probable que los gatos asustadizos decidan interactuar con la gente de lo que lo harían sus hermanos y hermanas más valientes. Por lo tanto, es mejor que el dueño o el cuidador del gatito adopte un método de socialización estructurado en lugar de dejar que todos los gatitos interactúen con las personas de forma espontánea, para que no se pase por alto a los más introvertidos. En tercer lugar, las situaciones a las que deba hacer frente cada gato durante los siguientes meses de vida cambiarán todavía más su actitud con la gente. Si un gato joven ha vivido experiencias desagradables (por ejemplo, que los niños lo molestaran reiteradamente) quizá no confíe en los niños. Aparte del factor genético inicial, todos estos comportamientos son adquiridos, así que pueden cambiarse gracias al entrenamiento. Aprender a querer a la gente en lugar de repudiarla es esencial para un gato si quiere vivir feliz en un mundo lleno de amantes de los gatos. Podemos enseñar a los gatos retraídos a ser más confiados. A pesar de lo que se cree, es posible que aquellos gatos que han aprendido a evitar a cierto tipo de personas, o a los desconocidos en general, cambien de actitud.

Con aquellos gatos que se muestran predispuestos a interactuar con las personas pero son algo prudentes, lo mejor es encontrar la forma menos amenazadora de saludarlos, premiando así la curiosidad que sienten hacia los seres humanos. De este modo, daremos el primer paso hacia una relación agradable para ambas partes, gato y ser humano. Aunque gran parte del adiestramiento se centra en premiar correctamente el buen comportamiento del gato y animarle a repetirlo (por ejemplo, acariciando la cabeza a un gato sociable e interactivo cuando salta a tu regazo) otro aspecto importante es propiciar situaciones que los insten a realizar el comportamiento deseado. Si quieres alentar a tu gato a que salte sobre tu regazo, haz que sea accesible y cómodo y asegúrate de que perciba tus próximas acciones como acogedoras y tentadoras; no a todos los gatos les gusta esa clase de atención.

Cuando decidas cómo saludar al gato, ten en cuenta la manera en que se saludan dos gatos amigables el uno al otro. Antes de acercarse, puede que realicen una llamada amigable, conocido como un «chirrido», y se pongan nariz con nariz para olfatearse la cara. Entonces, algunos gatos elegirán marcharse de manera relajada, mientras que otros continuarán con la interacción frotándose la cabeza o las mejillas el uno al otro. Aquellos que sean particularmente amables con el resto se acercarán aún más y frotarán el lateral de su cuerpo con el otro gato, a menudo mirando todavía en direcciones opuestas. Puede que terminen la interacción entrelazando las colas. En este momento, en especial cuando se encuentran cara a cara por primera vez, la mirada de los gatos será tierna y de ojos almendrados, incluso veremos que cierran los ojos como si parpadearan despacio.[4] Si intentas saludar y acariciar a un gato, imitar tantas de estas acciones como puedas hará que tengas más posibilidades de obtener un resultado positivo, es decir, que el gato quiera repetirlo y así podáis fortalecer vuestra relación.

Aunque es imposible que reduzcamos nuestro tamaño hasta el de un gato, al ser mucho más altos que ellos podemos parecer una amenaza. Sentarnos muy quietos en una silla o en el suelo sería un buen método para incentivar la interacción. Imitaremos el gesto amable del gato, tal y como apreciamos en sus ojos, sin mirarlo fijamente y, en lugar de eso, pasaremos la mirada por encima de él, entrecerraremos los ojos o pestañearemos lentamente. Llamar al gato con suavidad puede indicarle que tenemos buenas intenciones antes de que decida interactuar contigo. A los gatos les llaman la atención los sonidos suaves y agudos; recuerda que tienen el oído más sensible a altas frecuencias, así que utilizar la voz que reservamos para dirigirnos a bebés y niños pequeños nos será de gran ayuda. Además, podemos imitar un «chirrido» expulsando el aire entre los labios inferior y superior para imitar un «prrr» agudo. Por muy poco natural e incómodo que nos resulte a nosotros, estas acciones le asegurarán al gato que tenemos buenas intenciones y lo animarán a acercarse a nosotros. Aunque mantengamos un gesto amable y acogedor e imitemos el lenguaje corporal de un gato amigable, es importante que no nos movamos en dirección al gato; deberíamos permanecer inmóviles y dejar que nos observe, se aproxime y nos investigue voluntariamente si así lo desea. Premiaremos los movimientos espontáneos del gato con elogios suaves o tirando una golosina con cuidado en su dirección (ver Recurso Clave n.º 1, premiar la observación y exploración voluntarias).

Si el gato decide acercarse a ti para inspeccionar, puedes hacerte todavía más accesible extendiendo despacio un puño o un dedo para permitir que cotillee sin tener que acercarse demasiado. Así le darás la oportunidad de olfatear la mano y frotar la cara contra ella si lo desea, igual que haría con la cabeza de otro gato. Posicionar la mano así también evitará que

Skippy, un gato huérfano al que Sarah acogió temporalmente, aprendiendo que no debe tener miedo a las manos humanas.

Una visita extendiendo el dedo y dándole a Cosmos la oportunidad de investigar.

sintamos la tentación de empezar a acariciar al gato enseguida, algo muy importante, ya que la interacción tendrá mayor éxito si es el gato el que decide continuar, en lugar de tener que tolerar una intrusión física para la que puede no estar preparado todavía.

Si el gato reacciona de forma positiva (por ejemplo, frotando la cara contra tu mano), puedes responderle tocándole la zona con cuidado; los gatos aceptan mejor las caricias en aquellas partes de la cara que contienen glándulas odoríferas: debajo de la barbilla, al lado de los labios y detrás de los bigotes, así como en las zonas de delante de las orejas, que tienen el pelo mucho más fino. Solo deberías prolongar la interacción si el gato la recibe de buena gana y frota la cara y el cuello contra tu mano. En general, los gatos prefieren que la mayoría del contacto físico se produzca en la cabeza y en los laterales de la cara, así que cualquier interacción con el cuerpo o la cola de-

Cosmos frota la cara contra un puño.

bería ser breve y ligera. También es mejor dejar que el animal decida cuándo termina la interacción: esto le hará sentir que controla la situación, algo que les resultará gratificante de por sí y, por lo tanto, contribuirá a aumentar las probabilidades de que el gato repita la experiencia en el futuro.[5]

A algunos gatos les gusta sentarse cerca de nosotros, incluso durante el contacto físico. Por ejemplo, puede que cuando estemos sentados en el sofá decidan tumbarse junto a nuestras piernas o sobre nuestros regazos. Solo los gatos que se llevan muy bien los unos con los otros dormirán y descansarán manteniendo el contacto físico entre ellos: por eso, que el gato decida hacer lo mismo contigo significa que te considera un compañero de verdad. Igual que durante el saludo, es esencial permitirle determinar si quiere hacerlo, en lugar de obligarlo a ponerse en la posición que tú prefieras. Cuando haya decidido tumbarse sobre ti o a tu lado, premia su comportamiento con elogios suaves, caricias o comida para animarlo a que vuelva a hacerlo.

A muchos gatos amigables y sociales les gusta que los cojan y los lleven en brazos. No obstante, no forma parte del carácter de todos los gatos, porque muchos lo consideran una situación restrictiva y de la que es difícil escapar. Si quieres coger y abrazar a tu gato, es crucial que interactúe contigo así desde una edad muy temprana (lo ideal sería durante el período de socialización entre las dos y ocho semanas) y que cada ocasión vaya acompañada de muchos premios. Al principio, estas interacciones serán cortas y el gato debería tener siempre la oportunidad de irse cuando quiera.

Sería buena idea enseñar a nuestro gato a pedirnos que lo cojamos si es algo que le resulta gratificante. Normalmente, aquellos a los que les gusta colocarán las patas delanteras sobre las piernas o el cuerpo de forma espontánea para conseguir que los aúpes. Puedes reforzar este comportamiento premiándolos con lo que desean y cogiéndolos. Herbie era particularmente sociable y a menudo se me subía al pecho, invitándome a que lo rodeara con los brazos y lo sujetara para frotar la cara contra la mía. Como respondía a su petición (por supuesto), él me entrenaba a mí para que lo abrazara de la forma que prefería.

En la otra cara de la moneda están los gatos que son muy inquietos, tímidos o que tienen miedo de las personas. El nerviosismo puede deberse a la situación (por ejemplo, si el gato se ha topado con un entorno nuevo o ha tenido experiencias negativas previas con las personas) o podría tener más que ver con su personalidad. Lo más importante a tener en cuenta en situaciones como esta, aunque pueda parecernos muy poco natural, es empezar por ignorar al gato. Esto quiere decir que no debemos intentar tocarlo, hablar con él o incluso mirarlo. Aunque se nos suele dar bien no mantener contacto visual directo cuando nos piden que ignoremos algo, es fácil sentirnos tentados de forma inconsciente a lanzar miradas furtivas en esa dirección. No obstante, un gato tímido, nervioso o miedoso

Skippy ya ha aprendido que las caricias de los humanos son agradables, así que podremos usarlas como premio para mostrarle que el hecho de que lo cojan en brazos también puede serlo.

tiende a sentirse amenazado cuando lo miran, probablemente porque en general los gatos solo se miran fijamente durante los enfrentamientos (siempre se miran, aunque normalmente solo por el rabillo del ojo). De modo que, al desviar la mirada, reforzamos el mensaje de que no pretendemos amenazarles y no intentamos forzar nuestras atenciones en ellos. Así, deberían aprender poco a poco que están a salvo en nuestra presencia, aunque sea a distancia. Entonces, empezará el proceso a través del cual asimilarán que no somos un peligro para ellos y que no vamos a exigirles nada.

Aunque va en contra de la naturaleza humana, es importante que mantengamos esa actitud y sigamos fingiendo que el gato es invisible hasta que aprenda a sentirse cómodo en nuestra presencia. Cuando lo haga, empezará a mostrar signos de relajación; por ejemplo, sus pupilas no estarán dilatadas, tendrán las orejas erguidas y moverán la cola libremente y no la esconderán debajo del cuerpo. Algunos gatos pasarán de estar nerviosos a sentirse cómodos en tu presencia en solo unos minutos, mientras que otros pueden tardar varios días. Una vez hayas llegado a este punto, prueba a lanzar con cuidado premios de valor como trozos pequeños de pollo o jamón en su dirección. Apunta para que caigan delante o junto a él, no encima, para no asustarlo. Premiar que se relaje contigo de este modo hará que el gato perciba tu comportamiento como armonioso. Que no se coma los premios puede implicar dos cosas: o que no le motiva la comida (y nunca le motivará), o que todavía no está preparado para ese nivel de interacción. Si se trata de lo primero, puedes probar a usar un juguete o una cuerda muy larga, como una caña de pescar de juguete (si es particularmente tímido quizá debas extender la longitud de la cuerda o la varita a la que está unida el juguete). Si no reacciona jugando o investigando con curiosidad es probable que no esté listo, así que vuelve a ignorarlo. Los gatos son animales curiosos, así que su aparente desinterés no debería durar para siempre.

Sin embargo, si acepta la comida (o juega con el juguete), verás que cada vez se aproxima más a ti, esperando el obsequio, incluso si al principio solo son unos pocos centímetros. En este caso, deberías premiar su decisión de acercarse a ti lanzando más comida o el juguete en su dirección para un juego rápido (antes de quitarlo de su vista para mantener su interés). Llegados este punto, es mejor no dejar un rastro de premios que lo lleven hasta a ti o acercarte más al juguete, porque si el gato se distrae y se da cuenta de repente de que está pegado a ti, corres el riesgo de que se asuste, ya que todavía no se encuentra cómodo a una distancia tan corta. Reforzar que reduzca esta distancia voluntariamente animará al gato a seguir moviéndose, algo que a su vez le ayudará a sentir que controla la situación en todo momento y a progresar en la interacción. Intenta llevar a cabo sesiones de entrenamiento de pocos minutos un par de veces al día y, en la siguiente sesión, guarda el premio hasta que decida arrimarse unos centímetros más a ti. Esta técnica «da forma» al comportamiento del gato, lo acerca más a ti, aunque a su paso, y hace que se sienta cómodo en el contexto. Una vez el gato llegue hasta ti felizmente, empieza a trabajar tu comportamiento durante el saludo (tal y como se ha explicado antes). Si el gato es igual de nervioso con otras personas, se deberá repetir el mismo protocolo de adiestramiento con otros miembros de la familia, incluidos los niños e incluso las visitas.

Hay un miembro de la familia con el que este protocolo de adiestramiento no funcionará, en parte porque la persona todavía no es capaz de controlar sus acciones del todo. Seguramente hayas adivinado que estoy hablando de un bebé recién nacido. Puesto que un bebé es un habitante permanente del hogar y no un mero visitante, es de vital importancia que el gato aprenda a vivir cómodamente junto a él; al fin y al cabo, ¡va a estar con nosotros durante mucho tiempo! Aunque nos resulte obvio que el bebé es un humano pequeño, los gatos no lo saben: para ellos, el bebé parecerá de una especie totalmente distinta a la de sus padres. Los bebés son diferentes a los humanos adultos y, lo que es todavía más importante para un gato, huelen distinto.

Los bebés actúan de forma distinta a los adultos: tienen un comportamiento mucho más espontáneo, inconsistente e impredecible, rasgos que a los gatos les cuesta aceptar. Por ejemplo, los bebés pueden revolcarse por el suelo y a menudo son muy ruidosos, pues empiezan a llorar o gorjear sin previo aviso. El carácter curioso de los bebés hará que, cuando crezcan un poco, muestren mucho interés hacia los gatos y, cuando comiencen a gatear, quieran pegar su cara al gato, extender los brazos para agarrarlo o tocarlo y perseguirlo si el animal decide huir. Un bebé que gatea es aproximadamente de la misma altura que un gato, por lo que la cercanía entre ambos será mucho mayor que con un adulto. A los gatos les parecen una amenaza los encuentros cara a cara, en especial si se les mira directamente, algo que los bebés acostumbran a hacer.

Además de una criatura inusual, la llegada del bebé también implica multitud de objetos nuevos y peculiares que hacen que la situación sea todavía más inquietante para el gato: por ejemplo, una sillita para bebés que vibra o se balancea, juguetes que se iluminan o emiten música y cochecitos y sillitas de paseo con ruedas muy grandes que traen a casa aromas del exterior. Los cambios que se producen en el olor y en la organización física de la casa, no solo porque hay elementos nuevos, sino también por la decoración y el cambio de disposición de los muebles antes de la llegada del bebé, pueden ser abrumadores para el gato. En general, a los gatos no les gustan los cambios, sobre todo cuando ocurren repentinamente y en un lugar que el animal considera el núcleo de su territorio, es decir, el lugar en el que debería sentirse más seguro. Los objetos nuevos les resultarán especialmente aterradores a aquellos gatos que son más retraídos en general, mientras que para los más confiados podrían pasar por juguetes nuevos.

El gato también percibirá que su rutina se altera. El tiempo libre del dueño será mucho más limitado una vez el bebé entre en casa, por lo que su rutina diaria cambiará, algo que, a su vez, influirá en la hora en que tienen lugar ciertos sucesos de la vida del gato, como la comida, el juego, la atención o que lo dejen salir a la calle. Sin duda, muchos de estos cambios son inevitables durante los preparativos para la llegada y el recibimiento del bebé. No obstante, con las precauciones adecuadas enseñaremos al gato a lidiar con esos cambios para minimizar su ansiedad.

Puesto que los felinos sobrellevan mejor los cambios graduales, planea cualquier alteración que vaya a haber en el hogar de forma espaciada, para que ocurran de una en una. Por ejemplo, si tienes pensado pintar la habitación del bebé, saca los muebles varios días antes de empezar a pintar para darle tiempo al gato a adaptarse a cada cambio antes de introducir otro. Premia cualquier investigación espontánea con golosinas o el obsequio preferido del gato.

Es probable que cuando llegue el bebé no quieras que el gato tenga acceso al cuarto o que esté en contacto con ciertos objetos, como el cochecito o cualquier sitio en el que el bebé vaya a dormir. Si es tu caso, procura que el gato no tenga acceso a esos objetos antes de la llegada del bebé; una vez haya descubierto que son lugares tranquilos y cálidos en los que estar, resultará difícil entrenarlo para que los ignore. Por consiguiente, aunque los premiemos cuando investiguen, como cuando olfatean dichos objetos para asegurarse de que no son aterradores, deberíamos hacerlo desde cierta distancia: por ejemplo, lanzándole una golosina al gato al otro lado de la habitación cuando haya olfateado el cochecito. Esto disuadirá al gato de estar mucho tiempo en contacto con los objetos y, a la vez, le enseñará a encontrarse cómodo en su presencia.

Deberíamos emplear los mismos métodos durante la llegada del bebé a casa. Es importante enseñar al gato a disfrutar de la presencia del bebé y de la parafernalia relacionada con él

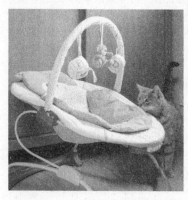

(porque conseguirá premios), pero no deberíamos reforzar su proximidad física o el contacto directo con el bebé o sus cosas. Aunque parezca una diferencia muy sutil, es importante evitar que el gato toque al bebé a propósito o que se siente en su silla o cuna pensando que va a recibir un premio por ello. Por lo tanto, es fundamental proporcionar al gato lugares alternativos en los que descansar y objetos con los que jugar, como una cama igual de atractiva que la cuna del bebé, que sea acogedora, cercada y elevada: bastará con un «iglú» o una caja de cartón con mantas suaves. Deberías obsequiar al gato cada vez que decida utilizar sus espacios y juguetes personales, en especial en presencia del bebé y sus objetos. Aunque sus juguetes ya le deberían parecer un premio en sí, si ponemos comida en la cama del gato lo animaremos a pasar la mayor parte del tiempo allí.

Muchos de los nuevos elementos que introduzcas en casa por la llegada del bebé se moverán o tendrán sonido, por ejemplo los móviles, los centros de actividades o las mecedoras, así que deberías enseñar al gato a estar cómodo en presencia de todos ellos antes de que el bebé entre en casa. Preséntale los objetos de uno en uno durante un período de varios días o semanas utilizando el Recurso Clave n.º 2, la desensibilización sistemática y el contracondicionamiento: estos procesos expondrán al gato a cada objeto a un ritmo que pueda tolerar. Asegúrate de premiarlo si permanece relajado durante esas exposiciones. Por ejemplo, si el objeto emite sonido o música, enciéndelo al volumen más bajo durante un par de segundos la primera vez. Monitoriza el comportamiento del gato en todo momento para vigilar que la experiencia no le esté resultando aterradora. Si el gato está calmado o indiferente, apaga el objeto y dale un premio inmediatamente: por ejemplo, lanza una golosina en su dirección (pero no sobre él directamente) y lejos del objeto, igual que cuando querías que se acostumbrara a los lugares para dormir del bebé. Si observas que se muestra incómodo con el elemento de cualquier forma, apágalo inmediatamente y pide ayuda a alguien, de manera que la próxima vez que lo conectes el gato y tú estéis a una distancia mayor del objeto, reduciendo así su importancia; por ejemplo, en otra habitación pero con la puerta lo bastante abierta como para verlo y escucharlo.

Esta misma técnica de adiestramiento, la desensibilización sistemática y el contracondicionamiento, sirve para enseñar al gato a que esté cómodo al oír el llanto de un bebé antes de que llegue. Internet está lleno de archivos de audio gratuitos que podemos utilizar y que, al principio, deberíamos reproducir a un volumen bajo cuando el gato esté tranquilo. Premia el continuo comportamiento relajado del gato con lo que elijas: comida, elogios, caricias o incluso juegos. Es importante que reproduzcas el sonido siempre a un volumen ante el cual el gato no muestre incomodidad o angustia. Tras varias exposiciones, incrementa el volumen poco a poco. Si en algún momento te da la sensación de que el gato no está cómodo con el sonido, páralo inmediatamente, espera hasta que vuelva a mostrarse relajado y reprodúcelo a un volumen más bajo. Mediante este proceso, el gato aprenderá que no tiene que temer el llanto de un bebé, que constituye parte del ruido de fondo, y que puede ignorarlo.

Además de la introducción de nuevos objetos, también se producirán cambios en las rutinas diarias, a menudo antes de la llegada del bebé. No obstante, los gatos dependen de la rutina. Durante las semanas previas al recibimiento del bebé, es común que la madre se coja la baja por maternidad en el trabajo. Aunque resulte tentador invertir ese tiempo en prestar más atención al gato, no es aconsejable, porque su rutina se vería todavía más alterada cuando llegue el bebé y estés distraído. En lugar de eso, antes de que llegue el bebé intenta reservar momentos señalados en los que darle la oportunidad al animal de interactuar contigo: tu compañero u otro miembro de la familia también puede estar presente para que cuando llegue el bebé podáis dedicarle el mismo tiempo al gato. Si la madre es la cuidadora principal del animal y se encarga, por ejemplo, de cepillarlo, alimentarlo y otros cuidados, lo mejor sería relegar esas tareas a otro miembro de la familia antes del nacimiento. De esta manera, la predictibilidad y consistencia de las que depende el gato se mantendrán. Además, incentivar la independencia del gato mediante comederos con rompecabezas y juguetes individuales le ayudará a mantenerse activo físicamente y en un estado de ánimo positivo cuando tengas menos tiempo para jugar con él durante las primeras etapas del cuidado del bebé.

Los cambios que se producen en el hogar asociados a la llegada de un nuevo miembro, los objetos desconocidos, la decoración de la casa y el bebé en sí, provocan alteraciones en el olor de la casa, que enmascararán potencialmente los aromas que había depositado el gato al frotar los muebles, los marcos de las puertas y los rincones con la cara. Es importante restablecer ese olor tan familiar: hacerlo ayudará al gato a sentirse más seguro y a salvo durante los cambios. Para conseguirlo, recoge la esencia del gato (Recurso Clave n.º 7) y restriégala por los objetos nuevos y las zonas que has decorado recientemente. Recuerda que puedes valerte de un guante de algodón y acariciar las glándulas faciales del gato con él. Si no tienes un guante, servirá cualquier trozo de tela de algodón, como un pañuelo limpio, para tocar las zonas de la cara en las que se encuentran las glándulas repetidas veces. Como el gato detectará su olor en los nuevos objetos del bebé, no debería incomodarle su presencia y contribuirá a intensificar todavía más su olor cuando él mismo restriegue el rostro. Nosotros no percibimos esos olores, porque nuestro sentido del olfato no es tan agudo como el del gato, por lo que no te preocupes por «ensuciar» los objetos nuevos. Si tienes más de un gato, es importante que repitas el proceso con todos, puesto que el olor del hogar será compartido y estará formado por los aromas de cada uno de ellos.

Dado que los gatos confieren mucha importancia a los olores, también es importante que los habituemos a algunos

Herbie marca con su olor la esquina de la cuna nueva después de que yo haya frotado su esencia corporal en ella.

de los nuevos olores que el bebé traerá consigo. Antes del nacimiento, empieza a probarte varias de las cremas y demás productos del bebé en la piel para que el gato se familiarice con esos olores. Así aprenderá que esos aromas no traen consecuencias para él y, por lo tanto, les parecerán menos perjudiciales a la llegada del niño. Un olor que no podemos imitar antes del nacimiento es el del propio bebé. Si tienes algún amigo con bebés, lo mejor sería pedirle prestada una manta o prenda de ropa con la que haya estado en contacto para que el gato la olfatee, siempre premiando cualquier comportamiento positivo o indiferente hacia ella. Reforzar la impasibilidad es igual de importante, porque no queremos que el gato asimile que recibe todos los premios por estar en contacto directo con el bebé. También sería positivo hacer que tu pareja lleve a casa una manta o prenda de ropa con el olor de tu bebé desde el hospital y permitir que el gato la investigue antes de volver a casa.

Con tanto cambio, es fundamental que el gato siga percibiendo que todos sus recursos son seguros y accesibles. Si el gato vive en un hogar en el que hay otros gatos, las alteraciones que provoca la llegada de un bebé pueden causar tensión entre ellos, incluso entre aquellos que previamente parecían tolerarse. Por eso, es buena idea proporcionarles recursos adicionales, como más camas, lugares en los que alimentarse (¡pero no más comida!) y areneros: utilizar cajas cubiertas también mejorará la privacidad de los gatos y su sensación de seguridad. Si algunos de esos recursos se encuentran en lugares a los que podría acceder un bebé gateando, deberías considerar añadir nuevos lugares que estén fuera del alcance del bebé cuando llegue el momento.

Asimismo, resultará útil facilitar al gato lugares estratégicos adicionales desde los que pueda inspeccionar lo que ocurre, como estantes, y dejar que acceda a los alféizares. Más adelante, puedes instalar una barrera de seguridad que le sea posible escalar o una con gatera para que decida cuándo estar cerca del bebé: esto le ayudará a aprender a sentirse a gusto con la nueva situación. Esto es particularmente importante para aquellos gatos que se ponen nerviosos en presencia de humanos, ya que un nuevo bebé suele atraer muchas visitas al hogar. Dejar que determine cuándo interactuar con ellas hará que se sienta mucho más a gusto y, como resultado, esté más dispuesto a participar. Aunque estas incorporaciones no parezcan parte de un entrenamiento formal, permitirán que el gato aprenda que no invadiremos sus cosas ni su espacio.

Conforme se van haciendo mayores, los bebés se vuelven mucho más ágiles y se mueven cada vez más. Es crucial preparar al gato para ese momento. Nunca deberíamos dejar a los bebés ni a los niños pequeños con él sin supervisión y, en cuanto tengan la edad suficiente para comprenderlo, habría que enseñar a los niños a interactuar de manera apropiada con los gatos. Aun así, sin duda habrá momentos en los que el niño estire el brazo para tocar al gato de forma inquisitiva y algo torpe. Para mentalizar al animal, puedes enseñarle que el hecho de que lo toquen con suavidad y lo agarren del pelo o del cuerpo, de la forma en que lo hacen los niños, no es algo que deban

Reuben y Cosmos
se conocen de forma
segura, relajada y
controlada.

temer; por ejemplo, intenta sujetarle la cola con las manos o tocarlo con un dedo extendido. Empieza a hacerlo muy suave y prémialo inmediatamente después. Si el gato parece inquieto, prueba a darle el premio al mismo tiempo que se produce el contacto para distraerlo con él. Una vez se sienta cómodo, vuelve a posponer la entrega del obsequio para después del ejercicio: así el gato será capaz de predecir la llegada del premio. Con el tiempo, deberías añadir presión al contacto.

Es conveniente animar al resto de personas de la casa a que hagan lo mismo, para que el gato acepte ese tipo de contacto de forma generalizada. Sea como sea, este ejercicio solo debería suponer una pequeña parte de la interacción física diaria del gato con las personas. Al hacerlo así, es menos probable que se sienta excesivamente agobiado con el trato algo más impredecible o extraño de un niño, como que lo agarren de la cola o el pelo de forma ocasional, o que tema futuras interacciones. Evidentemente, también deberíamos enseñar a los niños mayores la manera correcta de tratar a los gatos.

Hoy en día, los gatos son animales tan populares que es fácil pasar por alto los problemas que muchos de ellos tienen a la hora de interactuar con los seres humanos. Es una habilidad que cada gato debe aprender por sí mismo, y a algunos les costará más que a otros, tal vez porque sean tímidos por naturaleza o porque no los trataron con tanta amabilidad como debían cuando eran gatitos. Como los felinos tienen la reputación de ser algo egocéntricos y tozudos, es fácil asumir que no se puede hacer nada con el gato que desaparece en cuanto ve a alguien que no conoce. Además, es un comportamiento que se perpetúa, porque es posible que el gato no llegue a conocer nunca a la gente que ha decidido evitar, de ahí que a menudo oigamos excusas como «Quiero que mi novio se mude conmigo pero mi gato lo odia, ¿qué hago?». Ya hemos comprobado a lo largo de este capítulo que es un problema que tiene solución, basta con unos sencillos entrenamientos (siempre y cuando el novio esté dispuesto a cooperar, por supuesto).

Capítulo 5

Los gatos y otros gatos

No cabe duda de que los gatos son muy populares hoy en día, tanto que muchos dueños quieren, y acaban teniendo, más de uno. No es poco frecuente que los gatos vivan en hogares con uno, dos o incluso más gatos. Mucha gente supone que los gatos no tendrán ningún problema en convivir con otros. Desgraciadamente, es muy común que los gatos sientan estrés en estas condiciones: algunos muestran su desagrado por tener que compartir el territorio con otros felinos pasando la mayor parte del día lejos de casa; algunos incluso se emancipan completamente. Otros intentan defender el que perciben como «su» territorio y ven a sus «compañeros» felinos como intrusos. Sus métodos de defensa oscilan entre comportamientos sutiles, como impedir el acceso de su compañero a los recursos esenciales (areneros, cuencos de comida…), y conductas más obvias o muchas veces más difíciles de parar: las peleas o el rociado de orina pueden causar una irritación y angustia considerables tanto al dueño como a los gatos. Afortunadamente, entrenarlos para que se lleven bien desde el primer día es mucho más sencillo que intentar convertir el odio consolidado en amor duradero.

Los gatos deben sus habilidades sociales algo primitivas a su antepasado, el gato montés. Al contrario que el lobo, un animal muy sociable del que desciende el perro doméstico, el gato montés es un animal solitario y territorial que no contaba con muchos incentivos para desarrollar las herramientas conductuales necesarias para coexistir con otros gatos. Conforme cambiaban sus hábitos para aprovechar las oportunidades que los seres humanos les ofrecían (más presas de las que se hubieran encontrado en la naturaleza, además de los «donativos» ocasionales), su carácter solitario se fue convirtiendo en un obstáculo. En la naturaleza, los depredadores que viven demasiado cerca de otros depredadores corren el riesgo de sobreexplotar el ecosistema y quedarse sin comida a la larga, por eso es tan importante para ellos tener un territorio seguro. No obstante, cuando empezamos a vivir en ciudades, el número de presas llegó a ser lo bastante grande como para que varios gatos pudieran convivir en un área pequeña. Su conducta territorial pasó a ser una desventaja: solo aquellos gatos que se centraban en cazar, en lugar de estar alerta por si aparecían enemigos, conseguían ventaja. Sin embargo, a día de hoy los gatos todavía prefieren estar solos cuando salen a cazar: un ratón es buena comida para un gato, pero no merece la pena compartirlo. Aunque a los dueños les pueda parecer sorprendente, el hecho de que los gatos disfruten comiendo sin otros compañeros felinos, incluso cuando hay alimento suficiente para todos, proviene de sus preferencias solitarias de caza.

A medida que progresaba la domesticación, los gatos tuvieron que volverse más tolerantes hacia otros gatos, pero sus formas de adaptarse al nuevo entorno no terminaron ahí. Los machos siguieron siendo solitarios, mientras que las hembras se volvieron más cooperadoras a la hora de criar y proteger a los gatitos, una clase de colaboración que los gatos de granja siguen utilizando hoy en día (comportamiento que los criadores de gatos de pedigrí también han presenciado). Cuando la comida abunda, las madres permiten que sus hijas sigan compartiendo el territorio y críen allí a la próxima generación: las madres y las crías se reparten la tarea de cuidar y abastecer a la nueva generación de gatitos sin importar cuál de ellas es la madre biológica. Muy pocas personas han tenido la suerte de ser testigo de esta conducta tan cautivadora, aunque el legado es evidente incluso en los gatos domésticos, ya que el vínculo entre gatos que han crecido juntos es mucho más estrecho en general que el que se forma entre gatos que se conocen por primera vez siendo ya adultos.[1]

Hoy en día, los gatos son mucho más tolerantes hacia los demás porque la mayoría están esterilizados. Esto es evidente sobre todo en los machos, que en general son más reacios a aceptar a otros gatos si se les deja sexualmente intactos. En las colonias, las madres ahuyentan a los gatitos machos, y a cualquier macho adulto que se les acerque, en cuanto empiezan a mostrar señales de sufrir los cambios hormonales que los transformarán de jóvenes dependientes a gatos competitivos. La castración impide que se produzca dicho cambio, de modo que si se esteriliza a un macho antes de que cumpla los seis meses de edad se comportará de forma muy parecida a las hembras castradas. Así, mientras que en las colonias de cría los únicos lazos duraderos son los que se establecen entre las hembras, en un hogar es igual de probable que dos gatitos machos (esterilizados) de la misma camada mantengan ese vínculo perdurable, incluso entre una hembra y un macho.

Los gatos que se llevan bien entre sí expresarán y reafirmarán su afecto de varias formas. Muchas veces levantarán la cola cuando se vean, aunque aquellos gatos que hayan vivido juntos durante mucho tiempo pueden prescindir de ello. Quizá se froten el uno contra el otro (unos solo la cabeza, otros se atreverán a incluir los costados o la cola) o se tumben a descansar juntos. Mientras descansan, es probable que se laman el uno al otro, sobre todo detrás de las orejas: aunque es un gesto que sin duda los ayuda a mantener el pelaje limpio en zonas de difícil acceso, también tiene un significado social que fortalece el vínculo entre ambos gatos.

Si bien algunos hogares en los que vive más de un gato imitan la situación natural y están constituidos por gatos emparentados que han crecido juntos, en la mayoría no se da este caso. Es casi inevitable que haya tensiones entre gatos que no estén emparentados y que deban vivir bajo el mismo techo; competirán por el acceso a los recursos, sobre todo cuando los gatos se conocen siendo ya adultos. Simplemente va contra su naturaleza compartir los sitios donde dormir, los comederos y los areneros y, aunque algunos consiguen entablar amistad con el resto de cohabitantes, muchos fracasan.

Los orígenes del gato como animal solitario y territorial tienen otro legado desafortunado: no solo son reticentes a «pensar socialmente», al contrario que los perros, sino que su capacidad de comunicar cualquier intención amistosa que puedan tener hacia un gato desconocido es algo limitada. Los gatos poseen un variado repertorio de siseos, gruñidos, alaridos y posturas agresivas, propios de un animal muy competitivo, que transmiten su intención de atacar cuando se les desafía. También adoptan una postura defensiva, que consiste en ponerse de lado y erizar el pelaje para parecer más grandes de lo que son en realidad (imagen recreada a menudo en ilustraciones de Halloween en las que aparecen gatos). Sin embargo, no cuentan con la variedad de matices expresivos que los perros utilizan para comunicarse con los demás. Y lo que es más significativo, los gatos no disponen de una señal clara que signifique «no te estoy amenazando» o, por lo menos, una de la que puedan valerse ante un gato al que no conocen: transmiten ese mensaje cuando levantan la cola, pero solo lo utilizan los gatos que ya se llevan bien entre sí. En consecuencia, los encuentros de gatos que no se conocen tienden a convertirse rápidamente en un pulso en el que ninguno de los dos se atreve a recular, porque hacerlo supondría provocar una persecución y el riesgo de que los ataquen por la espalda. Al final, uno u otro se escabullirá, mirando constantemente por encima del hombro hasta que sienta que está fuera de peligro, o echará a correr de repente como si su vida dependiera de ello.

Por eso, la respuesta natural de los gatos al encontrarse con otros es percibirlos como rivales y, después, huir o atacar. Y, a diferencia de los perros, los gatos no acuden a sus dueños para que les ayuden a saber cómo reaccionar. Por lo tanto, es probable que ignoren por completo la distinción entre un gato vecino que ha decidido invadir la casa y un gato nuevo al que el dueño ha traído a casa con la intención de proporcionarle un «compañero de juegos». Desde el punto de vista del gato residente, ambos no son más que intrusos.

Si el otro gato es de verdad un forastero, probablemente el dueño tendrá tantas ganas de ahuyentarlo como el gato residente, en especial si las intrusiones provocan que un gato o el otro (o ambos) rocíen orina en la zona que se disputan, como, por ejemplo, alrededor de la gatera. Dependiendo de lo terco que sea el desconocido, puede que la situación se resuelva en favor del gato residente, aunque muchas veces los conflictos de este tipo se alarguen durante meses y, tal vez, tengan lugar a altas horas de la madrugada, cuando el dueño esté dormido.

Si el «intruso» es en realidad un nuevo cohabitante que ha escogido el dueño, ambos gatos deberán adaptarse al nuevo sistema. Es entonces cuando el adiestramiento marcará la diferencia entre la armonía y la discordancia (es más difícil poner en práctica el entrenamiento cuando el otro gato es del vecino, a menos que el vecino esté dispuesto a cooperar). Si se los deja solos, es probable que se peleen durante un rato y, después, se dividan la casa entre los dos de modo que cada uno tenga por lo menos una o dos zonas en las que descansar sin miedo a que les tiendan una emboscada. Un dueño observador y comprensivo puede aceptar esta situación como un *modus vivendi* razonable y proporcionarle a cada gato lo que necesita individualmente: cuencos de comida y areneros en distintas partes de la casa y varias camas bien aisladas y separadas en las que cada gato pueda relajarse a una distancia prudencial del otro. Duplicar la cantidad de comida y limpiar el arenero con el doble de frecuencia son ingredientes con el potencial de causar más desacuerdos: uno de los gatos (no necesariamente el residente original, aunque sí la mayoría de las veces) intentará monopolizar ambos por instinto.

Añade uno o dos gatos más a la mezcla y tendrás muchas papeletas para que, por lo menos, la relación entre dos de ellos se convierta en una guerra abierta. Es muy raro que en un hogar en el que vive más de un gato, con acceso al interior y al exterior de la casa, uno de ellos no viva la mitad del tiempo en otra parte. Sin embargo, no es del todo imposible que dos o tres gatos puedan vivir en armonía, siempre y cuando los presenten de forma correcta y tengan personalidades compatibles. Igual que ocurre con muchos de los problemas relacionados con los gatos, la organización y la paciencia son imprescindibles; los dueños que se dedican a resolverlos conseguirán un hogar tranquilo y acogedor tanto para los felinos como para los humanos.

Las primeras fases de planificación de la llegada de un nuevo gato a la familia pasarán por considerar seriamente si el gato o gatos que ya viven en casa aceptarán la inminente incorporación y si la casa en sí es apta para mantener a otro miembro con comodidad. Debemos tener en cuenta muchos pros y contras en relación con la llegada de un nuevo gato a la casa, que variarán en cada caso. A menudo, el corazón prevalece sobre la mente cuando se trata de animales, pero en situaciones como esta, la mejor forma de conseguir armonía entre los gatos es ser objetivos. Solo si los pros tienen mayor peso que los contras (no necesariamente en número sino en el impacto que puedan conllevar) deberíamos poner en práctica de verdad la idea de traer un gato nuevo a la familia.

Primero deliberaremos si al gato (o gatos) que viven ahora en casa les gusta la compañía felina. Quizá des por hecho que sabes si tu gato ha vivido felizmente con otro anterior. No obstante, igual que ocurre con las personas, que tu gato se llevara bien con otro en particular no implica que le caigan bien todos los gatos. Gracias a los estudios sobre las interacciones de las personas con los gatitos, sabemos que deben tener trato con al menos cuatro o cinco personas distintas durante las primeras semanas de vida (entre la segunda y la octava), cuando el gato se muestra más receptivo a aprender sobre situaciones sociales, para asimilar que todos los humanos son amables, no solo las personas específicas que lo acogieron durante ese período. Por desgracia, no se han estudiado las interacciones con otros gatos en lugar de personas, aunque es razonable suponer que un gatito que ha tenido experiencias amistosas con varios gatos en las primeras semanas de vida estará más dispuesto a ver al resto de gatos de forma positiva a lo largo de su existencia. Además de esta experiencia, se deben tener en cuenta otros factores, y todos ellos pueden influir en la capacidad del gato para considerar positivamente a otros de su especie.[2]

Conscientes de la conducta social de los gatos salvajes, sabemos que los gatos domésticos tienen más posibilidades de llevarse bien entre ellos si están esterilizados, son jóvenes (tienen menos de un año), están emparentados y provienen de padres que son amigables con otros gatos. Cuantos menos de estos rasgos puedas distinguir en tu gato, menos probabilidades habrá de que reaccione positivamente a la llegada de un nuevo felino. Si consideramos todos esos factores, lo mejor que puede hacerse para tener un hogar en el que haya varios gatos felices es introducir dos gatitos a la vez, idealmente, aunque no pertenezcan a la misma camada. Sin embargo, si ya tienes un gato, presentarle un gatito a uno adulto será, en teoría, mucho más fácil que presentar a dos gatos adultos, aunque esto último puede ser posible si están emparentados. En algunos casos, si la casa es lo bastante espaciosa, sería apropiado presentarle dos gatitos en lugar de uno al gato residente, ya que estos jugarán juntos a menudo y, por lo tanto, molestarán menos al gato residente de lo que lo haría uno solo.

Si tienes pensado adoptar un gatito, asegúrate de informarte sobre los padres del animal. Será una información inaccesible en el caso de los gatos de refugios, en especial con respecto al padre, pero debería poder recabarse fácilmente si hablamos de gatos que se crían expresamente en casa. Cuando dispongas de la información, da prioridad a aquellos gatitos cuyos padres sean amigables y confiados con otros de su especie: esas tendencias tienen un componente hereditario. Al elegir a un cachorro, se anima al dueño a que vea a la madre y (siempre que sea posible) conozca al padre, pero es algo que apenas se considera a la hora de elegir mascota. Si obtienes el gatito de un criador que no sea dueño del padre, pídele que te ponga en contacto con el propietario para verlo o, por lo menos, para hacerle algunas preguntas sobre su temperamento y su actitud hacia otros gatos.[3]

Si lo adoptas de un refugio, es probable que el animal ya haya sido separado de su madre cuando lo conozcas. Pregunta por ella, conócela si puedes y descubre cómo respondía a estar cerca de otros gatos durante su estancia en el refugio. Hazte con cualquier historial previo que puedan tener de ella, por ejemplo, si vivía felizmente con otros felinos antes de llegar al refugio. Recuerda, los gatos que tengan relaciones positivas con los demás descansarán y dormirán juntos, compartirán sin problemas los areneros y cuencos, se lamerán y jugarán los unos con los otros, y frotarán la cara, el cuerpo e incluso las colas entre sí. Cuando sopesemos el género del gato, si tenemos un macho residente, a este le parecerá menos amenazadora una hembra que otro macho, sobre todo si al gato residente se lo castró después de los seis meses o se desconoce cuándo. A los machos que han sido esterilizados de adultos, por muy tranquilos que sean, les costará más vivir con otros gatos, en especial con machos. En general, aquellos a los que se les haya castrado a los seis meses o antes (antes de que la testosterona pudiera influir en el crecimiento del cerebro) son más abiertos con los demás.

Una vez has considerado variables como la edad, el sexo, el estado de castración y la ascendencia de tu gato, deberías indagar en las experiencias sociales que tuvo de pequeño, puesto que determinarán la forma en que percibe a los otros gatos. Saber cuántas experiencias sociales positivas ha tenido con parientes y otros gatos sin parentesco durante el período formativo, en particular entre las dos y ocho semanas, nos indicará si hay probabilidades de que establezca relaciones positivas con gatos nuevos.

Es importante averiguar no solo a quién conoció el gato durante ese período, sino cómo fueron dichas interacciones, con qué frecuencia y en qué entorno sucedieron. Por ejemplo, imaginemos a un gato tímido, el más pequeño de una camada de dos, y cuyo hermano, más fuerte que él, le quitaba la comida y jugaba con algo más de brusquedad que él. Luego, imagina que cerca vive un intruso y que, a pesar de que el dueño de los gatitos haya cerrado la gatera para evitar que vuelva a colarse en el interior de la casa, la madre del gatito ve al intruso por la ventana y reacciona a la defensiva, bufando y escupiendo porque se siente más protectora de lo normal debido a la llegada del nuevo miembro a la familia. Ver a dicho intruso es la única experiencia del gatito con un gato que no esté emparentado con él (aunque sea a través de una ventana) y esta experiencia incluye a una criatura que bufa, con el pelaje erizado y que da miedo. Después de eso, será todavía menos probable que tenga una visión positiva de los demás gatos cuando los conozca en el futuro.

Compara este caso con el de un gatito que se ha criado en un hogar con un par de hembras reproductoras que tienen crías al mismo tiempo. El gatito no solo podrá interactuar con sus hermanos, sino también con otra camada de gatitos y su madre, con la cual no está emparentado. Si todos se llevan bien, tendrá muchas más oportunidades para jugar, que lo laman otros gatos o dormir junto a ellos. Basándose solo en esta información, el gatito del segundo caso tendrá muchas más probabilidades de llevarse bien con otro gato durante la edad adulta. Cuantas más experiencias positivas con varios gatos (familiares o no emparentados, adultos o gatitos) tenga durante las primeras semanas de vida, mayores serán sus oportunidades de aceptar a otros gatos de adulto. No obstante, recuerda que es cosa de dos: debe ocurrir lo mismo con el gato nuevo para garantizar que tenga una actitud positiva hacia el que ya tienes.

Desgraciadamente, varias experiencias negativas posteriores pueden terminar por desestabilizar esa buena base en las relaciones sociales. Los gatos, igual que otros animales y también que nosotros mismos, tienden a recordar mejor las experiencias negativas que las positivas: el cerebro de los mamíferos está programado para ser más sensible a los sucesos desagradables y así poder reconocer cualquier peligro potencial en el instante en que ocurre. Por eso, es improbable que el gato olvide cualquier experiencia negativa que haya tenido con otro gato y esta moldeará sus futuras interacciones, no solo con ese gato en particular, sino también con todos los que conozca.

Si tu gato tiene antecedentes de pelearse con otros gatos, es importante que descubras si normalmente él era la víctima o el responsable. El desencadenante aprende que agredir a los demás gatos sirve para mantenerlos a raya y por eso repetirá esta táctica si se le obliga a compartir su hogar con otro gato. Si, en cambio, era la víctima, probablemente se sentirá nervioso y tenso cerca de otros gatos y necesitará nuestro apoyo para adquirir confianza y ser capaz de aceptar a otro gato, si es que puede. Con un gato así, el proceso de presentación debería llevarse a cabo lo más lentamente posible. Por eso, los gatos sin experiencias negativas con otros gatos (actuales o anteriores, con gatos que pertenezcan al mismo hogar o con aquellos del mismo vecindario) tendrán más posibilidades de vivir felizmente junto a un gato nuevo que aquellos que han sufrido experiencias negativas.

Por último, vale la pena considerar cómo el gato interactúa en el momento actual con cualquier gato que se encuentre: ya sean los gatos con los que vive o los que conozca por casualidad (por ejemplo, si se le permite salir, puede que se tope con otros gatos del vecindario). Si ha estado alguna vez en un albergue para gatos, ido al veterinario o se le ha inscrito en un concurso, analiza cómo reaccionó al ver u oler a los gatos que lo rodeaban. Aunque las últimas situaciones podían causarle malestares que no tengan que ver con la rivalidad felina, por ejemplo, que lo aparten del territorio que conoce, tener una respuesta negativa hacia otros gatos, ya sea bufándoles, gruñéndoles o escupiéndoles, es un claro indicio de que no verá de forma positiva que introduzcas un nuevo inquilino en casa. Tampoco consideraremos un resultado negativo que el gato ignore a los demás: ante un gato desconocido, el hecho de que lo ignore sugiere que no se siente demasiado amenazado, algo que nos proporcionará un buen punto de partida a la hora de introducir un nuevo miembro en la familia.

Después de analizar a fondo las características del gato o gatos residentes (en resumen, sus encuentros previos con otros gatos y su comportamiento actual hacia otros gatos) intuirás si es probable que acepte la nueva incorporación. Por desgracia, es improbable que aquellos dueños que obtuvieron a sus gatos en la calle o de adultos en refugios recaben toda esta información o tengan forma de descubrirla. En estos casos, resultará complicado tomar una decisión debido a la falta de argumentos para aventurarse. Cuanta menos información tengas, más riesgo habrá de que el proceso de introducción de un nuevo gato no dé resultado.

Una vez hayas deliberado si tu mascota es apta para vivir con otra, estarás más cerca de discernir si debes adoptar un nuevo gato o no. El siguiente paso del proceso es sopesar si tu hogar es apropiado para otro gato en cuanto a los recursos que le puedes proporcionar, la distribución y cuánto tiempo podrás dedicar a cada uno.

A los gatos se los considera controladores por excelencia. Les gusta tener acceso las veinticuatro horas del día a todos los recursos que necesiten en sus vidas: cuencos de comida o de agua, comederos con rompecabezas, juguetes, camas, escondites como túneles y cajas, lugares con vistas privilegiadas como estanterías, areneros y postes o alfombras rascadoras (algunos gatos prefieren arañar en posición horizontal, en lugar de en la posición vertical tradicional, y colocar una alfombra rascadora en el suelo les permitirá hacerlo horizontalmente). A los gatos no les resulta fácil esperar en una fila ordenada. Además, solo los individuos que se consideran parte de un grupo social pueden compartir el mismo arenero o dormir en la misma cama (aunque sea en momentos distintos). Es improbable que los gatos residentes consideren a cualquier gato nuevo parte de su grupo social, al menos al principio, por lo que deberíamos proporcionarles los recursos suficientes para no obligarlos a compartir.

Si la respuesta a cualquiera de las siguientes preguntas es no, las posibilidades de que tu gato actual acepte a un gato nuevo son reducidas. Cuanto más respondas que no, menos probabilidades habrá de que tu mascota aprenda que la nueva incorporación no es una amenaza.

- ¿Dispongo de recursos suficientes para todos los gatos de la casa?
- ¿Puedo distribuirlos por toda la casa para que cada gato esté bien separado de los demás?
- ¿Es posible colocar los recursos de modo que ninguno de los gatos pueda bloquearle el acceso al recurso o la salida a otro? Por ejemplo, ¿puedo evitar situarlos en los rincones de las habitaciones y proporcionarles escondites, como cajas de cartón, con agujeros de entrada y de salida?
- ¿Me resulta viable prestar a cada gato el tipo de atención individual que le gusta (por ejemplo, juegos, caricias o acicalamiento) lejos de los demás?
- ¿Puedo dedicar una de las habitaciones exclusivamente a uno de los gatos durante el período de presentación inicial?
- ¿Puedo poner una barrera entre la habitación dedicada al nuevo gato y el resto de la casa para que los gatos estén físicamente separados pero sigan siendo capaces de verse y olerse el uno al otro? (Si no es posible poner una barrera, puedes utilizar una jaula muy grande como separación).

Si llegas a la conclusión de que hay muchas probabilidades de que tu gato se las arregle con la llegada de otro y tienes los recursos necesarios a punto en la casa, el siguiente paso será el proceso de presentación. La presentación inicial entre gatos a menudo es crucial para determinar su futura relación. Por lo tanto, nunca debería hacerse a toda prisa.

Comenzaremos por adaptar una zona segura y estable en casa en la que el gato vivirá de forma restringida al principio. Debería ser una habitación que el gato residente no utilice a menudo, por ejemplo, una habitación extra o un estudio. Coloca todos los objetos que el gato nuevo necesitará (el arenero, los cuencos de la comida y el agua, el poste rascador, la cama y los juguetes) en esa habitación, no demasiado juntos, y cierra la puerta. Si el gato nuevo no tiene pertenencias propias, compra productos nuevos: no «tomes prestadas» las pertenencias del gato residente, ya que olerán como él y podrían asustar al gato nuevo. Además, te arriesgas a molestar al gato actual al privarle de algunas de sus «posesiones» más preciadas.

Siempre que sea posible, prepara la habitación por lo menos unos días antes de que el nuevo inquilino llegue a casa, para que el gato residente aprenda que la habitación es un lugar en el que ya no puede entrar. Si se acerca a olfatear, tocar o arañar la puerta cerrada, ignora su comportamiento y, si no deja de hacerlo, atráelo con una varita de juguete. ¡No debe asociar esa parte de la casa con sentimientos negativos antes de que llegue el gato nuevo![4]

Hay que tener mucho cuidado al introducir a un gato nuevo en el hogar por primera vez. Cuando llegue, llévalo a su nueva habitación, con cuidado de que el otro gato no lo vea. Deja el transportín en un rincón de la habitación o en una superficie elevada, como una cama, y abre la puerta. No intentes sacarlo del transportín, es mejor que aprenda que puede sentirse a salvo y salga por sí solo, así no se sentirá forzado, sino

Introducir al gato en una casa nueva

Los gatos tienen el mismo fuerte apego al lugar en el que viven que a las personas que viven en él y, por lo tanto, odian las mudanzas. Si los transportan lejos del entorno con el que están tan familiarizados, harán todo lo posible por volver al sitio que consideran su «hogar». Por mucho aprecio que tengan a sus dueños, echan mucho más de menos sus lugares favoritos, por lo menos durante los primeros quince días aproximadamente, de ahí que se recomiende no dejar salir a los gatos durante dos o tres semanas después de haberse mudado a una casa nueva. La atracción que siente el gato por su antiguo vecindario disminuye poco a poco, conforme empieza a sentirse más seguro en su nuevo entorno.

La idea de utilizar una habitación segura para introducir a un gato nuevo en casa puede extrapolarse también a las mudanzas: si al principio encierras al gato en una habitación de la casa nueva con todas sus pertenencias, estará rodeado de su propio olor y se sentirá mucho más seguro en ese entorno extraño de lo que se sentiría si tuviera que enfrentarse a la perspectiva de una casa totalmente nueva. Utilizando la misma técnica que utilizarías para que dos gatos se acostumbraran al olor del otro, puedes recopilar el aroma del gato e impregnar la casa nueva con él, restregándolo en los muebles y en las esquinas, a la altura de la cabeza del gato, antes de dejar que entre en cada habitación. Así, mientras permites que el gato entre poco a poco en distintas habitaciones de la casa nueva, detectará su propio aroma y se sentirá menos amenazado por todos los cambios.

que notará que tiene el control de la situación. Esto le proporcionará seguridad y, a la larga, le ayudará a aprender. Aun así, háblale con voz suave y calmada, a una distancia prudente. Si asoma la cabeza por el transportín, prémiale con elogios amables y una golosina (aunque puede que no quiera comer hasta que no se sienta más instalado).

Si no muestra señales de querer salir del transportín, no te preocupes. A lo mejor necesita tiempo a solas para instalarse y aprender que no tiene que tener miedo en esa habitación. Aunque a los perros les ayude que sus dueños los consuelen en momentos de incertidumbre, a los gatos les puede parecer perjudicial e incluso angustioso. Por eso, si tu gato no da muestras de querer salir del transportín, vete de la habitación en silencio y permítele explorar su nuevo entorno cuando esté preparado. Quizá no lo haga hasta que todos los habitantes de la casa se hayan ido a la cama, así que asegúrate de que tenga comida y agua de sobra. Sigue la rutina normal con el gato residente. Cualquier cambio en tu conducta le alertará de que ocurre algo y lo pondrá nervioso.

El proceso de presentación tiene que familiarizar a los gatos poco a poco, paso a paso. Hay que considerar todos los sentidos: el oído, el olfato, la vista y el tacto (en ese orden). Es un proceso por etapas, conocido como «desensibilización sistemática» (parte del Recurso Clave n.º 2), que evita que la experiencia sea abrumadora y permite que los gatos aprendan despacio, procesando cada dosis de información por separado, y se sientan a gusto con ella antes de pasar a la siguiente etapa. Como seres humanos, cuando conocemos a alguien por primera vez, tendemos a verlo aproximarse en primer lugar; luego, nos presentamos verbalmente y, solo entonces, nos damos la mano. No sería extraño que necesitáramos varios encuentros antes de estar lo bastante a gusto para tocarnos de otra manera: por ejemplo, abrazarnos o darnos una palmadita en la espalda o un beso en la mejilla. Imagina que, incluso antes de decirte nada, un desconocido se te acerca y te abraza. Acelerar el proceso de presentación con los gatos puede causar malentendidos y tensiones similares. Aunque la vista sea uno de los sentidos que más utilizamos y hablar uno de nuestros mayores medios de comunicación, el método principal de los gatos para orientarse en su entorno y comunicarse con los demás es el sentido del olfato y su habilidad de depositar el aroma a través de las glándulas corporales, como las que tienen en las mejillas y que utilizan al frotarse.[5]

Lo primero que hay que hacer al presentar a los gatos es dejar que se huelan el uno al otro antes de establecer contacto visual. Será difícil controlar por completo lo que oigan, como los maullidos del otro al pedir comida o los pasos al otro lado de la puerta. Sin embargo, nos resultará relativamente sencillo determinar la forma en que conocen el olor del otro. Inicia este proceso cuando los dos gatos se hayan acostumbrado a su rutina normal y estén establecidos y relajados en sus respectivas áreas de la casa.

Para que cada gato pueda conocer el olor del otro, tenemos que adherirlo a un objeto que después podamos darle al gato contrario. Servirá un guante de algodón que te hayas puesto al acariciarlo, algo de pelo de un cepillo o un trozo pequeño de tela en el que se haya tumbado: sea cual sea, el método que utilices para recoger el olor del gato debería ser agradable para él (por lo que podría ser diferente para cada uno). Lo ideal sería que recopiláramos el olor de las glándulas odoríferas de la cara, que se encuentran en la zona de debajo de la barbilla, delante de las orejas y detrás de los bigotes: cuanto más en contacto esté el objeto que utilices (el guante, el cepillo o la tela) con esas zonas, mayor será la concentración del olor que captures (para más detalles, consulta el Recurso Clave n.º 7). No obstante, comienza por recoger un leve olor acariciando o cepillando al gato solo un par de veces o dejando la tela en la cama del gato durante una noche. Reserva las muestras con el olor más concentrado para cuando los gatos se hayan acostumbrado a la versión más tenue del aroma. Una vez hayas recogido los dos objetos con los olores de su respectivo gato, coloca cada uno de ellos en el entorno del otro, en cualquier parte del suelo donde sea probable que se tope con él.

Observa la reacción de cada gato al olor del otro. Estas te indicarán qué probabilidades hay de que se acepten mutuamente. Si alguno de los dos le bufa al objeto perfumado, implicará que el mero aroma de otro gato le parece amenazador y que el proceso de presentación debería llevarse a cabo más lentamente y con más cuidado de lo normal. Que cualquiera de los dos se niegue a acercarse al objeto perfumado también sugerirá que al gato le cuesta aceptar el olor del otro, ya que lo interpreta como una invasión inadmisible de su territorio. En cualquier caso, retira el objeto inmediatamente y vuelve a intentarlo en unos días. Tras varias repeticiones, los gatos deberían tolerar la tela, el guante o el cepillo, ya que poco a poco aprenderán que el olor no tiene consecuencias para ellos. Si el gato olfatea el objeto perfumado y se muestra indiferente, lo hemos conseguido: ha aprendido que la presencia del olor de otro gato en su entorno no tendrá grandes consecuencias para él. Si juegan con las telas, los cepillos o los guantes, o descansan o duermen sobre ellos, el resultado es todavía mejor.

Yo he utilizado este proceso muchas veces para integrar a gatos en grupos de hasta cuatro en un refugio. Eran gatos a los que sus dueños habían abandonado o que provenían de

Cosmos permanece relajado aunque percibe el olor de Herbie en un guante.

organizaciones benéficas en defensa de los animales que no tenían espacio disponible en sus propios refugios. Se quedaban con nosotros en la universidad hasta que les encontrábamos un hogar, algo que nos dio la oportunidad de estudiar su conducta y corregir cualquier comportamiento problemático que presentaran. Tuvimos muchos más éxitos que fracasos (de hecho, solo hubo un gato al que no conseguí integrar y, por lo tanto, le buscamos una casa nueva en la que fuera el único gato). Sin embargo, hubo algunos que evitaron los objetos que contenían el olor del gato nuevo. Con ellos, el proceso de presentación posterior nos llevó mucho más tiempo que con la mayoría. Recuerdo a una gata en particular, Caragh: la primera vez que coloqué el olor de otro gato en su jaula, utilizando una tela pequeña, encendí las cámaras de la jaula para observar a distancia su comportamiento. Después de olfatear la tela, empezó a bufar al objeto de forma terrible, a pesar de no haber ningún otro gato a la vista. No obstante, tras exponerla al olor en varias ocasiones dejó de bufar, así que pasé a presentarle con cuidado al gato del que había extraído el olor, primero en una jaula contigua y, después, directamente dentro de la jaula de Caragh. Aunque nunca había actuado con hostilidad, era evidente que a Caragh no le gustaba esta disposición: ignoró al nuevo habitante a toda costa y pasaba el rato en la cama. Por lo tanto, se optó por devolver al nuevo habitante a su jaula anterior. Lo primero que pensé fue que Caragh solo sería feliz estando sola y que no le gustaba la compañía de otros gatos en general. Sin embargo, las circunstancias me llevaron a volver a intentarlo unas semanas más tarde colocando una cama con el olor de otro gato. Esa vez no bufó; en lugar de eso, en unas horas vi que se había acurrucado y dormido en la cama. Creí que podía probar a presentarle al dueño de la cama: la posterior presentación se llevó a cabo sin contratiempos, así que los gatos compartieron jaula felizmente durante su estancia. Sin conocer los antecedentes de Caragh, ¿cómo podíamos saber lo que la hacía rechazar la compañía de un gato, pero disfrutar claramente la de otro? La moraleja de esta historia es que la respuesta inicial del gato a un objeto perfumado puede darnos pistas sobre cómo irán los siguientes pasos de la presentación, así que obsérvalo todo con atención.

Lo siguiente que haremos será colocar un objeto con mayor concentración del olor del otro gato en el entorno de ambos animales. Si el gato no responde de forma positiva, retira los objetos igual que antes y vuelve a probar en unos días. Si los gatos responden positivamente, traslada los objetos a las camas de los gatos para que duerman sobre ellos y se mezcle así el olor de ambos gatos, creando una esencia de grupo, parecida a la que comparten los miembros de una colonia de gatos. Puede que los dos gatos no acepten el olor del otro al mismo tiempo; no pasa absolutamente nada: adáptate al ritmo del gato más reticente, algo posible a estas alturas, ya que todavía no se han conocido cara a cara.

Una vez ambos se muestren cómodos con la presencia del olor del otro en su territorio, llegará el momento de introducir el olor mezclado en los objetos físicos de sus entornos separados. Al hacerlo, creamos la ilusión de que los dos gatos ya están familiarizados el uno con el otro, porque sus olores ya se han mezclado y, por lo tanto, forman parte del mismo grupo social (aunque en este punto todavía no se hayan conocido en realidad). Distribuye el olor común por los entornos separados frotando los objetos en los muebles y las esquinas de las paredes a la altura de la cabeza de los gatos. Con algunos gatos, este proceso puede completarse en unos días, con otros puede llevar semanas.

Más adelante, cuando ambos gatos parezcan relajados en presencia de la mezcla de olores, por fin habrá llegado el momento de dejar que se vean. Para evitar que los gatos interactúen físicamente durante este paso, puedes poner una barrera en la puerta de la habitación del gato nuevo o en las puertas que separen dos zonas distintas de la casa. Si optas por esto último, dale tiempo al gato nuevo a que explore las zonas de la casa a las que acaba de obtener acceso antes de encontrarse cara a cara con el gato residente. Puedes construir una barrera instalando una puerta o una pantalla de malla, o colocando dos barreras de seguridad para bebés (cubiertas de malla y bien aseguradas para que no les sea posible introducir la pata) una encima de la otra. También es buena idea hacer que parte de la pantalla sea completamente sólida (por ejemplo, puedes atar un trozo de cartón en ella) para que los gatos se escondan de las miradas del otro si se sienten amenazados de algún modo. Mientras se coloca la pantalla, lo mejor es encerrar al gato nuevo en el transportín y al gato residente en otra habitación para que ninguno de los dos se escape o tengan un encuentro espontáneo. Incluir a otra persona en el proceso, de manera que haya una persona con cada gato, puede ayudar muchísimo.

Si te resulta imposible colocar una barrera en la puerta, puedes dejar al gato nuevo en una jaula para perros grande (¡que no hayas utilizado antes con perros!). Sin embargo, el gato tiene que haber tenido experiencias positivas previas en la jaula, debe haber tenido acceso a ella dentro de la habitación o haber dentro de ella una cama y golosinas que le ayuden a crear emociones positivas. El gato tiene que entrar en la jaula voluntariamente, nunca lo empujes o cierres la puerta inmediatamente detrás de él. Siempre cubre parte de la jaula con una manta para aumentar su sensación de seguridad e, idealmente, proporciónale escondites extra en el interior, como una caja de cartón o una cama estilo iglú. Si el gato rechaza estar dentro de la jaula, la presentación no funcionará: estará de mal humor, algo que influirá en su reacción al toparse con otras cosas. Será incluso peor si llega a asociar la presencia del gato residente con la impresión negativa que se forme al estar en la jaula. Por lo tanto, antes de empezar cualquier presentación, deberíamos asegurarnos de que el gato nuevo esté completamente cómodo dentro de la jaula. Al necesitarse este entrenamiento adicional, en principio resulta más sencillo utilizar las barreras que las jaulas.

Prepara con cuidado el momento en el que permitas que los gatos se conozcan, separados solo por la barrera (o la jaula). De ser posible, elige una ocasión en la que algo muy positivo ocupe su atención, por ejemplo, durante la comida o cuando juegues con ellos. Queremos reducir las probabilidades de que los dos gatos acaben mirándose fijamente el uno al otro, algo que pueden considerar agresivo: por eso, lo mejor es que el encuentro se dé en una situación en la que solo puedan intercambiar vistazos fugaces. Juega y da de comer a cada gato lo más lejos posible de la barrera. Esparcir comida seca o alimentarlos mediante un comedero con rompecabezas puede incrementar el tiempo que dedican a comer y que, por consiguiente, pasen a la vista del otro, pero con la atención centrada en otros quehaceres. Recuerda que, para la mayoría de los gatos, la alimentación es una actividad solitaria, así que la distancia entre ambos debería ser tan amplia como sea posible, aunque permitiendo que establezcan contacto visual entre ellos. Durante el transcurso de la comida, hay períodos cortos en los que el gato deja de comer. En estos descansos, es probable que echen un vistazo al nuevo gato. El objetivo es que se sientan lo bastante cómodos como para que la presencia del otro no les impida centrarse en comer. Si les resulta imposible, cierra la puerta entre ambos, bloqueando el contacto visual, y vuelve a intentarlo otro día, con la puerta abierta y una pantalla, pero ofreciéndoles a los gatos comida de gran valor para mantener su atención. También puedes probar con una distracción distinta, como usar juguetes que estimulen su instinto de caza. La presencia de comida o juguetes ayuda a cambiar la impresión precavida que tienen del otro y transformarla en positiva (el contracondicionamiento del Recurso Clave n.º 2).

Si en algún momento alguno de ellos se dirige a la barrera (o a la jaula) con calma y de forma amable, deja que lo haga y, después, premia su comportamiento con golosinas o elogios amables. En ningún momento deberías forzar la interacción. Si es evidente que uno de los gatos no está cómodo en presencia del otro, anima con precaución al gato más seguro a que se aleje con una varita de juguete o una golosina, aumentando la distancia entre los dos gatos. Si ambos parecen cómodos, siéntate en silencio y deja que se olfateen a través de la barrera. También puedes atar dos juguetes a una cuerda que quepa por la barrera o por debajo de ella para que cada uno pueda jugar con el juguete de un extremo. Esto demostrará al gato residente que la presencia de un nuevo inquilino, lejos de resultar una amenaza, puede ser una recompensa. Es importante que tu ayudante y tú estéis tranquilos durante todo el proceso y que vuestros movimientos sean sutiles: intentad sentaros en el suelo en lugar de quedaros de pie para parecer relajados y no una amenaza para los gatos.

Es buena idea distraer al gato residente para evitar que mire atentamente al nuevo: si está particularmente centrado en los humanos, puedes enseñarle a mirarte cuando se lo pidas. Con hacer un sonido interesante, como succionar el aire con los labios fruncidos, bastará para que el gato deje lo que esté haciendo y te mire durante un segundo. Si premias que te mire [la forma más efectiva de hacerlo es primero marcar el comportamiento (ver Recurso Clave n.º 4) y, después, darle el premio que hayas elegido] y repites varias veces el proceso de hacer el sonido, marcando cuándo te mire y, posteriormente, dándole el premio, podrás enseñarle a mirarte cada vez que reproduzcas ese sonido. Si el gato no te mira, acompaña el sonido con la presentación visual de una golosina como cebo (Recurso Clave n.º 3): acércatela a la cara (lejos del alcance del gato para que no se la quite) y así atraerás su mirada a tu rostro. Cuando te observe, dale el premio. Tras varias repeticiones, puedes reducir el uso del cebo y el gato debería mirarte cuando hagas ese sonido (sin que haya comida a la vista), algo por lo que lo premiarás. Una vez lleve a cabo el comportamiento sistemáticamente, es importante que reduzcas la cantidad de veces que lo obsequias para que mantenga el comportamiento a la larga (ver Recurso Clave n.º 8).

Captar su mirada te brindará una forma de romper el contacto visual del gato residente con el nuevo. Si empieza a mirar al otro gato de forma amenazante, recurre a la señal de «mírame» para que se centre en ti y prémiale inmediatamente. Así no solo aprenderá que al mirar al otro gato y, después, mirarte a ti, obtiene un premio; su compañero aprenderá que la mirada de otro gato no implica el inicio de una pelea y que, por lo tanto, no es necesario que salga huyendo. Al mismo tiempo, podrías enseñarle el mismo truco al gato nuevo; esto te ayudará a fortalecer el vínculo entre el gato y tú.

Repite el proceso y deja que los gatos se vean a través de la barrera varias veces durante distintos días. Al principio, es mejor que los encuentros sean cortos y frecuentes antes

Cosmos y Herbie juegan con juguetes atados a ambos lados de una cuerda, cada uno en su lado de la barrera.

Herbie mira a su dueña en presencia de Cosmos.

que exposiciones prolongadas. Si todo va bien, puedes empezar a dejar la puerta abierta (todavía con la malla puesta) durante lapsos de tiempo cada vez más largos, aunque incrementes la duración de los mismos poco a poco. Si parece que alguno de los gatos tiene miedo, por ejemplo, si se agacha, deja que se retiren a un lugar en el que se sientan seguros y vuelve a intentarlo en otra ocasión. Si alguno de los dos gatos gruñe, bufa, escupe o exhibe cualquier otro comportamiento agresivo, cierra la puerta para bloquear el contacto visual inmediatamente y evitar que esto se convierta en un hábito. No toques a ninguno de los gatos en ese momento porque puede que desvíen su agresividad hacia ti, simplemente porque eres lo que tienen más a mano. Vuelve a probar otro día en que los gatos parezcan estar más calmados y de mejor humor.

Con aquellos que sobrelleven de buena gana escucharse, olerse y verse el uno al otro, el siguiente objetivo será que interactúen físicamente. Partiremos del mismo sistema que utilizaste cuando los gatos se conocieron por primera vez a través de la rejilla; por ejemplo, dales de comer o juega con los dos gatos lejos de la puerta que los separa. A continuación, abre la rejilla con cuidado. No le des demasiada importancia a este proceso: actúa con calma y en silencio, como si fuera lo más normal del mundo, aunque en el fondo estés preocupado. Si juegas con cada gato utilizando una varita después de que hayan comido, o de haberlos cepillado o acariciado si es lo que les gusta, reforzarás que estén en presencia del otro y les enseñarás que ocurren cosas positivas cuando se ven. Aumenta de manera sistemática el tiempo que transcurre entre la entrega de estos premios, sin olvidarte de controlar los niveles de agitación de cada gato durante este proceso. Si parece que incrementan, es una clara señal de que ya has hecho suficiente por el momento: cierra la puerta inmediatamente. La próxima vez, acorta un poco la sesión para evitar que vuelvan a sobreexcitarse.

Cuando los gatos decidan acercarse el uno al otro durante una de estas sesiones de presentación física, permíteselo. Si alguno de los dos no lo lleva bien, atrae a cada gato a su «territorio» con golosinas o una varita y cierra tanto la rejilla como la puerta que los separa. También puedes utilizar un palo de adiestramiento y animar al gato que parece estar llevándolo peor a que lo toque con la nariz o con la pata para que pueda distraerse con otra cosa. A continuación, utiliza el palo para alejarlo sin tener que cogerlo o limitarlo físicamente. Asegúrate de que el otro gato no os siga (consulta el Recurso Clave n.º 3 para más detalles sobre cómo atraer al gato mediante un palo de adiestramiento). Que el gato se centre en el juguete en presencia del otro será una clara señal de que no le preocupa el otro felino.

Lleva a cabo estas presentaciones, siempre supervisadas, cada día. Con el paso del tiempo, aumenta el tiempo que los gatos pasan juntos hasta que al final puedas quitar la malla por completo. En este momento, dales golosinas a ambos gatos cuando estén cerca del otro o juega con los dos a la vez. No obstante, asegúrate de que cada gato tenga sus propios recursos en su espacio designado, ya que esto les ayudará a percibir que el otro no es una amenaza para sus «posesiones». No importa si los gatos deciden no establecer nunca contacto físico el uno con el otro: tiene que ser su decisión y nunca deberíamos forzarla. Lo que importa es que estén calmados y relajados en presencia del otro.

Muchos de los gatos que viven juntos mantienen una relación complicada, seguramente porque no los presentaron con suficiente cuidado o porque un suceso significativo causó una brecha en el vínculo (por ejemplo, que un gato haya pasado un período considerable lejos del hogar a causa de una estancia en el veterinario). Con la mayoría de los gatos es factible adaptar el proceso de presentación de un gato nuevo a tales circunstancias. No obstante, en este procedimiento de reintroducción, en lugar de encerrar a uno de los gatos en una habitación, como si fuera un desconocido, divide la casa en dos zonas distintas y de más o menos el mismo tamaño, una para cada gato. Una opción sería separar la planta superior de la inferior. Si los gatos tienen acceso al exterior, no dejes que salgan los dos al mismo tiempo mientras dure el proceso. Asimismo, si antes los gatos debían compartir recursos, como la cama, los cuencos de comida o los rascadores, divídelos de la forma más equitativa posible entre ellos: compra objetos nuevos si fuera preciso para asegurarte de que cada gato tenga de todo sin necesidad de compartir. Cuando vuelvan a compartir el mismo espacio, necesitarás suministros suficientes para que el gato no tenga la sensación de que el otro supone una amenaza a sus recursos. Separarlos evitará que la hostilidad entre ellos se intensifique, mientras que darle a cada uno de ellos sus propios recursos y espacio permitirá que establezcan sus territorios individuales sin sentirse hostigados. Es buena idea que permanezcan así durante varios días (y en casos extremos, durante semanas) para asegurarnos de que estén completamente relajados antes de volver a presentarlos.

Cuando se sientan más protegidos y seguros en el entorno físico, comienza el proceso de reintroducción siguiendo los mismos pasos que al integrar un gato nuevo en el hogar. Sírvete del método para recolectar olores (ver Recurso Clave n.º 7) que se ha descrito antes en este capítulo, pero en lugar de intercambiar esencias, primero frota los objetos con los que has obtenido el olor de los gatos contra sus pertenencias individuales. Esto provocará que los objetos que antes compartían huelan principalmente al gato que ahora tiene acceso único a ellos; con los objetos nuevos, esto reducirá los olores desconocidos, aumentará las posibilidades de que los gatos tengan una visión positiva de ellos y mejorará enormemente la confianza de ambos.

Durante la reintroducción, mantén la rutina de cada gato tanto como sea posible. Por ejemplo, si un gato tiende a pasar

Jugamos con Cosmos y Herbie por separado pero uno al lado del otro.

parte de la tarde sentado en tu regazo delante de la televisión, conserva esta costumbre incluyendo esa habitación en la nueva zona del gato. Puede que te sientas dividido entre dos partes de tu casa durante un tiempo, o que pienses que has alterado tu rutina innecesariamente. Al final, esto se corregirá, así que insiste: ¡la recompensa de tener armonía felina en la casa valdrá la pena! Al enseñarles a los dos gatos que ya no tienen que compartir sus recursos y que la presencia del otro no es negativa, sensibilizando a cada uno ante los componentes sensoriales del contrario y reemplazándolo con sentimientos positivos, podremos restaurar la sintonía y conseguir un hogar más feliz para todos. De hecho, este proceso sirve también para enseñar al gato que otros animales, incluso aquellos con los que son prudentes por naturaleza, como los perros, son amigos, no enemigos. Por el motivo que sea, muchos gatos se resisten a vivir apaciblemente con otros gatos o parecen incompatibles con algunos en particular, incluso después del proceso de reintroducción: en estos casos, quizá sea necesario o bien encontrarle un nuevo hogar al gato más intratable, o dividir la casa entre los dos de forma permanente (como en el primer paso del proceso de reintroducción).

Algunos nunca se toparán con otro gato en su vida, y no todos los encuentros serán amistosos. Sin embargo, tal y como hemos visto en este capítulo, asegurarse de que cada gato sienta confianza y seguridad en su entorno físico es el mejor punto de partida a la hora de presentar a dos gatos. A partir de ahí, habrá que llevar a cabo exposiciones graduales, un sentido tras otro siempre que sea posible. Establecer un vínculo entre la presencia del gato nuevo y experiencias agradables permitirá que aprendan sobre el otro a una velocidad que puedan sobrellevar. Con un poco de suerte, no solo aprenderán a tolerarse el uno al otro, sino también a caerse bien. Esta técnica, además, es extrapolable a otros animales, tal y como veremos en el próximo capítulo.

Capítulo 6

Los gatos y otras mascotas

Del mismo modo que los gatos recurren a sus instintos salvajes cuando se encuentran con otro gato, ponen en marcha este sistema cuando se topan con un animal del que no saben mucho. Si el animal es pequeño y parece comida en potencia, la mayoría activará su instinto de caza, aunque solo sea a medias. En cambio, no debemos olvidar que, si bien los gatos pueden ser depredadores de ratones y pájaros pequeños, antes de ser totalmente domesticados también eran las presas de depredadores más grandes, como los lobos o, más recientemente, perros callejeros: de ahí que la mayoría de los gatos desconfíen de los perros por instinto. En Estados Unidos, una cuarta parte de los hogares en los que viven mascotas tienen uno o dos gatos que comparten su espacio con un perro. No obstante, que vivan juntos no implica que compartan el espacio amistosamente. Puesto que hay clases de adiestramiento para perros y los adiestradores ofrecen sesiones de entrenamiento privadas a las que se puede acceder al momento, los dueños que quieran enseñar a sus perros a no perseguir, acechar o acorralar a sus gatos siempre tendrán ayuda a mano (no todos los dueños la aprovechan). Sin embargo, pocos se han planteado entrenar a su gato (o gatos) para que no tenga miedo del perro. ¡Pero puede hacerse![1]

Hoy en día, la mayoría de los gatos compiten únicamente con una especie que puede querer hacerles daño: los perros. Lejos quedan los tiempos en que los gatos, en especial los gatitos, corrían el riesgo diario de ser atacados por zorros, perros salvajes, gatos más grandes y otros grandes carnívoros. Sin embargo, es probable que haya alguna verdad tras el dicho «Llevarse como el perro y el gato». Aunque la mayoría de los perros son mucho más grandes que los gatos, estos últimos están, en tal caso, mejor blindados gracias a sus garras y sus dientes afilados. Por lo tanto, lo mejor sería que los perros evitaran a los gatos y viceversa; de hecho, los gatos tienden a huir de los perros y suelen defenderse solo cuando los acorralan. La apatía entre los dos animales, aunque se remonte al comportamiento protector que desarrollaron antes de la domesticación, se ha refinado todavía más por la necesidad de ambas especies de vivir cerca de los humanos. Tradicionalmente, cuando se dejaba que los gatos se reprodujeran de cualquier manera y la pérdida de gatitos preocupaba muy poco a la población, uno de los enemigos principales de los gatos eran los perros no supervisados, responsables potenciales de la muerte de muchas crías. De ser así, esto habría reforzado la tendencia de los gatos a defenderse de los perros e incluso a pasar al ataque si había crías vulnerables cerca.

Por suerte, la domesticación nos aporta los medios a través de los cuales moderar, e incluso revertir, esta reacción instintiva. Igual que los gatitos son capaces de socializar tanto con humanos como con otros gatos, principalmente durante su segundo mes de vida, también tienen la capacidad de socializar con perros, o por lo menos con perros que sean amistosos con ellos. No está claro si los gatitos consideran a los perros como humanos con cuatro patas, gatos grandes y patosos o una categoría totalmente distinta. Puede que simplemente los consideren similares a aquellos gatos con los que se llevan bien: Mike Tomkies, en su libro *My Wilderness Wildcats*, relata lo tolerantes que se volvieron los gatitos salvajes no domesticados con su pastor alemán, Moobli, hasta el punto de que a veces frotaban la nariz contra él. Los gatos que conviven con perros a diario desarrollan el mismo comportamiento cariñoso (levantar la cola, frotar la cabeza, lamerse entre ellos y dormir juntos) que normalmente reservan para los gatos de su misma familia. Sin embargo, independientemente de lo que conciban que son los perros, los encuentros individuales que tienen con ellos durante su infancia conllevan un profundo efecto en su comportamiento posterior hacia otros perros (similares).[2]

Dado que el gatito es el más débil y vulnerable de los dos, por lo general la actitud del perro es crucial al determinar el nivel de confianza que pueden desarrollar. Partiendo de que la reacción natural de la mayoría de los gatitos sería salir huyendo o defenderse ante cualquier avance inesperado, la presentación deberá gestionarse con cautela, sobre todo si el perro ha tenido experiencias previas en las que haya perseguido, y probablemente disfrutado al hacerlo, a gatos adultos. Se necesitará todavía más cuidado y planificación si la madre del gatito no tiene una disposición favorable hacia ese perro en particular, o hacia los perros en general. Aun así, el futuro bienestar del gatito mejorará si se le da por lo menos la oportunidad de aprender una estrategia para interactuar con los perros que no sea sencillamente salir corriendo o reaccionar con agresividad.

Independientemente de si ya tienes un gato y te estás planteando comprar un perro o viceversa, organizarlo todo con cautela aumentará enormemente las posibilidades de desarrollar una relación exitosa entre las dos mascotas. Es improbable que los galgos y otros perros a los que se les ha criado para cazar y que han tenido la oportunidad de practicar acechando animales pequeños (o se los ha entrenado para ello) sean unos compañeros apropiados para los gatos, ya que su motivación por cazar a veces es demasiado fuerte. Asimismo, los perros a los que se ha criado para acechar y arrear, como los que trabajan de perros pastores o de caza, tampoco son los más apropiados: aunque no persigan o intenten atrapar al gato, a la mayoría les generará mucho estrés que los acechen o miren fijamente con frecuencia.

Con otras razas y tipos de perros, es más importante juzgar la personalidad individual y la conducta habitual del perro que basar la decisión estrictamente en su genética. A menudo existen las mismas diferencias conductuales entre perros de una misma raza que las que hay entre razas. Por ello, las posibilidades de lograr que la convivencia entre un gato y un perro sea satisfactoria en el hogar aumentarán si descartamos a los perros que disfruten de perseguir, acechar o arrear, o aquellos que muestran una conducta agresiva hacia animales más pequeños. También es buena idea evitar aquellos perros que están demasiado alborotados o son demasiado juguetones (al menos, deberíamos entrenarlos para que aprendan a controlar su conducta antes de introducir a un gato en el hogar). Tampoco sería justo, desde la perspectiva del perro, escoger uno que tenga miedo de los gatos.

Deben tenerse en cuenta las mismas consideraciones en cuanto a la personalidad del gato. Un gato que, por lo general, es tímido, no llevará bien la incorporación de un perro. Por otro lado, un gato confiado que ya tenga un comportamiento agresivo hacia los perros convertirá la vida del perro en una miseria. Idealmente, un gato que vaya a vivir con un perro debería ser seguro y tranquilo, uno que no salga huyendo con facilidad, para no instigar persecuciones. Lo idóneo sería que un perro que vaya a vivir con un gato tenga una personalidad tranquila, silenciosa y también despreocupada. Además de la personalidad, hay varios factores que influyen en las posibilidades de que se lleven bien. Si han tenido experiencias positivas con la otra especie durante la infancia, serán mucho más tolerantes. Si uno de los dos animales se ha visto hostigado por un miembro de la otra especie, ya sea durante el período de socialización en la infancia o más adelante, es probable que haya generalizado el miedo que sentía hacia un animal en particular a la especie entera, sobre todo si carece de experiencias positivas posteriores con otros animales para equilibrarlo. Así pues, es importante averiguar todo lo que puedas sobre las experiencias previas del animal que quieres introducir en casa, además de tener en cuenta situaciones relevantes que la mascota que ya tienes en casa haya vivido.

La personalidad y el bagaje son importantes, pero no son los únicos factores a considerar. Que el gato o el perro que vas a introducir sean macho o hembra parece no afectar a la relación entre ellos. Sin embargo, la edad de los animales sí que influye; las presentaciones suelen tener más éxito si el gato tiene menos de seis meses de edad y el perro menos de un año: en general, cuanto más pequeño sea el animal, más posibilidades habrá de que la presentación dé buenos resultados. Si en este momento tienes un gatito o gato joven y crees que durante su vida querrás adoptar a un perro, es buena idea dejar que los visitantes traigan perros tranquilos y dóciles. Así, el gato aprenderá desde pequeño que los perros no son una amenaza y estará preparado para el momento en que decidas incorporar un perro a la familia.[3]

A menudo, al introducir un perro en un hogar en el que ya vive un gato obtendremos un resultado mucho más positivo que en el caso contrario: probablemente se deba a que el gato ya ha establecido su territorio dentro de la casa y se siente lo bastante seguro como para hacer frente a la intrusión. Un gato que llega a un hogar por primera vez tiene que establecer sus dominios y aprender dónde están sus recursos y los lugares más seguros. Si añades un perro a esta ecuación, al gato le llevará mucho más tiempo aprender que el nuevo hogar es su territorio y un lugar confiable, lo que le causará mucho estrés injustificado, no solo al gato, sino también al perro, por no mencionar al dueño.

Antes de la llegada de un perro o gato nuevos a la familia, merece la pena modificar algunas cosas del hogar que ayudarán a garantizar la seguridad del gato (tanto la objetiva como la que ellos perciben) y enseñarle así cómo mantenerse a salvo. Al principio, pon al gato y al perro en habitaciones distintas dentro de la casa utilizando una barrera física, como una puerta. Si el gato tiene (o tendrá) acceso al exterior mediante una gatera, lo mejor es que la habitación en la que se encuentre sea exclusivamente para él, lo que evitará posibles emboscadas alrededor de la misma. Si no tienes una gatera, pero estás pensando en instalarla, es buena idea situarla en una ventana en lugar de a ras de suelo. Si te resulta imposible instalar una gatera en tu hogar pero te gustaría que el gato saliera libremente, existe la opción de construir una zona elevada a cada lado de la puerta por la que dejar salir y entrar al gato. Si la zona elevada se encuentra en el exterior, el gato podrá inspeccionar el interior (cuando la puerta esté abierta y quiera volver a entrar) y tendrá la oportunidad de comprobar que la entrada a la casa es segura antes de bajar al nivel del perro. Lo mismo ocurrirá cuando el gato se encuentre en el interior de la casa y pida que lo dejes salir: ser capaz de sentarse en una plataforma (un estante, poste u otra cosa) a la que el perro no tenga acceso garantizará que el gato pueda salir sin peligro. Un gato que ya no se siente seguro al pedirte salir con su método habitual de sentarse delante de la puerta y maullar no habrá cambiado de opinión sobre el exterior, simplemente será reacio a sentarse en el suelo por miedo a que le tiendan una emboscada o a atraer atención canina no deseada. Además, debes cerciorarte de que el gato tenga acceso exclusivo a los lugares en los que se encuentren los recursos más importantes, específicamente el arenero, las zonas donde duerme, la comida, el agua, los juguetes y el poste rascador.

Si el gato es el animal que entra nuevo en el hogar, reserva una habitación solo para él, igual que harías al introducir a un gato nuevo en una casa en la que ya viven uno o más gatos. Si la distribución de la casa no te permite hacerlo, intenta crear una zona en la que el perro no pueda entrar: reorganiza los muebles para bloquear el acceso del perro a una parte en particular de la habitación. También impediremos, en la medida de lo posible, que el perro vea al gato cuando se encuentre dentro de esa área. Crea un hueco en los muebles lo bastante ancho como para que el gato pueda pasar (y el perro no) o proporciónale acceso desde arriba mediante estanterías o postes que pueda escalar. Además, la zona debería tener varios escondites para que el gato se oculte de la vista del perro: forma una estructura grande con cajas de cartón, será una opción barata para proporcionarle seguridad extra al gato. Como alternativa, puedes incluir biombos o incluso crear un corral muy largo como los que se anuncian para perros; algo irónico, puesto que están diseñados para mantener a los perros dentro, ¡no para impedirles la entrada! Si te decantas por la última opción, cubre los laterales del corral con tela o cartón para que el gato y el perro no se vean. Con el tiempo, amplía el acceso del gato a más zonas de la casa, a medida que se vaya encontrando más a gusto con su nueva rutina y el entorno.

En el caso de que el animal recién llegado sea el perro, quizá debas mover algunos de los recursos del gato para dividir la casa en dos zonas diferenciadas. A los gatos les suele costar aceptar los cambios en su entorno, incluso aquellos que sabes que son para mejorar sus vidas a la larga. Por eso, debes realizar las modificaciones pertinentes poco a poco y asegurarte de completarlas antes de la llegada del perro. También es buena idea planear el momento en que el gato y el perro compartirán toda la casa. Si le proporcionas al gato zonas en las que él pueda entrar y el perro no, descubrirá que siempre tendrá formas de escapar del perro si así lo desea, incrementando su sensación de seguridad y, con el tiempo, su felicidad. La manera más fácil de conseguir esto es garantizarle muchos pequeños escondites, sitios acogedores y lugares estratégicos y elevados fuera del alcance del perro. Algunos ejemplos son los árboles rascadores para gatos con plataformas, cajas de cartón con agujeros de entrada en los que pueda caber un gato y camas colocadas en muebles altos como encimeras y estanterías. No meter las sillas debajo de las mesas para que el gato las utilice para subir a muebles más altos, lejos del perro, también hará que el animal se sienta seguro.

Es crucial que al gato nunca le cueste trabajo llegar a un lugar seguro. Si se siente vulnerable al trasladarse de un lugar seguro a otro, es probable que haga una de estas dos cosas: o bien se quedará inmóvil en presencia del perro, o bien correrá de un lugar seguro a otro, algo que incitará al perro a perseguirlo. Por eso, crear «senderos» seguros por la casa ayudará a que el gato se pasee por su territorio con seguridad. Recomendamos que tengas suficientes espacios seguros diseminados por toda la casa, para que el gato nunca tenga que desplazarse mucho para ir de uno a otro, o incluso que construyas pasajes aéreos por los que el gato tenga la opción de moverse de una parte de la casa a otra y mantenerse fuera del alcance del perro. Para los menos atrevidos, hacer cambios sencillos, como dejar solo un espacio de la anchura de un gato entre la pared y el sofá, supondrá para el felino un pasaje libre de perros que puede acabar en un mueble, lejos del alcance del perro, siempre que este sea más voluminoso que el gato.

Algunos de los gatos que viven con perros necesitarán siempre un área propia para garantizar que sus recursos no están en riesgo. Esta supuesta amenaza va desde que el perro le robe la comida o que lo moleste mientras utiliza el arenero, hasta que (sobre todo con perros pequeños) le quiten la cama. Aunque logremos que estos recursos sean a prueba de perros al ponerlos a una altura que no alcancen, a muchos gatos los resultará inviable. Por ejemplo, a los gatos ancianos les será difícil saltar sobre superficies muy elevadas, además de que en algunas casas no hay espacio suficiente para poner todos los recursos en alto. Una forma de superar esos problemas potenciales es excluir al perro de una habitación o zona de la casa. Instalar una gatera en una puerta que normalmente esté cerrada y que dé acceso a una habitación en la que solo pueda entrar el gato es la mejor opción para crear una zona libre de perros que le dé al gato privacidad absoluta para comer o ir al arenero. Sin embargo, recuerda que el cuenco de la comida y el arenero deberían estar tan lejos como sea posible dentro de la habitación. Quizás tengamos que controlar la gatera con un microchip o collar magnético para bloquear el acceso a aquellos perros que tienen el mismo tamaño que el gato o son más pequeños que él.

Sírvete de barreras parciales para presentar al gato y al perro de forma controlada y complementar el uso de divisiones más permanentes en la casa. Una barrera de seguridad para bebés sería ideal, siempre y cuando sea lo bastante alta como para evitar que el perro salte por encima de ella. Algunas llevan una gatera integrada que permite que el gato la atraviese sin que el perro sea capaz de seguirlo. No obstante, asegúrate de que la gatera no sea de un tamaño en el que se le pueda quedar atascada la cabeza al perro. Si no dispones de una puerta en la que colocar una barrera de seguridad, divide la estancia de pared a pared: una alternativa es crear una «pared» de muebles y dejar un hueco a través del cual el perro y el gato puedan verse el uno al otro. Sin embargo, este espacio debería estar bloqueado con algo que les impida el acceso pero facilite el contacto visual: el lateral de un corral para cachorros o el de un parque de juegos de un bebé podría servir.

Tanto si el perro ya reside en el hogar como si estás a punto de introducirlo en él, es muy importante que ya haya aprendido varias competencias básicas. Estas consisten en llevar a cabo los comportamientos siguientes cuando se les pida: «siéntate», «túmbate», «vete», «hazme caso» y «silencio». Además, te resultará de gran utilidad que esté entrenado para permanecer en su jaula. Si el perro se siente tranquilo y seguro en una jaula grande, en caso de que no haya posibilidad de separar dos habitaciones con una barrera física (por ejemplo, si tu casa tiene un concepto abierto), una opción razonable sería dejar que el gato tenga acceso a toda la casa durante la primera presentación mientras que el perro permanece encerrado en la jaula. Como alternativa a, o además de, la jaula, debemos asegurarnos de que el perro esté cómodo llevando un arnés al que agregar una correa de adiestramiento cuando esté en la misma habitación que el gato. Si no hay una barrera física entre ambos, esto nos proporcionará seguridad extra para los dos durante las primeras presentaciones.

Una correa de adiestramiento es como una correa normal, pero más ligera y larga, que se arrastra detrás del perro sin interrumpir su comportamiento y te permite desplazarlo con cuidado si es necesario. Asegúrate de mantener al perro en silencio y calmado en presencia del gato, que centre su atención en ti cuando sea necesario y, en caso de que coja algunas de las «pertenencias del gato», que las suelte cuando se lo ordenes.[4]

Antes de presentarle algo nuevo a un gato, ya sea otro animal o una situación física, siempre es importante detenerse y reflexionar si la experiencia nueva podría causarle algún tipo de ansiedad. De ser el caso, examinaríamos todas las propiedades sensoriales del estímulo y consideraríamos cómo atenuarlas, o separarlas, y asociarlas con consecuencias positivas durante la primera presentación, tal y como se explica en el Recurso Clave n.º 2, la desensibilización sistemática y el contracondicionamiento. Además, introduciríamos las versiones atenuadas del estímulo de forma que el gato siempre sienta que controla la situación: esto significa permitir que observe, se acerque e investigue el estímulo a su propio ritmo y cuando quiera, las bases del Recurso Clave n.º 1.

Una vez el gato y el perro se hayan adaptado a la rutina en sus zonas de la casa, y antes de que se vean el uno al otro, el primer paso del proceso de presentación es dejar que se acostumbren al olor del contrario. Esto se lleva a cabo intercambiando objetos que huelan como el otro. Igual que cuando presentas a dos gatos, sírvete de guantes de algodón, cepillos o una tela limpia que coloques en la cama del animal para recoger su respectiva esencia (para más detalles, consulta el Recurso Clave n.º 7). Escoge el método de recogida que mejor se adapte a cada animal para que el proceso sea una experiencia positiva para ambos.

Cuando el gato esté tranquilo, coloca el objeto con el olor del perro en su territorio y observa su reacción. La respuesta ideal sería que lo olfatee un par de veces y no muestre más interés. No obstante, si se pone nervioso, se sobresalta, evita activamente el objeto perfumado, o peor, se muestra hostil hacia él, recógelo inmediatamente y espera unos días antes de volver a intentarlo. Prueba con el mismo objeto, ya que perderá parte de la concentración del olor en esos días y es más probable que el gato lo acepte. Una vez no muestre interés en el objeto, incrementa la presencia del olor frotando el objeto en el perro durante más tiempo o dejándolo en su cama durante períodos más largos. Cuando el gato esté totalmente tranquilo con ese olor en su entorno, coloca el objeto perfumado en su cama para que este recoja también el olor del gato. Esto ayudará a que el olor se mezcle con el del perro y le enseñará que el perro es parte de su grupo social, porque ahora encontrará el olor del perro junto al suyo. Deberías llevar a cabo el mismo proceso al revés para presentarle al perro el olor del gato.

Las primeras impresiones son cruciales: si el perro o el gato se asustan durante el encuentro físico inicial, es poco probable que los próximos vayan bien. Por ello, para reducir las posibilidades de que el primer contacto sea negativo, las presentaciones se llevarán a cabo en la frontera entre las zonas exclusivas de cada animal, así el gato permanecerá en la zona de la casa en la que se siente más seguro sin que el perro invada dicho espacio. En esta fase, los animales deberían ser capaces de verse el uno al otro, pero sin tener la oportunidad de interactuar físicamente. Si la puerta que separa las habitaciones de los animales no tiene un panel de cristal, plantéate instalar una mosquitera en la puerta o utilizar una barrera de seguridad para bebés cubierta de malla (para que los animales puedan verse el uno al otro pero no tocarse). Proporciónale al gato lugares resguardados cerca de este límite, idealmente que sean elevados, desde los que pueda inspeccionar la situación. Una caja de cartón o una cama en forma de iglú en alto ayudarán a que el gato esté tranquilo y, al mismo tiempo, le permitirán observar al perro y adquirir confianza en su presencia. Si el gato es pequeño, tal vez le resultará más fácil acceder a un escondite en el suelo con un agujero de entrada pequeño, en lugar de tener que escalar. En general, los gatos se sienten más protegidos si tienen la sensación de estar escondidos y, para eso, necesitan como mínimo bloquear su campo de visión de aquello a lo que tienen miedo. Idealmente, el gato debería disponer de un lugar desde el que echar vistazos breves al perro tantas veces como quiera.

También es recomendable proporcionarle un lugar seguro al perro, como una jaula con el techo y los laterales cubiertos por una manta donde pueda refugiarse si el gato le parece amenazador de algún modo. Ese debería ser el lugar seguro del perro. Tener un ayudante será indispensable en este proceso, porque necesitarás a alguien que gestione el comportamiento del perro durante estas presentaciones visuales, además de a otra persona en el lado de la barrera del gato para que le dé premios en los momentos precisos. Con el fin de aumentar las posibilidades de que el perro esté tranquilo, llévalo a hacer algo de ejercicio antes de que vea al gato.

El responsable de vigilar el comportamiento del perro tiene que conseguir que este se involucre en una actividad tranquila y positiva, para que centre su atención en cualquier lugar menos en el gato: esta podría consistir en usar un comedero con rompecabezas, algún entrenamiento sencillo (como enseñar al perro a tocar un palo de entrenamiento o la mano del ayudante con la pata o la nariz) o simplemente tumbarse y relajarse cuando se le pida. Evita utilizar ejercicios que resulten gratificantes para el perro pero que parezcan aterradores para el gato, como jugar con objetos ruidosos. Al principio, el perro llevará un arnés y una correa de adiestramiento, que se utilizará como protección en caso de que no cumpla las órdenes que le has enseñado anteriormente y tengas que apartarlo de la puerta, mosquitera o barrera. Cuando confíes más en la capacidad de tu gato (y perro) de mantener la calma en presencia del otro, quítale la correa, aunque lo mejor sería dejarle el arnés puesto durante más tiempo por si tienes que refrenar al perro rápidamente.

Observa la reacción del gato y actúa de manera apropiada. Si decide no utilizar el escondite o salir de él, esto indicará que está relativamente cómodo en presencia del perro. Premia su conducta con golosinas de calidad o juegos, lejos de la vista del perro para prevenir que sienta frustración por no poder unirse o que se sobreexcite al ver los juguetes. Prescinde de los premios que requieran contacto físico entre el gato y tú en esta etapa, por si el perro sobresalta al gato y este canaliza el miedo agrediéndote sin querer. En cambio, puedes hablarle con voz tranquila y dulce para calmarlo y elogiarlo. Si no está lo bastante a gusto como para salir del lugar seguro, no intentes obligarlo o atraerlo con premios. No pretendemos ponerlo en una situación que lo incomode de repente y le entre el pánico. Cada vez que decida mirar al perro o acercarse a él, será por decisión propia y nosotros deberíamos premiarla de inmediato (Recurso Clave n.º 1).

Las primeras sesiones serán cortas y frecuentes para mantener a raya los niveles de excitación tanto del perro como del gato, pero las prolongaremos poco a poco con el tiempo. Darle algo positivo que hacer al gato delante del perro conforme vayamos alargando las sesiones le ayudará a reforzar su confianza cerca del animal. Asimismo, su seguridad se incrementará todavía más cuando descubra que al apartar la vista del perro no ocurre nada malo y entenderá que no tiene que permanecer en estado de alerta cada vez que el perro entre en su campo visual. Una buena forma de conseguirlo es utilizar un comedero con rompecabezas: para obtener la comida tendrá que desviar la atención del perro durante un momento. Así, cuando logre acceder al alimento, se verá recompensado automáticamente por haber apartado la vista del perro.

A raíz de estos primeros pasos, podremos proporcionarles experiencias más positivas a ambos animales mientras estén en presencia del otro. Les enseñaremos que ocurren cosas buenas cuando están cerca (Recurso Clave n.º 2). En términos prácticos, el siguiente objetivo será quitar la barrera física que separa al gato del perro, aunque a estas alturas lo mejor es no retirarle el arnés y la correa de adiestramiento al perro, que tu ayudante sujetará para controlar hacia dónde se dirige el animal. Mantenlo en el lado de la casa que le has asignado y sitúate en la misma habitación que él, pero a cierta distancia. Tu presencia ayudará a animar al gato a entrar en esa habitación a su propio ritmo. Una vez más, conviene que tengas un ayudante que controle las necesidades y el adiestramiento del perro durante esta fase de la presentación, para que centre su atención en el gato de forma intermitente.

No te preocupes si al principio el gato decide no entrar en la habitación: estará asimilando que la barrera que lo separaba

Squidge está ocupado con un comedero con rompecabezas mientras Herbie lo observa fuera de peligro desde detrás de la barrera.

del perro ya no está y puede que necesite tiempo para sentirse lo bastante seguro para acercarse al perro sin la protección de la barrera. Algunos gatos solo precisarán algunos minutos antes de entrar contigo en la habitación; con otros, tendrás que quitar la barrera en repetidas ocasiones a lo largo de varios días e incluso semanas. Prepárate para trabajar a la velocidad que el gato requiera. Si lo coges en brazos y lo metes en la habitación, solo le quitarás la capacidad de decidir por sí mismo, algo que lo hará sentirse incómodo y arruinará todas las asociaciones positivas que ha aprendido sobre el perro hasta entonces. Cuando finalmente se atreva a entrar en la habitación, premia su comportamiento con una golosina o juego. A estas alturas, es razonable que el gato vuelva a vacilar, así que es muy importante que tu ayudante haga que el perro centre su atención en cualquier cosa menos en el gato.

Algunos gatos son muy curiosos y querrán acercarse al perro únicamente para investigarlo. Sin embargo, tanta valentía puede ser peligrosa: es probable que el gato se acerque para inspeccionarlo y, entonces, se dé cuenta de que no está tan cómodo con la proximidad y entre en pánico. Puede que el gato ataque al perro o que sencillamente se dé la vuelta y salga huyendo. Si ocurre esto, querremos evitar a toda costa que el perro se sienta tentado a perseguirlo. Utilizando una correa de adiestramiento seremos capaces de vigilar tanto el comportamiento del gato como el del perro atentamente y apartar al perro si el otro se acerca demasiado. De este modo, aumentará la distancia entre los dos animales y reducirás las probabilidades de que el gato reaccione de forma exagerada. Dejaremos que el gato pulule a su antojo para que su sentido de la seguridad aumente. A los gatos no les gusta que los limiten físicamente: los perros se las arreglan mucho mejor con el arnés y la correa. Que el gato esté suelto también le permitirá saltar o entrar en un lugar seguro, como por ejemplo una caja de cartón situada estratégicamente, si así lo desea. Algunos gatos seguirán acercándose al perro aunque lo apartéis: en este caso, prueba a agitar un juguete en forma de varita en el suelo para atraer al gato y alejarlo del perro.

Es importante que no permitamos que el gato entre en la jaula o cama del perro, puesto que serán su lugar seguro. Si ves venir la situación, atrae al gato con un juguete. En el caso de que el perro quiera jugar con alguno de los juguetes del gato, asegúrate de que la persona que lo controla le haga centrarse en algo que le parezca igual de gratificante: otro juego, golosinas para mascar o algún ejercicio de entrenamiento divertido.

Evita actividades que hagan que el perro se alborote, se mueva mucho o haga demasiado ruido, ya que muchas perturbarán al gato. Promueve actividades que lo calmen, como por ejemplo cepillarlo, o acariciarlo o, si no puedes centrar toda tu atención en él, dale un comedero con rompecabezas lleno de paté que tenga que lamer. No obstante, si tu perro es posesivo con la comida, prescinde de ofrecerle golosinas para masticar o comederos por si percibe la presencia del gato como una amenaza.

La clave del éxito radicará en que tanto el gato como el perro estén siempre cómodos en presencia del otro mientras cada uno se dedica a lo suyo. El objetivo no es necesariamente que interactúen físicamente: que decidan hacerlo de forma positiva es una ventaja añadida, aunque ambas partes tendrán que participar activamente en dicha interacción. Los gatos y los perros pueden llevarse lo bastante bien como para dormir juntos o lamerse los unos a los otros; no obstante, esto solo ocurrirá si ambos se han criado y han vivido juntos durante un tiempo considerable. En la mayoría de los casos, lo que pretendemos es que el gato y el perro se encuentren en la misma habitación y los dos estén cómodos y relajados en presencia del otro, que sean capaces de seguir su rutina y compartir el espacio.

De modo que, mientras el perro lleve puesta la correa y esté centrado en una actividad tranquila, intenta que el gato participe en un ejercicio que le guste: por ejemplo, anímalo a que suba a tu regazo para recibir unos mimos, dale un co-

Cosmos está centrado en el rompecabezas casero mientras yo premio a Squidge por permanecer tranquilo.

medero con rompecabezas (lejos del perro), cepíllalo o juega con él. Si el gato no tiene ganas de participar en ninguna de estas actividades, no lo molestes; puede que se deba a que ya está lo bastante cómodo como para entretenerse por sí solo en presencia del perro o que a estas alturas prefiera vigilarlo y, conforme aumente su confianza, se acabe enfrascando en otras tareas.

Hasta que el gato haya tenido diversas oportunidades de estar en la misma habitación que el perro, es recomendable que mantengas a cada animal en su zona de la casa cuando no puedas supervisarlos. Una vez hayan estado en la misma habitación muchas veces y parezcan seguros y relajados, permite que el perro investigue la parte de la casa que habías reservado para el gato. Utiliza la correa la primera vez y, si todo va bien, en las próximas investigaciones prueba a dejarlo suelto (aunque deberás supervisarlo). Si tanto el perro como el gato permanecen seguros y relajados, deja abierta la barrera que separa las dos zonas de la casa. Si decides reservar una habitación para el gato de forma permanente, siempre debería ser una zona prohibida para el perro. Incluso aunque el perro y el gato se hagan muy amigos, no te veas tentado a quitar algunos de los lugares seguros y escondites del gato: quizás sean la causa de su estrecha amistad. A medida que el perro y el gato se van integrando, esparcir las pertenencias de ambos por toda la casa no debería suponerles ningún problema mientras lo hagas de forma gradual y dejes varias de las pertenencias del gato en lugares a los que el perro no tenga acceso.

Dado que el proceso de domesticación en perros ha sido más largo y completo que en gatos, los perros han perdido varios aspectos de sus instintos cazadores. Sin embargo, con los gatos no ocurre lo mismo. Los animales pequeños, como los hámsteres o los jerbos, los pájaros enjaulados y los conejos, nunca serán sus mejores amigos. En el fondo, se parecen mucho a sus equivalentes salvajes, a los que se sienten motivados a cazar por naturaleza. A su vez, estos tipos de mascotas tienen un miedo innato a los felinos. Para algunos gatos, en particular aquellos que son cazadores muy eficaces, los animales pequeños y enjaulados tienen un atractivo innegable y, si se le presentara la oportunidad de encontrarlos sueltos, el gato los perseguiría y se lanzaría sobre ellos. Otros gatos, aunque se queden fascinados cuando los pájaros revolotean en sus jaulas o los jerbos corretean en sus moradas, parecen no saber qué hacer. Luego, están aquellos gatos excepcionales que no demuestran ningún interés, aunque incluso estos últimos lleguen a causar tensión en los roedores o pájaros enjaulados, ya que consideran a los gatos depredadores por instinto (por la apariencia y, probablemente, también por el olor). El gato también podría padecer estrés debido a la frustración: observar a un jerbo todos los días pero ser incapaz de atraparlo puede enfurecerlo.

Educar al gato para que no considere al ratón o hámster de la familia un rico tentempié es una tarea mucho más difícil que entrenar a un perro para que deje tranquilo al gato. En los felinos, el instinto de caza se desencadena por una serie de estímulos visuales, muchos de los cuales se emulan en juguetes para gatos que puedes encontrar en cualquier tienda. Son juguetes que tienen movimiento (mejor si se desplazan rápido y en línea recta), de distintos tamaños (más grandes que una mosca y más pequeños que una rata), con extremidades (al parecer, cuantas más mejor: a muchos gatos les gusta jugar con arañas falsas), con ráfagas de sonidos agudos y con texturas, ya sea pelo o plumas. Dado que los gatos tienen un sentido del olfato muy agudo, es probable que el olor también juegue un papel importante, aunque todavía no se sabe a ciencia cierta. Cualquiera cosa con estas características tiene el potencial de hacer que el gato empiece a perseguir y abalanzarse sobre ella, en especial si son jóvenes e inexpertos, como cuando los gatitos persiguen las hojas caídas que arrastra el viento.

La naturaleza irreprimible de los instintos depredadores del gato significa que es poco probable que sean compañeros dignos de confianza de roedores pequeños o de pájaros enjaulados. De vez en cuando se darán casos aislados, como que una gata haya desarrollado sus instintos maternales con animales jóvenes de una especie que normalmente sería su presa (por ejemplo, una ardilla pequeña). No obstante, no debemos olvidar que estos casos son una excepción. Aunque sea posible entrenar a un gato para que aprenda a no prestar atención a cualquier animal pequeño con el que comparta el hogar del dueño, un solo desliz puede resultar fatal y, a menudo, la opción más segura será separarlos físicamente de forma permanente.

El entrenamiento no hace más que paliar esa incompatibilidad. A lo más que aspiraremos será a enseñar al gato que hay cosas mucho más interesantes en casa que la jaula de los pájaros o de los jerbos, es decir, a desviar su atención a otra parte. No podemos «apagar» los instintos depredadores del gato; por este motivo, nunca deberíamos dejarlos con mascotas tan pequeñas sin supervisión.

En cualquier caso, podemos seguir varias pautas para convencer al gato de que tu ratón o pájaro no son tan interesantes. Si el gato muestra interés en la jaula del animal, intenta bloquearle la vista rodeándola con una tela o barrera cada vez que se interese por ella. El lugar ideal para colocar la jaula de tu mascota es aquel al que el gato no tenga acceso. También puedes enseñarle un comportamiento alternativo a mirar la jaula, como por ejemplo mirarte a ti (tal y como se describe en el capítulo 5). Haz un sonido corto, fuerte y agudo frunciendo los labios y aspirando aire a través de ellos. Puede que sea un sonido atrayente que ya utilices con el gato. En ese caso, lo más probable es que se dé la vuelta y te mire. Si no, la novedad del sonido también lo animará a girarse para ver de dónde proviene. Una vez te esté mirando, marca el comportamiento (ver Recurso Clave n.º 4) para que el gato sepa qué respuesta pretendías conseguir y prémiale inmediatamente con un trozo de comida. Repite este proceso muchas veces, espaciado a lo largo de varias sesiones de entrenamiento, hasta que estés seguro de que el gato te mirará siempre que repitas el sonido. Llegados a este punto, no tendrás que premiarle con comida o lo que hayas escogido cada vez que te mire, de modo que lo animarás a que mantenga esa respuesta a largo plazo (ver Recurso Clave n.º 8).

Tener esta herramienta a tu disposición te permitirá captar la atención del gato cada vez que sea preciso: en este caso, puedes desviar su atención lejos de la jaula y dirigirla hacia ti, por ejemplo, enseñándole la varita de juguete que llevarás en la mano una vez se haya fijado en ti. Habrá situaciones en las que no puedas darle un juguete y tengas que apartar al gato de la jaula. Enseñarle a que acuda a tu llamada (ver capítulo 10) te proporcionará los medios necesarios para separarlo de la jaula sin tener que acercarte a él y cogerlo en brazos. Recuerda, el premio que le des tendrá que tener más valor que la satisfacción que supone para el gato observar al roedor o al pájaro, o no lo motivará lo suficiente para que se aparte de la jaula. Además de enseñarle a desviar la atención del gato y alejarlo de la jaula, tal vez sea necesario que satisfagas su interés hacia los animales pequeños de otras maneras. Cuando juegues con él, utiliza muchos juegos de tipo predatorio (puedes usar varitas de juguete, hacer que persiga una pelota, darle la oportunidad de que capture, muerda y mastique juguetes hechos con pelo y plumas, utilizar comederos con rompecabezas). Estos objetos proporcionarán un desahogo al comportamiento depredador del gato y deberían satisfacer sus necesidades siendo respetuosos con su bienestar, es decir, sin causarle daño o estrés. También serán una manera de canalizar su energía mental y física, por lo que será más probable que en su tiempo libre prefiera dormir en lugar de vigilar la jaula.

Tanto si sienten el instinto felino de cazar o de huir de ellos, podemos entrenar a los gatos para que vivan junto a otros animales, siempre y cuando les facilitemos alternativas apropiadas para poner en práctica sus instintos de caza o garanticemos que se sientan seguros en el hogar. Durante mucho tiempo, se ha considerado al perro el mejor amigo del hombre, pero con la desensibilización sistemática y el contracondicionamiento, y permitiendo que el gato controle siempre cuan cerca está del perro, puede que los gatos se disputen con el dueño el puesto de mejor amigo del perro: no es inaudito ver a aquellos perros y gatos a los que se ha presentado de forma apropiada, y enseñado a disfrutar de la compañía del otro, acurrucados en la misma cama. Algunos gatos incluso acompañan a los perros en sus paseos. Las técnicas de entrenamiento de desensibilización sistemática y contracondicionamiento no solo se limitan a enseñarles a convivir con otros seres vivos: son igual de útiles para que aprendan a lidiar con todo tipo de objetos con los que se encuentren a lo largo de sus vidas, pero con los que no necesariamente se sientan cómodos al momento. Un ejemplo de esto es el transportín, que es el tema que se trata en el próximo capítulo.

Capítulo 7

Gatos encerrados

Es raro que un gato ignore una caja de cartón. Una vacía, desde luego. Cuando hayamos sacado el contenido y le demos la espalda para guardarlo en su sitio, de algún modo el gato aparecerá como de la nada y te mirará desde el interior de la caja. En YouTube, millones de amantes de los gatos han visto a Maru, un gato escocés de Japón, intentar meterse en cajas de cartón cada vez más pequeñas, o a la estrella felina de Twitter, @MYSADCAT (también conocido como *the Bear)*, que aparecía regularmente en cajas decoradas con pies de foto como «Hotel California».

¿Qué cambios se producirían en su comportamiento si sacáramos un objeto aparentemente similar, como el transportín? El gato desaparecería o atisbaríamos brevemente su cola saliendo de la habitación. Sin duda, esto supone un problema para el dueño, ya que nos vemos en la necesidad de transportar a los gatos a menudo: por ejemplo, cuando necesiten ir al veterinario o tengan que quedarse en una residencia para gatos porque sus dueños se van de vacaciones. Sea como sea, meter al gato en un transportín, independientemente de si viajamos en coche, tren, a pie o incluso en avión, es la forma más segura y a menudo más sencilla de llevarlo del punto A al punto B. Sin embargo, si el gato es incapaz de contemplar la idea de entrar en el transportín, tus planes de viajar con él se verán desbaratados.

¿Por qué las cajas son irresistibles, pero los transportines detestables para tantos gatos? A simple vista, hay muy pocas diferencias entre ellos (ambos son un espacio cerrado), así que la reacción del gato debe provenir de algún modo de su experiencia previa con ellos.

Para empezar, respecto a las cajas de cartón, nos topamos con la explicación por accidente durante una investigación que, en apariencia, no estaba relacionada con el tema. El equipo de John estudiaba en qué tipo de superficies les gusta descansar a los gatos en los centros de reasentamiento y, para analizar los efectos de la lluvia en los cercados exteriores para gatos, construimos cubos descubiertos con los materiales que queríamos analizar, como, por ejemplo, moqueta, en la superficie superior e inferior. Y sí, ¡confirmamos que a los gatos no les gusta sentarse sobre la moqueta mojada! (Aunque no les importa hacerlo sobre madera mojada). Sin embargo, si decidían reposar sobre la superficie seca de dentro del cubo no era por el material con el que estuviera hecho, sino por la dirección en que mirara el cubo. A los gatos les gustaba descansar en un espacio parcialmente cerrado, pero solo si esto les permitía vigilar a los demás gatos, en especial a los que compartían jaula con ellos o los que estaban en la jaula contigua. Muchos otros estudios posteriores han ratificado este hallazgo inicial, corroborando que esas cajas ayudan a reducir el estrés en gatos rescatados, algo que condujo a la creación de productos muy utilizados como la caja *Hide, Perch & Go* de la British Columbia Society for the Prevention of Cruelty to Animals (Sociedad para la Prevención de la Crueldad Animal en Canadá) y el *Fuerte Felino* de la sociedad británica Cats Protection.[1]

¿Por qué les fascinan de este modo los espacios cerrados a los gatos? Quizá es comprensible que un gato al que se le haya arrancado hace poco de su territorio habitual quiera guarecerse hasta haber investigado su nuevo entorno, pero no es tan obvio por qué querría esconderse un gato que se encuentra en su propio hogar. Es factible que la respuesta se encuentre en dos características distintas sin relación entre ellas: el tamaño del gato y sus garras afiladas. Los gatos, aunque son depredadores por mérito propio, también tienen enemigos. Antes de que fueran domesticados, esos enemigos pudieron haber sido lobos u osos. La domesticación eliminó la mayoría de peligros, pero introdujo otros: gatos más agresivos, perros callejeros e incluso seres humanos con fobia a los gatos (por no mencionar las amenazas imaginarias de sucesos inexplicables como los fuegos artificiales). Antes de poder dormir profundamente, los gatos necesitan seguridad, por lo que para ellos merece la pena investigar cualquier factor del entorno que pueda brindársela, ya sea un rincón del edredón de su dueño o una caja de cartón. Por ese motivo, a cualquier gato que le aterren los fuegos artificiales, como les ocurre a la mayoría, deberíamos facilitarles un lugar tranquilo en el que esconderse cuando llegue la temporada festiva.

Al contrario que muchos otros carnívoros, los gatos son reacios a cavarse su propio refugio. Los tejones, los lobos, los zorros y los perros tienen garras fuertes y desafiladas que les proporcionan agarre cuando corren y también les permiten cavarse madrigueras. Los felinos, tanto los grandes como los pequeños (excepto el guepardo), tienen garras afiladas que utilizan como arma de caza principal y que enfundan cuando no las necesitan para conservarlas afiladas. Por lo tanto, estas herramientas de caza especializadas impiden que el gato pueda excavar eficazmente. Al aire libre, los gatos tienen que buscar grietas naturales o agujeros cavados por otros animales: los equivalentes salvajes del gato doméstico en el norte de África se decantan por las madrigueras abandonadas de los zorros fénec. Los espacios cerrados del tamaño y la forma correctos son contados, así que a los felinos les compensa inspeccionar cualquier escondite potencial siempre que tienen la oportunidad. Incluso hoy en día, cuando los gatos están mejor protegidos que en cualquier momento de su historia, el instinto de hacerlo sigue siendo fuerte.

Así que, ¿qué tiene el transportín que hace que los gatos desaparezcan al verlo? Están diseñados para ser del tamaño del gato y, una vez dentro, el animal está protegido por los tres lados y por arriba, igual que si estuviera dentro de una caja de cartón tumbada de lado. Obviamente, la diferencia radica en que los gatos ya habrán descubierto que pueden entrar y salir de las cajas de cartón cuando quieran, mientras que asocian rápidamente el transportín con todo tipo de sucesos desagradables: el forcejeo con el dueño antes de que se le obligue a entrar en él, que se cierre la puerta (y se queden atrapados), la sensación de inestabilidad cuando levantan el transportín y lo acarrean, el posterior viaje en coche al veterinario (un sitio que huele a perros y a gatos asustados, y en el que los manipulan de forma desagradable), entre otros. Por lo que sabemos, puede que el transportín todavía contenga rastros del olor del miedo del gato (que probablemente depositó con las glándulas odoríferas de las patas), por muy bien que lo hayamos limpiado desde su último uso. Compara esos casos con el de un gatito que solo ha visto el transportín abierto en casa como un lugar en el que puede dormir y jugar y que, por lo tanto, difícilmente habrá desarrollado sentimientos negativos hacia él.

En otras palabras, su reacción adversa no es más que un fruto de lo que han aprendido. No hay nada intrínsecamente malo con el transportín en sí, siempre y cuando esté bien diseñado, pero en la mente del gato sus connotaciones se vuelven negativas rápidamente. El truco para prevenir que se formen esas asociaciones es darle a cada gato la oportunidad de explorar el transportín antes de utilizarlo para desplazarlo por primera vez. Si al gato ya le da miedo el transportín, entonces tendremos que acabar con esa asociación. Usaremos el adiestramiento para reforzar la idea de que el transportín es un lugar seguro y agradable en el que estar, nos abriremos camino paso a paso hasta el momento en que podamos cerrar la puerta y, a continuación, hasta el instante en que podamos levantar el transportín del suelo, con el gato cómodamente en su interior.

El proceso de ayudar al gato a aprender a querer al transportín empieza con cerciorarnos de que le parezca un lugar seguro y acogedor. Si tu gato ya ha decidido que no le gusta el transportín, esto puede deberse a varios motivos. El primero son las características físicas del objeto: algunos son muy pequeños y a los gatos les puede resultar incómodo y desconcertante que los metan en un espacio tan reducido. El animal debería tener espacio suficiente para ponerse en pie y darse la vuelta. Algunos transportines tienen la abertura en el techo, por lo que tendremos que coger al gato para meterlo o él deberá saltar por sí mismo; lo ideal sería que entrara libremente desde el suelo, por lo que recomendamos que la puerta esté en el lateral. Los transportines también varían en cuanto al nivel de visibilidad que el gato tiene una vez dentro. Algunos son muy abiertos, por ejemplo, los que están hechos con malla metálica revestida en plástico, mientras que otros permiten que el gato se oculte parcialmente y tengan visibilidad limitada a través de una puerta de malla y aberturas en los laterales. El segundo tipo ocultará parcialmente al gato y le proporcionará seguridad.

Aunque a nosotros el olor del transportín nos parezca irrelevante, es un detalle muy importante para el gato. Si ya ha tenido experiencias desagradables en ese transportín en concreto, por ejemplo, si se ha hecho sus necesidades encima o lo asocia con un destino desagradable, como el veterinario, es probable que haya absorbido olores que evocarán esa experiencia desapacible que vivió. Estos recuerdos pueden provenir del olor de las glándulas odoríferas del animal que, aunque nosotros no identifiquemos, a los gatos les resulta muy fácil detectar. A menudo se dice que los animales huelen el miedo, y este caso sería un claro ejemplo. Otro recordatorio es el olor que quede del «accidente», que muchas veces los gatos todavía detectarán a pesar de tu limpieza vigorosa. Incluso el olor del producto de limpieza en sí ya tiene el potencial de resultarle repugnante, aunque para nuestra nariz sea insignificante. Los transportines hechos de mimbre o tela tienen más probabilidades de quedar impregnados de esos olores y son los más difíciles de limpiar: por eso deberíamos evitar utilizarlos, por muy bonitos que sean.[2]

Paradójicamente, una vez el gato está dentro del transportín, quizá se muestre reacio a salir. En el pasado, puede que te costara trabajo sacarlo del transportín y ponerlo sobre la mesa de la consulta del veterinario: al parecer, el gato ha decidido que estar en el transportín, aunque no es lo ideal, es mucho más seguro que atreverse a salir al lugar desconocido que es la mesa con un olor extraño del veterinario y desde donde ve cómo lo observa una cara desconocida. Como consecuencia, puede que sacáramos al gato del transportín con brusquedad o que lo volcáramos para intentar que saliera de él. Esas experiencias solo sirven para confirmarle que el transportín es un lugar que tiene que evitar a toda costa. Trabajaremos para enseñarle a tu gato a sentirse lo bastante cómodo en situaciones nuevas como para que salga del transportín voluntariamente. Sin embargo, habrá situaciones durante la vida del gato en las que no querrá salir del transportín bajo ninguna circunstancia: por ejemplo, durante una visita de emergencia al veterinario después de una lesión. Sacar al gato a la fuerza o volcar el transportín en este caso no solo será angustioso para él, sino que también podría causarle más daños o lesiones. Utilizar un transportín en el que se pueda desmontar la parte de arriba con facilidad nos permitirá dejar al gato dentro, donde será examinado, y de donde lo sacaremos solo si es necesario.

La forma del transportín no es el único problema, o ni siquiera el más importante. Varias situaciones relacionadas con el transportín pueden generar asociaciones negativas en la mente del gato. En primer lugar, si el único medio por el que has sido capaz de meter al gato en el transportín (y sacarlo) ha sido la fuerza, entonces es probable que lo perciba de forma negativa: incluso puede que le cueste más entrar en él tras cada intento. Por lo tanto, no te valgas de la fuerza para conseguir que entre (o salga) del transportín. También es buena idea empezar a entrenar con mucha antelación antes de requerir verdaderamente el transportín, como por ejemplo si tenemos visitas al veterinario o alguna estancia en una guardería para gatos programadas.

En segundo lugar, si tienes varios gatos, ¿alguna vez has utilizado el mismo transportín para más de uno? Ya sea haciendo que viajen juntos en el mismo transportín a la vez o en momentos distintos. Aunque los gatos parezcan llevarse muy bien dentro del hogar, en el que tienen recursos y espacio de sobra, obligarlos a compartir una extensión tan reducida y, en especial, una a la que ya tengan miedo de por sí, es un llamamiento al desastre. Asimismo, si varios gatos comparten transportín, aunque lo hagan en momentos diferentes, detectarán el olor que ha dejado uno de los gatos cuando estaba asustado y lo interpretarán como una señal de que deben tener miedo.

Por último, es muy probable que el objetivo del viaje influya en cómo de negativo o positivo considere el gato al transportín. Si el único momento en el que se utiliza es para llevarlo a algún lugar que le resulta desagradable (al veterinario, al albergue para gatos o a la peluquería), entonces asimilará muy rápido que el transportín predice uno de esos viajes de forma inminente. Recuerda que con el condicionamiento operante, si un gato descubre que su comportamiento le aporta consecuencias negativas, no volverá a llevarlo a cabo: en este caso, el comportamiento de entrar en el transportín evoca recuerdos de un destino que percibieron como negativo. Por consiguiente, el gato empezará a sentirse nervioso cuando le eche un simple vistazo al transportín y se negará a entrar a toda cosa, incluso si el próximo destino es positivo (claro que el gato no lo sabe). Nos encargaremos de derribar esas asociaciones haciendo que el transportín sea un lugar al que pueda acceder a diario en casa y emparejándolo con cosas positivas como golosinas y juguetes (utilizando el Recurso Clave n.º 2, la desensibilización sistemática y el contracondicionamiento).

Asimismo, viajar en el transportín dentro de vehículos a motor es potencialmente estresante para los gatos: el sonido del motor, la extraña vibración y los destellos del exterior pasando a toda velocidad resultan inquietantes. Si no los exponemos con cuidado a cada uno de esos elementos individuales del viaje, al principio a una intensidad muy baja y acompañados de premios de mucho valor (otro uso del Recurso Clave n.º 2), a los gatos les aterrorizará viajar, asociarán el transportín con una mala experiencia y, posteriormente, se negarán a acercarse a él, incluso dentro de casa.

Teniendo en cuenta todas las posibles vivencias previas, el entrenamiento irá mucho mejor si adquieres un transportín nuevo, incluso aunque el que ya tienes cumpla los criterios que se han mencionado anteriormente. El nuevo transportín no tendrá asociaciones negativas tan fuertes, por lo que volver a enseñar al gato a aceptarlo será más fácil. Comprar el más acogedor te dará ventaja con aquellos gatos que nunca han viajado en uno.

Enseñarle a un gato a disfrutar de estar en el transportín y, a continuación, viajar en él, no puede conseguirse en solo un paso. El gato tiene que ser capaz de asociar una gran variedad de información sensorial con sentimientos positivos, no negativos. La clave del éxito estará en dividir las tareas en objetivos más pequeños y fáciles de conseguir (consulta el esquema de la página siguiente). De este modo, nunca le pediremos que asimile demasiadas cosas a la vez y prevendremos que se agobie o vuelva a tenerle miedo.

Lo esencial para llegar a dominar el adiestramiento con el transportín es que el gato se relaje en el momento justo: no solo cuando esté dentro de casa, sino también fuera de ella. Es mucho más viable que el gato sobrelleve estar encerrado en el transportín si está relajado. Estar dentro del transportín implica una restricción de comportamiento (el gato sabe que está encerrado en una caja) y, en muchos casos, esa restricción dura largos períodos de tiempo: algunos dueños afortunados ten-

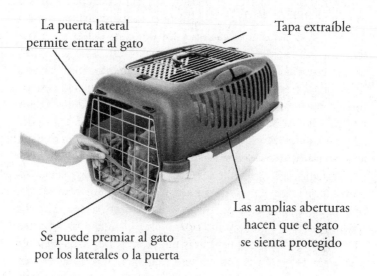

La puerta lateral permite entrar al gato

Tapa extraíble

Las amplias aberturas hacen que el gato se sienta protegido

Se puede premiar al gato por los laterales o la puerta

El transportín ideal.

drán el veterinario justo a la vuelta de la esquina, pero la mayoría recorrerá cierta distancia. Además, viajes como las vacaciones, visitas a los amigos (con el gato) o una mudanza pueden suponer recorrer distancias más largas. Si nos aseguramos de que el gato esté relajado antes incluso de mostrarle el transportín, es más probable que logremos que permanezca tranquilo cerca y dentro de él. El proceso de enseñar a un gato a relajarse (Recurso Clave n.º 6) se describe por completo en el capítulo 3, pero, en resumen, se basa en proporcionarle una superficie cómoda en la que relajarse, como una manta (algo que quepa en el transportín), y premiar las siguientes aproximaciones a esa actitud calmada. Así dirigiremos el comportamiento del gato hacia el doble objetivo de estar relajado mental y físicamente. Se aproximará a la meta si se pone de pie sobre la manta, se sienta sobre ella, la rodea (preparándose para tumbarse), se echa en ella y permanece en un estado tranquilo y relajado

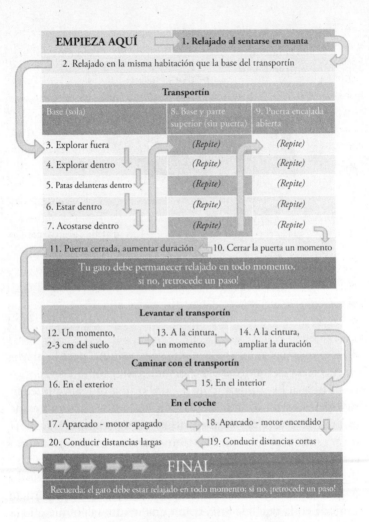

EMPIEZA AQUÍ	1. Relajado al sentarse en manta

2. Relajado en la misma habitación que la base del transportín

Transportín		
Base (sola)	8. Base y parte superior (sin puerta)	9. Puerta encajada abierta
3. Explorar fuera	(Repite)	(Repite)
4. Explorar dentro	(Repite)	(Repite)
5. Patas delanteras dentro	(Repite)	(Repite)
6. Estar dentro	(Repite)	(Repite)
7. Acostarse dentro	(Repite)	(Repite)

11. Puerta cerrada, aumentar duración	10. Cerrar la puerta un momento

Tu gato debe permanecer relajado en todo momento,
si no, ¡retrocede un paso!

Levantar el transportín

12. Un momento, 2-3 cm del suelo	13. A la cintura, un momento	14. A la cintura, ampliar la duración

Caminar con el transportín

16. En el exterior	15. En el interior

En el coche

17. Aparcado - motor apagado	18. Aparcado - motor encendido
20. Conducir distancias largas	19. Conducir distancias cortas

➡ ➡ ➡ ➡ **FINAL**

Recuerda: el gato debe estar relajado en todo momento; si no, ¡retrocede un paso!

Los veinte pasos para viajar en un transportín.

mientras está tumbado. Analizar minuciosamente el lenguaje corporal, las expresiones faciales, las vocalizaciones del gato y su postura antes de decidir si premiarlo y el momento exacto en el que hacerlo te ayudará a potenciar el estado emocional de tranquilidad, en lugar de solo la localización y postura en las que se encuentre el animal. Los gatos relajados parpadean más despacio o cierran los ojos completamente; puede que se queden en silencio o que ronroneen con suavidad. Tendrán la cola quieta a un lado del cuerpo y, si hacen algún movimiento con ella, será lento y suave. Su respiración será lenta, así que el pecho les subirá y bajará con suavidad y, cuando estén tumbados, girarán las patas hacia arriba para que las almohadillas no estén en contacto con la superficie sobre la que descansan.

Mientras enseñamos a los gatos a relajarse, debemos seleccionar los premios con cuidado para no emocionarlos demasiado. Hay una línea muy fina entre darles premios que los motiven lo suficiente para trabajar por conseguirlos y premios que los pongan muy nerviosos a la espera de recibirlos. Por lo tanto, que su participación sea óptima (que estén tranquilos, pero interesados en ti y en el ejercicio, tal y como se describe por completo en el capítulo 2) es particularmente esencial al enseñarles a relajarse: les pedimos que sientan un estado emocional (relajación) al mismo tiempo que llevan a cabo un comportamiento (tumbarse en el transportín). Una manera de prevenir que se sobreexciten mientras aguardan obsequios, como comida, es alternar distintos premios: por ejemplo, puedes intercalar uno que los relaje, pero que no les estimule tanto (como las caricias), con otro que los motive mucho, pero que también incremente su entusiasmo (por ejemplo, la comida o los juguetes).

Aunque enseñar al gato a relajarse sobre una manta cuando el verdadero objetivo es que entre en el transportín pueda parecer trabajo innecesario, una vez hayas conseguido que se relaje, verás que ya estás a mitad de camino. Si introduces la manta en el transportín antes de enseñárselo al gato, será mucho más probable que se atreva a entrar en él, puesto que ya asociará la manta con una sensación agradable, calmada y segura.

Si el gato no ha evitado activamente el transportín cuando lo ha visto en otras ocasiones, pero tampoco ha entrado en él por su propio pie, asimilará que es un lugar positivo solo al asociarlo con cosas placenteras.

Para empezar, lo situaremos en una zona tranquila, resguardada y cómoda de la casa, algún sitio donde el gato suela pasar tiempo y no donde hayas intentado que entre en el transportín con anterioridad, por si ya ha establecido una conexión entre la localización, el transportín y la falta de control. Quita la puerta y la parte superior del transportín e introduce la manta con la que hayas entrenado antes de que el gato tenga la oportunidad de verlo. Impregnar el transportín con el olor del gato (Recurso Clave n.º 7) restregando un trozo de tela por la cara del gato cuando lo acaricies (pero solo si le gusta que lo acaricien) y, después, frotando la tela en las esquinas exteriores, la entrada y el interior del transportín, también ayudará a que el gato lo perciba como un lugar familiar y seguro, aunque para ti siga teniendo el mismo aspecto. Coloca objetos que el gato aprecie de verdad dentro del transportín, alrededor del mismo y en dirección a él. Por ejemplo, algunas de sus golosinas favoritas o un poco de hierba gatera de camino al transportín y en su interior. Prueba a meter el cuenco de la comida dentro para que, al seguir el rastro de golosinas o hierba gatera, se encuentre con un premio todavía mayor: su comida. Lo ideal sería colocarlo sin que tú estés, así el gato podrá explorar el transportín voluntariamente y a su ritmo.

Cuando estés presente, proporciónale el cebo tú mismo. Por ejemplo, arrastra una pluma muy larga o una varita de juguete hasta el interior del transportín y, luego, juega con el gato una vez esté dentro. Para más información sobre cómo utilizar los cebos, consulta el Recurso Clave n.º 3. Una vez el cebo haya tentado al gato a entrar en el transportín y el premio del juego o la comida haya concluido, ver y sentir la manta de relajación que has preparado anteriormente bajo sus patas lo animará a tranquilizarse en el transportín, en lugar de hacerlo salir de inmediato. En el fondo, lo que pretendemos es alentar al gato a que visite el transportín de forma prolongada, porque será lo que experimentará cuando lo saquemos de casa.

Es poco probable que los gatos que han tenido experiencias negativas previas y aquellos que son recelosos o nerviosos por naturaleza se sientan lo bastante seguros para inspeccionar el transportín por voluntad propia, incluso con el uso de cebos. Por tanto, con gatos así se requerirá otro método de enseñanza, uno que reduzca el impacto del transportín y te dé la oportunidad de crear asociaciones positivas nuevas en la mente del gato mediante el proceso de desensibilización sistemática y contracondicionamiento (Recurso Clave n.º 2). Utilizar la manta de relajación durante todo el proceso te ayudará a disminuir el miedo del gato al transportín, que atenuarás todavía más al exponer al principio únicamente a los componentes de los que está hecho.

Empieza el entrenamiento premiando que esté relajado sobre la manta, con el transportín situado a cierta distancia. La separación entre la manta y el transportín dependerá de la percepción que el gato tenga del objeto: si es muy negativa, asegúrate de que esté tan lejos de él como sea posible; por ejemplo, en rincones opuestos de la habitación. Poco a poco, y cuando el gato no la esté utilizando, acerca la manta al transportín. (Nunca muevas la manta mientras el gato esté sobre ella, ya que podrías asustarlo). Cuando se relaje sobre la manta, marca el comportamiento con la palabra «bien» y, después, dale el premio que elijas (un juguete, comida o mimos) fuera de la manta. El uso de un marcador verbal te permitirá decirle al gato qué comportamiento le ha llevado a conseguir el premio mientras se lo das. En este paso, es importante darle al gato el premio fuera de la manta, porque así podrás moverla a su próxima localización aprovechando que el animal está centrado en su recompensa. El marcador verbal predice que la comida está a punto de llegar gracias al proceso de condicionamiento clásico (ver Recurso Clave n.º 4, marcar un comportamiento). Su utilización te permitirá ganar tiempo antes de recompensarlo y ser preciso en el momento de la entrega. Trabaja siempre a un ritmo con el que el gato esté cómodo, adapta la duración de la sesión según la participación del gato

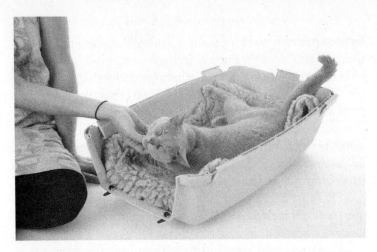

Sarah premia el comportamiento relajado de Herbie rascándole la barbilla.

Sarah premia la relajación de Herbie poniéndole un poco de pasta de carne
en un plato para que pueda lamerla.

y ponle fin cuando ocurra algo positivo: por ejemplo, cuando haya realizado bien el comportamiento que deseas (ver Recurso Clave n.º 9, cómo terminar un ejercicio de entrenamiento).

Tras varias sesiones de adiestramiento, quita la parte de arriba del transportín y escóndela en algún sitio cercano. Desplaza la manta poco a poco hacia la base del transportín y, finalmente, hasta el interior: con algunos gatos lo lograrás en cuestión de minutos; con otros, el proceso se prolongará varias sesiones. Aspira a conseguir que el gato se relaje sobre la manta en la base del transportín (con la parte de arriba quitada).

A continuación podrás añadir el techo. No obstante, hazlo solo cuando el gato no esté dentro del transportín. Si se niega a entrar ahora que la tapa está puesta, quizá debas retroceder unos pasos, sacar la manta del transportín y premiarle por descansar sobre la manta cerca de él. Recuerda dirigir su conducta: coloca la manta dentro del transportín y premia cuando se acerque al comportamiento que desees. Por ejemplo, es probable que al principio el gato solo meta la cabeza en el transportín. Recompénsale y, poco a poco, incentiva su confianza hasta que introduzca la cabeza y una pata en el transportín; luego, la cabeza y las dos patas; después, la cabeza, las patas delanteras y la mitad del cuerpo, y así sucesivamente.

A lo mejor resulta poco práctico presentarle el premio mientras está mirando hacia el transportín. Intenta lanzarlo con suavidad dentro del objeto; no obstante, a algunos gatos, este movimiento rápido puede ponerlos nerviosos y sacarlos de su estado de relajación. En lugar de eso, introducir las golosinas por las ranuras del transportín te permitirá premiarlo en el sitio adecuado sin incrementar su agitación. También animará al gato a entrar hasta el fondo y quedarse allí.

Nuestro objetivo final es que el gato se meta entero en el transportín y que se relaje sobre la manta dentro de él. Recuerda que no hemos tenido que tocar al gato en ningún momento para conseguir que entre (a menos que hayamos utilizado las caricias como premio), ya que es poco probable que siga estando relajado si lo empujamos, ¡por muy leve que sea el contacto!

Añade la puerta del transportín solo cuando el gato haya estado dentro por voluntad propia durante varias sesiones de entrenamiento seguidas. Empieza colocándola y dejándola abierta cuando el gato no esté dentro. Si logra estar cómodo dentro del transportín con la puerta puesta, aunque abierta, durante aproximadamente cinco minutos, comienza a cerrarla, al principio durante un segundo cada vez, y siempre premiando la conducta relajada y abriendo la puerta inmediatamente después. Luego, poco a poco, incrementa el tiempo que mantienes la puerta cerrada.

Es importante que el gato permanezca tranquilo en el transportín durante el período de tiempo que requiera el recorrido más largo que tenga que hacer. Por ejemplo, si el viaje al veterinario dura normalmente media hora, descubre si el gato puede permanecer dentro del transportín durante ese tiempo en casa y por voluntad propia (con la puerta abierta). Solo entonces conseguiremos que lo haga en períodos de tiempo similares con la puerta cerrada. Es vital que el gato esté relajado dentro del transportín, consciente de que el cierre de la puerta significa no salir cuando quiera. Darle comida por las ranuras es una forma muy útil de premiar su comportamiento calmado dentro del transportín con la puerta cerrada. Llegados a este punto, habrás conseguido tener un gato que disfrute de pasar tiempo dentro del transportín en casa. Algunos se divertirán tanto dentro del transportín que nos presentarán un nuevo desafío: ¡conseguir que salgan de él!

Viajar en el transportín introduce muchos elementos nuevos, además de estar en un espacio limitado. También implica varios tipos de movimiento: levantaremos el transportín del suelo y lo moveremos, y habrá algunas vibraciones durante el trayecto en vehículo. A muchos gatos les cuesta lidiar con ese traqueteo, así que es importante ir paso a paso. Debes empezar por garantizar que el gato esté relajado en el transportín con la puerta cerrada y, después, moverlo con suavidad por el suelo centímetro a centímetro sin levantarlo.

Si el gato muestra signos de querer salir del transportín en cualquier momento, tal vez maullando o tocando la puerta con

Sarah premia la conducta relajada de Herbie, ahora que está encerrado en el transportín, dándole un poco de pasta de carne con una cuchara larga.

la pata, ábrela inmediatamente y deja que salga. No queremos que pierda la seguridad o el control en ningún momento, ya que así solo entorpeceremos su aprendizaje. No te preocupes si esto ocurre, es probable que tus objetivos de adiestramiento fueran un poco ambiciosos: divídelos en tareas más pequeñas y fáciles de alcanzar y trabaja en ellas a un ritmo más lento. También es buena idea reducir la duración del entrenamiento para que el gato siga disfrutando cuando termine cada sesión.

Una vez se haya acostumbrado a que muevas el transportín por el suelo con suavidad, debes familiarizarlo con la sensación de que lo levanten. Empieza colocando la mano en el asa y levantándola, sin separar el transportín del suelo, y premiando al gato inmediatamente. Repite este proceso varias veces: el gato se habituará a escuchar ruido encima de él y asimilará que ese ruido indica que recibirá un premio. Si está cómodo, levanta el transportín un poco cada vez que agarres el asa: al principio solo deberías elevarlo a un par de centímetros del suelo. No olvides recompensar al gato en cada ocasión y comprobar constantemente su estado de ánimo.

Al coger el transportín por el asa y levantarlo hasta una altura en las que te resulte cómodo caminar, muchos gatos se tambalearán, algo que puede resultarles inquietante. Por este motivo, siempre que sea posible, agárralo con ambas manos para estabilizarlo. Tras varias sesiones de entrenamiento, aumenta la altura a la que lo alzas hasta que puedas ponerte de pie y sujetarlo a la altura de la cintura, igual que harías si tuvieras la intención de caminar con él. Asegúrate de agarrar el transportín de forma firme y suave cuando lo levantes y lo dejes en el suelo, ya que la sensación de entrar en una caja y que los muevan será extraña para los gatos, que en general prefieren mantener los pies en el suelo.

El próximo objetivo será transmitirle que no tiene que tener miedo a que lo muevan cuando esté dentro del transportín. Empieza dando solo unos pasos, detente y prémialo. Aumenta la distancia poco a poco hasta ser capaz de dar viajes cortos por la casa con el gato dentro; haz que cada viaje finalice con un suceso positivo. Por ejemplo, pídele al gato que entre en el transportín en el salón, cierra la puerta y llévalo hasta la cocina, donde podrá salir y comerse de inmediato una golosina deliciosa. O llévalo a otra habitación en la que hayas colocado algunos de sus juguetes favoritos y donde pueda jugar contigo.

La última meta consistirá en llevar al gato a la calle dentro del transportín. Aunque normalmente el gato no salga, tendrá que experimentar varios viajes cortos al exterior durante su vida; por ejemplo, una simple visita al veterinario puede implicar salir cuatro veces: de casa al coche, del coche al veterinario, del veterinario al coche y del coche a casa. Para un gato que solo vive en el interior y que tiene poca experiencia fuera de la casa, estos viajes pueden ser sobrecogedores, así que cuanto más practiques (premiando los viajes con los refuerzos más indicados para tu gato), más fácil le resultará.

Si tu gato tiene acceso al aire libre, utiliza el transportín para llevarlo al jardín y déjalo salir para jugar con él o, si sabes que es algo que le resulta gratificante, para que explore. Cuando estés listo para dejar salir al gato del transportín, abre la puerta despacio y con tranquilidad. Recuerda proporcionarle una serie de premios al gato mientras esté dentro del transportín, por ejemplo, introducir trocitos de golosinas pequeños pero apetitosos a través de las ranuras o la puerta. Intenta incorporar este ejercicio a la rutina que sigues habitualmente con el gato y practicarlo por lo menos una vez a la semana, así será menos probable que el gato asocie el transportín con viajes desagradables, ya que habrá experimentado más excursiones con un resultado positivo que viajes que terminen siendo abrumadores. En general, esta actividad les enseña dos cosas a los gatos: la primera, que estar en el transportín tiene premio y, la segunda, que estar dentro de él y que lo muevan tiene un destino o resultado positivos.

El último paso del entrenamiento del gato para que entre en el transportín será enseñarle a no temer viajar dentro de él. Los medios de transporte más comunes en los que viajarás con el gato serán vehículos a motor, como el coche o el autobús, o transportes ferroviarios como el tren, el metro o el tranvía. Tal vez este sea el paso más duro y uno que para la mayoría de los gatos puede resultar muy difícil. Por lo tanto, es crucial que presentes los viajes poco a poco, pero también cuando sean lo más jóvenes posible. Comenzaremos por inculcar al gato que estar en el medio de transporte que hayas escogido lo lleva a recibir muchos premios. Antes de embarcarnos en esta tarea, el gato ya debería estar cómodo y relajado dentro el transportín y cuando camines con él, tanto en el interior como en el exterior.

Si lo llevas en coche, ya cuentas con una ventaja: serás quien controle cuándo encender y apagar el motor. Por lo tanto, plantéate dividir el viaje en objetivos más pequeños y fáciles de conseguir para que el gato aprenda a sobrellevarlo durante las etapas del entrenamiento. Cuando lleves al gato al coche por primera vez, el motor debería estar apagado por completo para que no haya ningún ruido ni del motor, ni de la radio, ni de la calefacción ni del aire acondicionado. Deposita el transportín en el asiento del coche (el mismo en el que estará cuando viajes de verdad) y premia al gato. Recuerda controlar la conducta y el lenguaje corporal del gato en todo momento: como siempre, deberías premiar que esté relajado y tranquilo. Si el gato parece inquieto, sácalo del coche y practica con el transportín una vez más en casa antes de volver a intentarlo. Una clara señal de que vas muy rápido y el gato no lo sobrelleva bien es que deje de aceptar las golosinas.

Las primeras veces que metas al gato en el coche deja la puerta abierta y saca al gato (dentro del transportín) del coche cuando haya transcurrido apenas un minuto aproximadamente. Debes concederle tiempo suficiente para observar el interior del coche, pero no debe permanecer dentro durante mucho rato, ya que puede sufrir ansiedad. Dale premios regularmente por mantenerse relajado. Aumenta poco a poco los objetivos de entrenamiento; desde estar en el coche contigo y las puertas cerradas, sujeto con el cinturón en uno de los asientos y con el motor apagado, hasta el mismo escenario, pero esta vez con el motor encendido. Con el coche todavía inmóvil, deja que el gato se acostumbre a algunos de los sonidos y movimientos que hará cuando circule, por ejemplo, el movimiento del parabrisas, el sonido de los intermitentes y el ruido de la palanca de cambios. No se los presentes en sucesión, uno detrás de otro, sino de uno en uno y en varias sesiones, siempre vigilando al gato y premiando su correcto desempeño.

A continuación, haremos viajes muy breves en coche. Si utilizas el transporte público, normalmente la única forma de empezar será con trayectos cortos, porque resultará complicado que puedan experimentar entrar en el tren, autobús o en otro transporte público mientras esté parado. En cambio, prueba a visitar la estación de tren, tranvía o autobús sin llegar a utilizarlos. Esto te permitirá ayudar al gato a que se acostumbre a los sonidos y las vistas que implica viajar en esos medios de transporte antes de tener que vivir la experiencia completa. Si viajas en coche y sueles conducir tú, es buena idea que conduzca otra persona durante las primeras sesiones de entrenamiento para que centres toda tu atención en vigilar al gato y darle los premios. Los primeros recorridos tienen que ser breves: si vais en coche, alrededor de la manzana o ir hasta el final de la calle y volver; si vais en autobús o en tren, una o dos paradas y el trayecto de vuelta como máximo. Aunque no puedes controlar la velocidad del transporte público, en coche recomendamos ir despacio (a menos de 50 kilómetros por hora). Con el tiempo, aumenta la distancia y velocidad de los viajes. Podrás empezar a conducir tú una vez estés seguro de que el gato se encuentra completamente a gusto en el coche.

Ahora que tu gato está dispuesto a viajar, no dejes de practicar. Sigue haciendo viajes regulares que terminen con un suceso positivo: por ejemplo, un trayecto de diez minutos que acabe en casa con una golosina sabrosa o un juego (ver Recurso Clave n.º 9). Cerciórate de que el gato haga más viajes (en el medio de transporte que prefieras) que impliquen muchos premios durante el mismo y terminen con algo bueno, que viajes que concluyan de manera negativa (por ejemplo, con una vacuna en el veterinario). Recuerda trabajar al ritmo del gato y dividir el entrenamiento del transportín y el modo de transporte principal en objetivos pequeños y fáciles de conseguir. Si lo haces así, ayudarás al gato a seguir percibiendo positivamente tanto el transportín como el viaje. De esta manera, evitarás que su percepción de los viajes cambie ante cualquier incidente negativo que tenga lugar durante ellos (como los mareos: consulta la tabla siguiente). Del mismo modo, si acostumbras al gato lentamente, primero al transportín y, luego, a viajar, verás que sobrelleva mucho mejor los trayectos largos: por ejemplo, si tienes que mudarte.

Incluso los transportines mejor diseñados pueden adquirir connotaciones negativas para los gatos más relajados, pero, en general, el problema no es el transportín en sí, sino lo que haya vivido el gato dentro. A los gatos les gusta entrar en espacios muy limitados y en apariencia restrictivos por instinto, porque se sienten seguros dentro y, gracias a su extraordinaria agilidad, saben que si tienen que hacerlo, podrán escapar rápidamente. Lo que detestan, algo que es perfectamente comprensible, es sentirse atrapados. Por lo tanto, entrenar a un gato para que entre por voluntad propia en el transportín se basa en hacer que en su mente prevalezca lo positivo (que sienta que es un lugar acogedor), que lo negativo (que piense que el transportín podría ser una trampa). Otro aspecto que a los gatos unas veces les encanta y, otras, los espanta, es que los toquen. Una caricia puede ser agradable o señal de que algo malo está a punto de ocurrir: en el próximo capítulo veremos cómo utilizar el adiestramiento para maximizar lo primero a la vez que minimizamos el impacto de lo segundo.

Problemas con el viaje

Si a tu gato le cuesta sentirse completamente cómodo al viajar en el coche, estos consejos ayudarán a que el entrenamiento progrese:

- A algunos gatos les aterra ver cómo el mundo pasa zumbando a través de las ventanillas: las cortinillas o los cristales tintados reducirán ese estímulo.
- A algunos gatos les resulta particularmente inquietante el ruido del motor. Reproducir música suave (como música clásica) puede ahogar el ruido del motor.
- Algunos gatos sufren mareos cuando viajan. Si has seguido todos los pasos tal y como se indica y el gato sigue sin viajar bien, sería buena idea que hablaras con el veterinario, que determinará si el gato sufre de mareos y te ayudará a tratarlos. Deshacerse de los síntomas de los mareos causados por los viajes permitirá que el entrenamiento prospere: un gato no puede aprender que el coche es un entorno positivo si el movimiento le hace sentir náuseas. Es más, los premios como la comida no le resultarán tentadores si no se encuentra bien. Cuando ya no esté mareado, quizá debas repetir parte del entrenamiento para cambiar su percepción del coche de negativa a positiva.

Capítulo 8

El tacto
¿Insulto o indulgencia?

Uno de los placeres de vivir con un gato es la sensación de acariciar su suave pelaje. Los estudios científicos han demostrado que el ser humano obtiene muchos beneficios de acariciar a los gatos, algunos psicológicos y otros fisiológicos. No obstante, aunque parezca que muchos gatos disfrutan de esta interacción, para otros es una experiencia que les causa mucho estrés. Afortunadamente, a la mayoría de los gatos domésticos (aquellos que han tenido experiencias positivas tempranas con la gente) podemos enseñarles a que disfruten de que los acaricien. Si bien los mimos ocurren de mutuo acuerdo entre la persona y el gato, hay otras formas de interacción física en las que el gato está menos dispuesto a participar voluntariamente: entre ellas, tareas de asistencia médica como el cepillado, en particular con gatos de pelo largo, cortarle las uñas o recibir la medicación. Sin embargo, si al gato no le gusta que lo cepillen o que lo sujeten para suministrarle un medicamento, puede que empiece a rehuir cualquier situación que implique contacto, incluso a evitar a las personas por completo. Entrenarlo es la mejor forma de enseñarle al gato que, en lugar de ser desagradables, aquellas formas de contacto necesarias para mantener su salud en realidad le aportarán recompensas y, por lo tanto, pueden resultar agradables por sí mismas.[1]

El contacto es sumamente importante para un gatito recién nacido. Los gatitos son ciegos y sordos cuando nacen,

215

por lo que el tacto, el gusto y el olfato son sus únicas puertas al mundo. El contacto físico con sus madres es crucial para su supervivencia, porque no solo representa su única fuente de alimento, sino también de calor: los gatitos son incapaces de regular su temperatura corporal hasta que cumplen unos días de vida. Cuando abren los ojos y los oídos y se vuelven más autosuficientes, el tacto pierde importancia. No obstante, mientras la camada permanezca junta, a menudo los gatitos se acurrucarán amontonados, según parece tanto para consolarse como por comodidad física. Y seguirán recibiendo a su madre físicamente cuando vuelva, a menudo frotando la cabeza y los costados con el cuerpo de ella (es probable que para tratar de convencerla de que se tumbe y les dé de mamar, algo a lo que ella se mostrará cada vez más reacia conforme los gatitos vayan creciendo).[2]

En la naturaleza, muchos de los gatos (en especial, los que no están esterilizados) se vuelven solitarios cuando se hacen mayores, y el contacto con otros felinos se limita únicamente a las peleas y al apareamiento. En cambio, los gatos que han crecido juntos, las hembras y los gatos castrados de ambos sexos pueden mantener una estrecha amistad, que se verá reflejada en los períodos de tiempo que pasan descansando uno al lado del otro y, a menudo, lamiéndose mutuamente. En ocasiones, se establecerá un vínculo similar entre dos gatos que no se han conocido hasta la edad adulta. Aunque normalmente suceda entre gatos que han vivido juntos durante toda la vida, hay muchas excepciones a esta regla: ¡después de todo, son gatos!

Cuando una gata de granja se reencuentra con sus amigos felinos tras haber estado separada de ellos durante un tiempo, tal vez para patrullar los terrenos de caza, a menudo se acercará con la cola erguida (algunos gatos pueden enroscar la punta hacia un lado) y, siempre que los demás también levanten la suya, todos se frotarán entre ellos, rozarán las mejillas, los costados y, de vez en cuando, las colas (a veces pasando al lado del otro en direcciones opuestas, otras veces caminando uno al lado del otro durante unos pocos pasos). Se trata evidentemente de un acto de confianza que, al parecer, refuerza el vínculo que comparten: con frecuencia, es el gato más joven o pequeño el que inicia este proceso, lo que evidencia que el ritual proviene de la forma en que los gatitos saludan a sus madres. El contacto físico es casi con total seguridad importante en sí mismo, pero, inevitablemente, el gato que regresa transmitirá a aquellos con los que escoja frotarse los olores que haya recogido en sus viajes. Desconocemos si esta transferencia de olores tiene algún significado para los gatos; tal vez sirva para desarrollar un «olor de grupo» compartido, algo que ocurre con otros carnívoros, como los tejones. Lo que sí sabemos a ciencia cierta es que los gatos nos saludan a nosotros de la misma manera, irguiendo la cola y frotándonos las piernas. Al hacerlo, da la impresión de que acepten nuestro tamaño y el hecho de que los alimentemos, en lugar de lo contrario.[3]

Los gatos que descansan juntos a menudo se acicalan los unos a los otros y, aunque les debe resultar de gran ayuda para mantener limpias las zonas de difícil acceso, creemos que este gesto también tiene un significado social, que sirve para reforzar el vínculo entre ellos. Incluso puede que para arreglar relaciones que hayan empezado a torcerse, porque parece ser más intenso justo después de que dos gatos que normalmente se llevan bien hayan tenido una pequeña pelea. Además, al contrario que cuando se frotan, los gatos adultos no solo se acicalan con felinos más grandes o viejos que ellos, lo que implica que probablemente esta actividad es más una muestra de amistad entre iguales. También es cierto que las madres lamen a sus gatitos mucho más que a la inversa, pero eso se hace principalmente por higiene, no con propósitos sociales.

Cuando acariciamos a nuestros gatos, muchas veces se mueven para que les acariciemos la cabeza, incluidas las mejillas, alrededor de las orejas o la nuca. Son las zonas en las que los gatos se centran cuando se lamen entre ellos. Por consiguiente, resulta lógico sugerir que las caricias, por lo menos en la cabeza, el cuello o la cara, les parecen convenientes desde el punto de vista social y, por tanto, también placenteras. Al parecer, también les gusta que los acaricien en la parte superior de la cabeza, en especial entre la zona de los ojos y las orejas, en la que tienen menos pelo y una mayor concentración de glándulas odoríferas, algo que podría indicar que nos animan a tomar su olor corporal (desgraciadamente, es un ejercicio sin sentido, porque nuestra nariz apenas es capaz de detectarlo). A la mayoría de los gatos también les gusta que los toquen debajo de la barbilla y alrededor de la boca (otra zona en la que producen su olor), pero a muy pocos les agrada que les acaricien la espalda justo delante de la cola (ahí también tienen glándulas, aunque puede que no sea un hecho significativo).[4]

Hay otras partes del cuerpo en las que a los gatos no les gusta que los toquen. No solo tienen las patas muy sensibles, sino que, en general, solo entran en contacto con otros gatos durante un altercado, así que, por un motivo u otro, quizá ambos, las apartan cuando intentamos tocárselas. A la mayoría tampoco les gusta que les toquen la cola (a pesar de que la cola interviene esporádicamente cuando se frotan unos a otros), tal vez porque les recuerda a incidentes en los que se les ha quedado la cola atrapada o a que hayan intentando contenerlos reteniéndolos de la cola mientras trataban de escapar (algo no aconsejable). Otro punto en el que la mayor parte rechaza que los acaricien es la barriga, probablemente porque se sienten vulnerables a ataques cuando están tumbados boca arriba. Algunos lo tolerarán durante un rato y, luego, huirán apresuradamente, incluso utilizando demasiada fuerza con las garras traseras cuando se vayan. En este aspecto, no se debería confundir a los gatos con los perros, ya que a los segundos les encanta que les acaricien la barriga.

Un gato que se relaja cada vez que lo acaricies será más fácil de cuidar que aquellos que solo están dispuestos a aceptar una caricia ligera detrás de las orejas. El aseo habitual es una parte muy trascendental del cuidado de los gatos y, si se hace bien, no solo será bueno para su salud, sino que también reforzará el vínculo entre el gato y el dueño. Los gatos se quitan el pelaje muerto de forma natural cuando se lamen, utilizando las púas especiales que tienen en la lengua, pero, si las complementamos con el cepillado, reduciremos el riesgo de que ingieran demasiado pelo y se les formen bolas, prevendremos que se les enrede el pelaje a aquellos gatos que lo tienen más largo y grueso, y eliminaremos cualquier resto que hayan recogido en sus excursiones al aire libre, como polvo, tierra, telarañas, hojas pequeñas o ramitas. Incluso un gato de pelo corto que viva exclusivamente dentro de casa y se lama a sí mismo a diario puede beneficiarse del cepillado ocasional, porque nos proporciona la ocasión ideal de revisarlos en busca de parásitos externos, heridas y bultos.

A muchos gatos les gusta que los cepillemos y no necesitarán un entrenamiento formal. A algunos no les importa que los cepillemos alrededor de la cabeza, el cuello y la espalda, pero no les entusiasma que lo hagamos en otras partes del cuerpo, como la barriga y las piernas. Otros gatos sencillamente detestan que se les cepille en cualquier parte. La forma en que tu gato reaccione al cepillado dependerá en gran medida de sus experiencias anteriores y de su tolerancia al tacto. Sin embargo, gracias al entrenamiento, todos los gatos pueden aprender a disfrutar del aseo. Si que los cepillen no les resulta gratificante de por sí, es posible enseñarles a asociar el cepillo con cualquier otro premio, como la comida, y que por lo tanto, disfruten de que los aseen a sabiendas de que algo delicioso está en camino. Sea como sea, una vez el gato sea capaz de disfrutar de que lo cepillen, ganarás una forma excelente de pasar algo de tiempo a solas con él y hacer que se relaje en tu compañía.

El aseo es básicamente un tipo de contacto, así que recomendamos valorar la tolerancia del gato a que le toquen incluso antes de sacar el cepillo. Puesto que utilizaremos los dedos para imitar la sensación del cepillado, lo mejor sería comprobar, con la punta de los dedos, si el gato está cómodo cuando le tocan la cara, la parte superior de la cabeza y la nuca antes de iniciar cualquier entrenamiento. Además, en general los gatos solo se asean a sí mismos como es debido cuando están relajados, así que esperar a que tu gato se calme y luego, presentar el cepillo, garantizará que esté lo más receptivo posible. Otra opción es valerte de la manta que has utilizado anteriormente para enseñar al gato a que se tumbe y relaje (ver Recurso Clave n.º 6).

Existen peines de varias formas, tamaños y tipos. Lo mejor es utilizar un cepillo de cerdas suaves para la primera vez; también en el caso de gatos que anteriormente no han disfrutado de la experiencia de que los cepillen y de aquellos con la piel sensible o el pelaje fino. Por ejemplo, Herbie era un gato asiático y, por lo tanto, solo tenía una capa de pelaje muy fina. Lo peinábamos con un cepillo de cerdas suaves y eso ya bastaba para atravesar el pelaje sin irritarle la piel. Sin embargo, Cosmos es un gato doméstico de pelaje corto, con el doble manto de pelo común, y la capa inferior se vuelve particularmente gruesa en invierno. Lo peino con un cepillo de cerdas de metal y las puntas de plástico e, incluso con un cepillo así, a Cosmos le gusta que haga presión con el cepillo más de lo que le gustaba a Herbie. Conviene evitar utilizar cepillos que no tengan puntas protectoras de plástico sobre las cerdas de metal, ya que pueden arañar la piel del gato. Asimismo, deberíamos prescindir de utilizar peines la primera vez que cepillemos al gato, ya que tienden a estirar de la piel más que los cepillos.

Antes de enseñarle el peine al gato, es buena idea impregnarlo con su olor, para que cuando lo vea por primera vez tenga un olor familiar y le resulte menos amenazador. Hazlo siguiendo el Recurso Clave n.º 7: recoge el olor del gato con una tela y, después, frótala en el cepillo, fuera de la vista del animal.

Con los gatitos, lo más aconsejable es utilizar un cepillo de dientes suave como su primer cepillo, para que el tamaño no les parezca abrumador. Además, si realizamos movimientos cortos y en línea recta sobre el pelaje del gato, imitaremos el movimiento de la lengua de su madre, por lo que ayudaremos a construir asociaciones positivas con el cepillo desde la primera exposición.

Cuando cepillamos a los gatos, intentaremos imitar los movimientos que usan cuando se lamen los unos a los otros. Algunos puede que incluso te laman la mano o el brazo mientras los cepillas: te estarán devolviendo el favor aseándote, algo a lo que se conoce como acicalado social. Que se comporten así es una señal muy positiva, ya que demuestra que el gato tiene un buen vínculo contigo y que disfruta del cepillado.

Si a tu gato no le resulta agradable que lo cepillen, lo mejor que puedes hacer es enseñarle que la acción de pasarle el cepillo por el pelaje anuncia la llegada de premios. A la vez, asegúrate de que el gato siempre sienta que controla la situación. Con el tiempo, la sensación de que lo cepillen comenzará a parecerle agradable por asociación.

Empieza colocando el cepillo en el suelo cerca de ti y permite que el gato lo investigue si así lo desea. Si lo hace, aunque solo lo olfatee brevemente o eche un vistazo en su dirección, prémialo (ver Recurso Clave n.º 1). Recuerda, si utilizas comida solo necesitarás una pequeña cantidad, pero debes asegurarte de que el gato le dé el valor suficiente como para considerarlo un premio. Llegados a este punto, no interpondremos el cepillo en el espacio personal del gato y dejaremos que se retire si se siente incómodo. Lo colocaremos a una cierta distancia de él, una que le permita acercarse si lo ve oportuno. De este modo, él decide si quiere investigar el cepillo. Si sigues este consejo, tu gato tendrá el control y avanzará más rápido por las distintas etapas de entrenamiento.

Una vez el gato inspeccione el cepillo con confianza mientras permanece inmóvil en el suelo, puedes iniciar un juego con él. Consistirá en enseñar al gato a seguir el cepillo, como si de un palo de adiestramiento se tratase (ver Recurso Clave n.º 3). Recuerda premiarlo con frecuencia y apartar el cepillo cuando lo hagas, para que el aprendizaje sea más eficiente (esconderte el cepillo detrás de la espalda es a menudo la mejor manera de apartarlo de la vista del gato). Utilizar una jeringuilla o tubo llenos de pasta de carne será una manera excelente de recompensar al gato durante este ejercicio, ya que resulta sencillo ocultarlos tras la espalda con una mano y sacarlos rápidamente en el momento apropiado para que el gato los lama.

Una vez el gato dé varios pasos para seguir el cepillo, mantenlo inmóvil a la altura de su cara y observa si la frota contra él espontáneamente. De ser así, retira el cepillo solo cuando haya terminado de frotarse (aunque puedes marcar el comportamiento en cuanto ocurra) y, después, prémialo. La mayoría de los gatos amistosos que vean el cepillo por primera vez, se frotarán contra él con relativa rapidez (entre la primera y la segunda vez que se lo presentemos). No obstante, otros tardarán un poco más en ad-

Antes de empezar a entrenar,
le doy a Cosmos la oportunidad de investigar el cepillo.

quirir la confianza necesaria para hacerlo, normalmente debido a experiencias negativas previas con el cepillado, porque les haya dolido o les haya incomodado al tener el pelaje enredado, o bien porque los hayan sujetado para cepillarlos y se hayan sentido atrapados. Esto no supondrá ningún problema a la hora de entrenar, siempre y cuando trabajéis al ritmo que el gato estime.

Si tras varias sesiones el gato sigue sin frotarse de forma voluntaria contra el cepillo, prueba a sostenerlo a la altura de su cara, colocar los dedos entre el cepillo y el gato y acariciar al animal en su lugar preferido utilizando los dedos, no el cepillo. Aunque la caricia ya le parezca un premio, es buena idea obsequiarlo también con algo más (por ejemplo, una golosina) en cuanto hayas terminado de acariciarlo, porque la proximidad del cepillo desconocido puede minimizar el efecto gratificante de los mimos. Sin embargo, al asociar la acción con golosinas, el gato debería acostumbrarse pronto a estar a gusto cuando lo acaricies con el cepillo en la mano. Afloja poco a poco los dedos con los que rodeas el cepillo para que algunas de las cerdas toquen el pelaje del gato y permite que se frote contra él.

Una vez logres que el gato se restriegue cómodamente contra el cepillo, empieza a pasárselo cada vez más por las mejillas, la frente y la nuca en la dirección del pelo, con movimientos lentos y suaves. Al principio, cepíllalo solo una vez y dale el premio. A continuación, aumenta progresivamente la duración del ejercicio hasta que puedas cepillarlo varias veces antes de parar para premiarlo (se utiliza la técnica de desensibilización del Recurso Clave n.º 2). Suministrarles pasta de carne mediante una jeringuilla o un tubo es el premio ideal para esta etapa del entrenamiento, ya que permite entregarla y consumirla de inmediato, manteniendo el ritmo a medida que incrementas el número de caricias con el cepillo en cada sesión de acicalado.

El orden en el que presentes el cepillo y el premio tiene que ser el siguiente: premia al gato solo cuando hayas apartado el cepillo, para que asimile que el cepillo es una señal de que recibirá un premio (Recurso Clave n.º 5, contacto – cese –

El aseo mutuo señala que tu gato se encuentra cómodo con el proceso de acicalado. Fíjate en que solo los dedos de Sarah, no las cerdas con las puntas de plástico, están en contacto con el pelo de Cosmos.

premio). Si presentas los dos al mismo tiempo, te arriesgas a que preste atención solo a la comida. Aunque parezca que no le importa que le cepillen, a lo mejor simplemente está distraído por la comida y esto te permite llevar tu cometido a cabo. Sin comida, se resistirá a que lo cepillen y esto demostrará que no ha aprendido de verdad que puede ser una experiencia positiva. Por ello, primero debes cepillarlo, después apartar el cepillo, darle el premio y retirarlo, volver a presentarle el cepillo, y así sucesivamente.

Como siempre, recuerda adaptarte al ritmo de tu gato. Si en cualquier momento se da la vuelta, muestra señales de estar incómodo o se sobreexcita, dale un descanso y empieza otra sesión de entrenamiento cuando esté relajado. Las sesiones breves pero frecuentes tienen más posibilidades de tener éxito que una sesión única y prolongada.

Es probable que te sientas tentado a cepillar al gato de arriba abajo de una sentada, pero a la mayoría les parecerá intolerable: en general, cuando se asean entre ellos, se centran en zonas concretas en lugar de asearse el cuerpo entero. Por eso, déjate guiar por el gato y limita cada sesión de acicalado a un par de áreas. Aconsejamos comenzar siempre por la cara y la cabeza antes de pasar a otras zonas, ya que este movimiento imita la forma en que los gatos se saludan los unos a los otros, de modo que será la forma más aceptable de aseo desde el punto de vista del gato. Al cepillarlo en tandas cortas durante varias sesiones, conseguirás acicalarlo más que si trataras de abarcarlo todo en una sola sesión. Además, tu mascota siempre sentirá que controla la situación, algo que ayudará a mantener la experiencia positiva. Por supuesto, existen excepciones; algunos gatos aprenderán a disfrutar cuando los cepilles y aceptarán que lo hagas durante más rato sin ningún problema. Si es tu caso, siéntete libre de prolongar la duración del cepillado.

A medida que vaya progresando el entrenamiento, pasa a diferentes partes del cuerpo en el orden en que le guste que le acaricien. Por ejemplo, después de terminar la zona de la cara, sería pertinente cepillarle los hombros y la espalda. Si pasas directamente a la parte del vientre, es probable que la experiencia sea un desastre, ya que es la zona más vulnerable del gato y solo deberías cepillarla una vez se muestre totalmente cómodo con que lo cepilles por el resto del cuerpo.

Con algunos gatos, cortarles las uñas forma parte del proceso de acicalamiento. Aunque muchos gatos mantienen las uñas en excelentes condiciones sin ayuda, aquellos que viven exclusivamente en el interior, así como los que son viejos y tienen menos movilidad, necesitarán ayuda para mantener una longitud que les resulte cómoda. El primer paso para cortarle las uñas es enseñarle a relajarse mientras las tiene extendidas.

Cepillamos a Cosmos con suavidad.

Tras haberlo cepillado un par de veces, le damos a Cosmos comida en una jeringuilla como premio por haber estado tranquilo mientras lo aseábamos.

Para lograrlo, apretaremos con cuidado sus patas con el índice y el pulgar: la uña debería aparecer entre las dos secciones peludas de piel que la protegen normalmente. En general, los gatos se encuentran más cómodos cuando les cortamos las uñas mientras están tumbados o, aquellos a los que les gusta, sobre nuestro regazo (el Recurso Clave n.º 6, enseñarles relajación, sin duda nos será de gran ayuda). Por lo tanto, hay varios objetivos de entrenamiento que alcanzar (consulta el cuadro siguiente) antes de sacar el cortaúñas. Solo por este motivo, por no mencionar que la mayoría de los gatos son muy susceptibles a que les toquen las patas, es una actividad que puede llevarnos más tiempo que otras tareas de cuidado sanitario.

Objetivos de entrenamiento que hay que seguir para cortarles las uñas

1. Tocarles la pata delantera con el índice
2. Tocarles la pata delantera con el índice y el pulgar (1-2 segundos)
3. Tocarles la pata delantera con el índice y el pulgar de forma prolongada (2-5 segundos)
4. Levantarle un momento la pata delantera del suelo/regazo (1-2 segundos)
5. Levantarle la pata delantera del suelo/regazo (2-5 segundos)
6. Levantarle un momento la pata delantera y extenderle la pierna (1-2 segundos)
7. Levantarle la pata delantera y extenderle la pierna (2-5 segundos)
8. Presionarle un momento el dedo suavemente con la pata levantada (1-2 segundos)
9. Presionarle un momento el dedo suavemente con la pata levantada y extendida (1-2 segundos)
10. Presionarle de forma prolongada y suave el dedo con la pata levantada (2-5 segundos)
11. Presionarle de forma prolongada y suave el dedo con la pata levantada y la pierna extendida (2-5 segundos)
12. Presionarle el dedo un momento hasta poner la uña al descubierto (1-2 segundos)
13. Presionarle el dedo de forma prolongada hasta dejar la uña al descubierto (2-5 segundos).

Herbie está aprendiendo que apretarle el dedo con suavidad para dejar al descubierto la uña predice la llegada de una golosina.

Cortarle las uñas es una tarea para la que aconsejamos utilizar una jeringuilla con un poco de pasta de carne como premio. Recuerda esta secuencia: contacto, cese del contacto, ofrecer el premio, dejar que el gato consuma el premio, retirar el dispensador del premio (la jeringuilla o el tubo) y reintroducir el contacto. Los juguetes y el juego no son premios adecuados para este ejercicio, ya que queremos que el gato permanezca tranquilo y relajado, y, desde luego, no queremos que sacuda las patas. Cuántas repeticiones de cada objetivo necesites, cómo de rápido progreséis y cuánto tiempo practiquéis cada tarea específica dependerán mucho del gato (1-2 y 2-5 segundos son meras directrices). Guíate por su comportamiento, su nivel de participación y, por supuesto, su grado de relajación. Durante este ejercicio, buscamos que el gato esté tranquilo y relajado en todo momento.

Cosmos está aprendiendo que el cortaúñas no tiene consecuencias negativas.

Sarah aleja el cortaúñas del pie de Cosmos y lo premia con comida utilizando unas pinzas.

Una vez el gato esté completamente relajado con todas las uñas de un pie extendidas, saca el cortaúñas. Si tu mascota ha tenido experiencias negativas previas con él, merecerá la pena utilizar un cortaúñas diferente (y preferiblemente nuevo, porque no tendrá un olor que evoque su uso previo). Igual que con el cepillo, coloca el cortaúñas cerca de ti, pero no en el espacio personal del gato, y deja que se acerque y lo investigue. Recompénsalo con una golosina por hacerlo. Lleva a cabo la tarea poco a poco, hasta mover el cortaúñas con cuidado y tocar suavemente la uña del gato (en esta etapa, el cortaúñas debería permanecer cerrado).

Antes de utilizar el cortaúñas en las garras del gato, es buena idea familiarizarlo con el ruido que hace, ya que a veces lo sobresaltará o asustará. La desensibilización sistemática y el contracondicionamiento (Recurso Clave n.º 2) son cruciales a la hora de entrenarles para que se habitúen al cortaúñas; deberías acostumbrarlo primero al aspecto y, después, al sonido del cortaúñas antes de cortárselas. Al partir espaguetis o fideos se produce un sonido similar al ruido de cortar las uñas, así que puedes dejar que el gato oiga ese sonido, al principio desde la distancia para no ponerlo nervioso. Tras cada exposición, premia al gato para que interiorice que ese sonido significa que un rico bocado está por llegar. Con este método de aprendizaje, un claro ejemplo de condicionamiento clásico, el gato percibirá el ruido del cortaúñas como algo positivo. Sabrás que ha surtido efecto cuando se dirija a ti tras oír el sonido, de la misma manera que hace cuando espera que le des comida: unos maúllan, otros ronronean, unos dan vueltas a tu alrededor y otros se limitan a mirarte fijamente. Al principio, realiza por separado esta fase del ejercicio y la de tocarles las uñas.

Una vez el gato se sienta a gusto con ambas partes (el tacto y el sonido), las solaparemos paso a paso. Puedes cortarles las uñas «de mentira», incluso puedes aplicar presión a una de las uñas con el cortaúñas, pero sin llegar a cortarla. Si fingimos que les cortamos las uñas tres o cuatro veces entre cada corte de verdad (deberías premiar cada corte, real o ficticio), mantendremos la conexión entre el cortaúñas y el premio. Es buena idea aumentar el tamaño o la calidad de la recompensa durante los cortes de verdad: por ejemplo, le daremos algo más de pasta de carne con la jeringuilla o le ofrecemos la cantidad habitual, pero le añadiremos una golosina seca.

No te propongas cortarle todas las uñas al gato de una vez: guíate por su comportamiento. En una única sesión, puede que solo llegues hasta el punto en que el gato acepte felizmente que le cortes una uña: no lo consideres un fracaso. Hacerlo en sesiones breves durante varios días (y que el gato esté feliz) es mucho mejor que intentar cortarle todas las uñas de golpe y que, como resultado, esté muy afectado. Si no estás seguro de cómo cortarle las uñas al gato o cuánto cortárselas, pide consejo a un experto.

Nunca se sabe cuándo tendrás que medicar a tu amigo felino. Le suministrarás tanto medicamentos preventivos normales (como tratamientos contra las pulgas o los parásitos), como otros que no habías previsto para tratar algunas heridas o enfermedades. Darle la medicación no tiene por qué causaros estrés a ti o al gato si lo preparas por adelantado con un sencillo entrenamiento y lo repites de vez en cuando para que el gato no lo olvide.

Quizá te preguntes por qué deberías perder tiempo entrenándolo, cuando puedes esconder una pastilla en la comida o sujetar al gato hasta que se la trague. Sin embargo, estos trucos a menudo funcionan como remedio temporal, hasta que el gato se da cuenta y empieza a comerse la comida y escupir la pastilla (una perfecta demostración de lo rápido que los gatos aprenden cuando es necesario). Si tienes que sujetarlo, cada vez forcejeará con más ímpetu para escabullirse.

Además, muchas veces el único momento en que tratamos al gato como cuando le damos los medicamentos es cuando ya está enfermo. En situaciones así, es probable que el animal ya padezca algún tipo de malestar o dolor, por lo que llegará a asociar ese trato (y el tratamiento) solo con el sufrimiento. Sería buena idea empezar a entrenarlo cuando el gato goce de buena salud, para que asocie el hecho de que lo sujetemos y el tratamiento con algo positivo. Enseñar al gato a aceptar la medicación mediante juegos y entretenimiento es un recurso excelente que durará de por vida.

Algunos de los medicamentos que deben tomarse puedes dárselos con una jeringuilla, con la que le suministrarás fácilmente líquidos o pastillas en polvo. También es una opción abrir las cápsulas y mezclar el contenido en polvo con comida o líquido que, a continuación, les ofrecerás con la jeringuilla. No obstante, te recomendamos que consultes al veterinario antes de manipular cualquier medicamento del gato.

Puesto que la mayoría de los ejercicios de adiestramiento incorporan proporcionarles comida en pasta mediante una jeringuilla o una cuchara, el gato ya debería considerar este proceso como algo positivo. Cuando escojas la comida a la que le añadirás el medicamento, asegúrate de que tenga un sabor fuerte pero sabroso para enmascarar el sabor de la medicación. Empieza ofreciéndole la jeringuilla o cuchara varias veces con comida, sin la medicación, y añádela después. Sigue proporcionándole la comida sin el medicamento varias veces, entre dosis medicadas, para que no deje de asociar el recibir la comida con una jeringuilla (o una cuchara) con algo rico y agradable.

Si utilizas una jeringuilla, recuerda no presionar el émbolo muy rápido y tampoco mientras el gato esté lamiendo la comida. Limítate a presionarlo muy despacio durante uno o dos segundos para que salga algo de comida de la punta y, después, ofrécesela a tu gato, que lamerá la comida de la jeringuilla a su propio ritmo. Cuando se muestre cómodo con este procedimiento, aprieta el émbolo suavemente para que salga un poco más de comida mientras el gato siga lamiendo (pero ten cuidado de no asustarlo). Procura que las sesiones cortas sean para que, al terminar, el gato se quede con ganas de más, en lugar de tener que parar porque haya perdido el interés y se haya marchado.

Si el gato lame la jeringuilla o cuchara al principio, pero poco a poco se niega a seguir comiendo, es probable que haya percibido el sabor del medicamento: aunque no le dé asco, habrá modificado el gusto de su comida habitual lo bastante como para que le cause rechazo. Una buena forma de solucionar el problema es darle un premio tras cada lametón: dicho premio podría ser un trozo de comida todavía más apetitoso (como pescado o pollo), o algo que el gato aprecie mucho, ya sea jugar con algún juguete o una caricia suave. Recuerda, a algunos gatos les gusta que les prestes atención, los elogies o los mimes como premio: si es el caso, durante la sesión te limitarás a hacerlo unos pocos segundos después de que el gato acepte parte de la sustancia con el medicamento. Si lo recompensas por lamer la jeringuilla o la cuchara, incrementarás la cantidad de comida que le suministres y la consumirá antes de recibir el premio elegido. Ofrecerle la jeringuilla o la cuchara, seguidas inmediatamente del premio en varias ocasiones, enseñará al gato que lamer la jeringuilla o la cuchara anuncia algo que le gusta de verdad.

Si el veterinario te advierte de que no es apropiado aplastar el medicamento y dárselo al gato con comida líquida en una jeringuilla, deberá tomárselo entero. Esto es algo que a la mayoría de los gatos no les gusta nada, pero, si seguimos unos pasos muy sencillos, con antelación y preferiblemente no mientras el gato esté enfermo, convertiremos esta experiencia en una mucho menos traumática para el animal. Elige un momento en el que el gato esté relajado y descansado para empezar el entrenamiento: puede que quieras utilizar la manta de relajación especial del gato para que se mantenga tranquilo y calmado durante todo el proceso.

Garantizar que el gato siga asociando la manta con la relajación

Cuanto más utilices la manta de relajación de tu gato (Recurso Clave n.º 6) en otros ejercicios de adiestramiento, por ejemplo, al entrenarlo para que se tome los medicamentos, más probable será que deje de asociarla con la relajación, dado que estos ejercicios le harán sentir algo incómodo al principio. Es muy importante seguir enseñando al gato a que se relaje en la manta en aquellos momentos en los que no se requiera su uso para otro ejercicio: de este modo la manta mantendrá su capacidad de ayudar al gato a relajarse sobre ella. Recuerda que premiaremos las aproximaciones al objetivo que tenemos en mente: en este caso, nuestra meta es la relajación. Por consiguiente, incentivaremos cualquier cambio de postura que indique que el gato se está tumbando para descansar, además de cualquier comportamiento que demuestre que su estado de ánimo es relajado.

Si primero enseñas al gato a relajarse en la manta para luego presentarle un ejercicio nuevo y potencialmente intimidante cada vez que se pose en ella, al final dejará de asociar la manta con la relajación. Por eso, podemos considerar las sesiones habituales para entrenar la relajación sobre la manta como una forma de reactivar el potencial de la misma.

El primer objetivo del entrenamiento es ser capaz de colocar una mano alrededor de la cabeza del gato, con el pulgar y el índice situados a cada lado del labio superior. Es la posición necesaria para abrir la boca del gato e introducirle la pastilla. Lo rápido que alcances esta meta y cuántos objetivos intermedios te propongas hasta llegar allí dependerá de lo que le guste que lo toquen. Por ejemplo, si al gato no le entusiasma mucho, empieza con el objetivo de tocarle la parte de arriba de la cabeza y premiarlo mientras esté tranquilo. Si ya sabes que a tu gato le gusta que lo toquen en la zona de la cabeza, el primer objetivo será que acepte que le pongas la mano encima de la cabeza.

Una vez el gato se sienta a gusto con la mano sobre su cabeza, el siguiente paso será que se encuentre cómodo cuando le toques la mandíbula inferior con el índice y el pulgar de la otra mano. Para la mayoría de los gatos será una sensación nueva, así que es importante que trabajemos despacio y con cuidado, pero con decisión. Es probable que el gato note tu falta de confianza al tratarlo y se aleje de ti. Dale premios en abundancia después de tocarlo. Si el gato se estremece, dale tiempo para que se tumbe y relaje antes de volver a intentarlo.

El siguiente objetivo es enseñarle al gato a bajar la mandíbula inferior cuando lo toques, así que, en cuanto lo haga, por muy poco que la abra, asegúrate de que tienes las recompensas preparadas. A la mayoría de los gatos no les gusta abrir la boca para que los examinen: una buena forma de cambiar esto es practicar de forma habitual en sesiones cortas (solo con tocarle la mandíbula una o dos veces durante cada sesión bastará para empezar), y darle premios que le gusten mucho. Cuando notes que el gato

Enseñamos a Herbie a aceptar que le inmovilicen la cabeza como parte del entrenamiento para tomarse una pastilla.

afloja ligeramente la mandíbula al tocarlo, utiliza ambas manos para abrirla un instante antes de soltarlo y premiarlo. Practícalo en varias sesiones hasta que puedas mantenerle la boca abierta durante uno o dos segundos. En general, a los gatos les perturba tener la boca abierta demasiado tiempo, así que aspira a que el proceso sea lo más rápido y positivo posible.

Si ves que el gato intenta alejarse, deja que lo haga: es probable que hayas ido demasiado rápido. Aconsejamos que le pidas algo un poco más viable durante la próxima sesión de entrenamiento.

A continuación, practica mantenerle la mandíbula cerrada durante un segundo: lo más seguro es que el gato cierre la boca de forma natural en cuanto aflojes la presión con la que se la sujetabas. Este paso garantizará que se trague la pastilla después de que se la introduzcamos en la boca. Recuerda, procede poco a poco.

La meta final será lograr que el gato acepte la pastilla. Una vez acepte mantener la boca abierta durante unos segundos cuando tú le digas, deberás sujetar la pastilla entre el pulgar y el índice de la mano que utilices para abrirle la mandíbula (tal vez necesites abrirle la mandíbula inferior con el dedo corazón). Busca la posición más cómoda para ti y para tu gato. No intentes introducirle la pastilla en la boca todavía, limítate a practicar el movimiento de abrirle la boca tal y como hacías antes, con la única variación de que ahora sujetarás una pastilla. Aunque no lo consideres un gran paso, es posible que el gato note la diferencia.

Cuando el gato por fin se sienta cómodo mientras sujetas la pastilla delante de él, trata de ponerle la pastilla en la parte posterior de la boca y cerrársela con suavidad como has practicado anteriormente. El secreto para conseguir que el gato se trague la pastilla es introducírsela lo más atrás posible en la boca. Muchas de las pastillas no les gustan a los gatos y utilizan la lengua para llevarlas hasta la parte delantera de la boca y escupirlas. Al colocar la pastilla lo más atrás posible, aumentamos nuestras probabilidades de que se la trague: volverle a

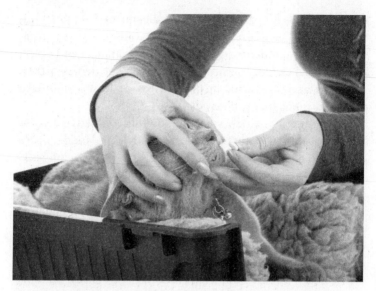

Herbie aprende a permanecer tranquilo mientras le abren la boca.

empujar la pastilla al interior de la boca con el dedo índice puede ser de ayuda. En cuanto notes que el gato traga, recompénsale mucho y de forma generosa con un premio de gran valor. Utiliza algo sabroso y también de consistencia húmeda, como carne en salsa, porque este tipo de comida hará que el gato trague libremente y ayudará a evitar que la pastilla se le quede atascada en la garganta. Asimismo, prueba a frotarle o rascarle la zona de la garganta (solo si a tu gato le gusta), ya que esto también fomentará que se la trague.

Aunque el gato consiga escupir la pastilla, es crucial que le demos un premio tras ponerle el medicamento en la boca, ya que el gato ha abierto y cerrado la boca como le has pedido. Intenta mantener la calma y tener paciencia, porque es probable que el gato reaccione negativamente a cualquier movimiento repentino o brusco y no querrá repetir el procedimiento en el futuro. No repitas el ejercicio de inmediato, concédele algo de tiempo para que se relaje y vuelve a intentarlo en cuanto esté tranquilo.

Además de las pastillas, otros medicamentos comunes que se utilizan en gatos son las gotas para los ojos, las gotas para los oídos y los tratamientos con pipeta que se aplican en la parte de detrás del cuello. Los principios por los que debes entrenar al gato a aceptar dichos medicamentos de forma voluntaria son los mismos que con las pastillas.

Lo primero que debes hacer es dividir el objetivo final en varios pasos consecutivos. Empezaremos simulando que les damos los medicamentos (la parte de desensibilización sistemática del Recurso Clave n.º 2) y, después, premiaremos al gato por aceptarlos sin miedo (la parte de contracondicionamiento del Recurso Clave n.º 2). Aunque nunca deberíamos darles medicamentos cuando no los necesiten (y, por lo tanto, el entrenamiento no puede incluir la administración del medicamento), practicaremos el resto de pasos hasta llegar al objetivo final y le enseñaremos a predecir la llegada de premios. Estos pasos incluyen sujetarlo de una forma específica (para las gotas de los ojos, mantenerles los párpados abiertos; para las

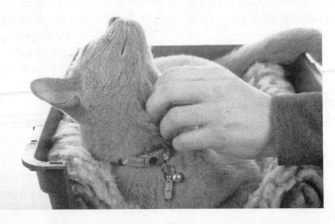

Herbie disfruta de que le rasquen la barbilla como premio por haber aceptado la pastilla; esta acción también fomenta que se la trague.

Se le da una pasta de carne con una jeringuilla a Herbie como premio de gran valor y para animarlo a que trague después de aceptar la pastilla.

gotas para los oídos, doblarle la oreja hacia atrás, dejando al descubierto el canal auditivo; y para tratamientos con pipeta, dividirle el pelo de la nuca) y experimentar nuevas sensaciones (por ejemplo, administrarle un tratamiento con pipeta implica que se le coloque el medicamento líquido directamente sobre la piel: simularemos esa sensación con un poco de agua).

Recuerda permitir que el gato investigue cualquier recipiente en el que venga el medicamento antes de intentar aplicárselo o acercárselo (Recurso Clave n.º 1). Dejar que el gato vea y explore el recipiente del medicamento antes de que lo utilices le ayudará a sentir que controla la situación. Después, prémialo después de sujetar el recipiente contra el gato, con el medicamento sin abrir, de la misma forma en que lo harás cuando le des el medicamento de verdad. Esto aumentará las probabilidades de que el gato sobrelleve la situación cuando tengas que dárselo.

Estas experiencias de adiestramiento positivas incrementarán la confianza del gato y su tolerancia a que lo cojan y le administren la medicación. En el fondo, con cualquier entrenamiento para su salud (y con cualquier entrenamiento en general), no les enseñamos a ser obedientes y satisfacer nuestras demandas. En lugar de eso, los entrenamos para que cooperen voluntariamente y confíen en nosotros cuando les hagamos vivir experiencias nuevas. Siempre trabajaremos dentro de sus límites y modificaremos nuestras expectativas para que se ajusten a ellos, en vez de pedirles o esperar demasiado de ellos, dar por hecho que la tarea ha fracasado o desesperarnos porque los gatos terminen sintiendo ansiedad, miedo o frustración.

Por lo tanto, la clave del éxito a la hora de entrenar cualquier tarea de asistencia sanitaria se basa en dividir cada ejercicio en pasos sencillos y fáciles de conseguir para evitar que el gato sienta angustia. Separaremos los diferentes aspectos del objetivo de entrenamiento en metas individuales y las entrenaremos de una en una antes de juntar todas esas sensaciones. Por ejemplo, trabajaremos la apariencia, el sonido o la sensación que produce alguna herramienta sanitaria al ponerse en contacto con el cuerpo de forma independiente y juntaremos todos los aspectos solo cuando el gato se sienta cómodo enfrentándose a ellos de manera individual. Aspira a llevar a cabo varias sesiones breves al mes. Posponer el entrenamiento hasta que no puedas evitar tener que utilizar un procedimiento sanitario solo te hará sentir más presión para lograrlo y tendrás la tentación de repasar los objetivos de entrenamiento demasiado rápido y con muy pocas repeticiones. Desgraciadamente, es mucho más sencillo que el gato forme una asociación negativa que una positiva, por lo que es vital armarse de paciencia y mucha práctica. A menudo será inevitable vivir experiencias negativas, pero si nos aseguramos de que vivan muchas más experiencias positivas que negativas al insistir en el entrenamiento, habrá menos posibilidades de que las últimas tengan un efecto a largo plazo en la forma en que el gato reaccione ante ti.

Trabajar siguiendo un orden lento, pero sistemático, y al ritmo individual de cada gato, nos permitirá utilizar esta

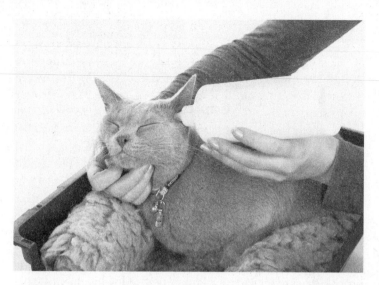

Herbie acepta tranquilamente la sensación de la boquilla de la botella.

filosofía de adiestramiento con éxito para habituar a nuestra mascota y lograr que se sienta cómoda con todo tipo de procedimientos sanitarios, desde los más rutinarios, como el cepillado, a otros más específicos, como las inyecciones de insulina que se utilizan en gatos diabéticos o los medicamentos con inhalador que se utilizan en gatos asmáticos. Este entrenamiento también nos ayudará a establecer una base sólida para el ejercicio en el nos centraremos en el próximo capítulo: conseguir que pasen de aceptar los cuidados sanitarios en casa a aceptarlos en la consulta del veterinario.

Capítulo 9

¿Huir, pelear o quedarse inmóvil?
A los gatos no les gusta el estrés
(en especial, las visitas al veterinario)

Los gatos dependen de sus instintos para no meterse en problemas. Por desgracia, a veces lo que ellos consideran «problemas» es algo que se hace por su propio bien. El ejemplo que probablemente les venga a la mente a todos los dueños es la visita al veterinario. Para un gato que no haya recibido ningún tipo de entrenamiento, una visita al veterinario será uno de los acontecimientos más escalofriantes de su vida. No solo tendrá que enfrentarse a ir dentro del transportín y viajar en coche, sino que a menudo se verá obligado a esperar en una sala ruidosa llena de gente, gatos, perros y quizá otros animales que no solo son desconocidos para él, sino que, debido a su estado mental, le parecerán posibles amenazas. En situaciones nuevas, la capacidad del gato para lidiar con lo imprevisible disminuye notablemente. Por eso, es posible que recibir cualquier atención de un ser humano o animal al que no conozca le resulte desagradable. Incluso aunque nadie centre su atención directamente en él, el movimiento constante de las personas y animales desconocidos al pasar por delante del transportín, junto con la imposibilidad de retirarse a una distancia prudente, le producirán cada vez más ansiedad.

Una vez en la consulta, al gato se le presenta de repente la oportunidad de salir del transportín. Sin embargo, al reparar en la amplia extensión de la mesa de la consulta, cuyo olor le resulta desconocido y repulsivo a causa del desinfectante (recuerda que su sentido del olfato es mucho más sensible que el nuestro), el gato considera que la opción más segura es permanecer dentro del transportín; de hecho, incluso puede quedarse inmóvil. Además, en el otro extremo de la mesa se encuentra el veterinario, a quien puede que el gato tenga miedo por no solo uno, sino dos motivos. En primer lugar, a lo mejor el gato no conoce a ese veterinario en particular, y los desconocidos, sobre todo cuando se hallan en un sitio nuevo, le resultan potencialmente intimidantes. En su defecto, si el gato conoce al veterinario y recuerda haber sentido dolor o incomodidad en experiencias previas con él, se habrá formado una imagen negativa de los veterinarios en general en su mente. Sea como sea, el pobre gato ya se muestra desconfiado y nervioso. Si no sale del transportín por voluntad propia, el veterinario meterá los brazos y lo sacará a la fuerza: por mucho cuidado que tenga, sentir que ha perdido el control físico y que es incapaz de esconderse solo conseguirá que el gato se sienta indefenso y que sus niveles de estrés aumenten al máximo. Por consiguiente, cuando deba enfrentarse al examen médico, es probable que se quede paralizado por el miedo, que luche desesperadamente por volver a la protección del transportín o se esconda debajo de un armario. Incluso aquellos gatos a los que no les guste el transportín, lo considerarán la mejor opción de evadir los procedimientos veterinarios desconocidos o desagradables.

Este problema se evitaría si tuviéramos algún modo de hacer saber a nuestros gatos que la visita al veterinario es por su bien: ya sea inmediato (por ejemplo, para tratar una herida o un problema de salud) o futuro (por ejemplo, para que le pongan una vacuna que lo proteja de una enfermedad). Los gatos viven en el presente y no entienden el concepto de «soportar algo para beneficiarse de ello después» (de hecho, a muchos de nosotros ya nos resulta difícil ser totalmente racionales cuando nos enfrentamos a dilemas así). Por lo tanto, es inútil y, a la larga, contraproducente, aspirar a que nuestros gatos confíen más en nosotros instintivamente. Será mucho mejor para ellos (y para nosotros) si aceptamos la necesidad de enseñarles que algunas situaciones, en especial aquellas a las que reaccionarán de forma negativa a pesar de nuestras buenas intenciones, pueden estar bien e incluso resultarles agradables en cierta medida. La forma de conseguirlo es, por supuesto, mediante ejercicios sencillos. Primero, hay que reducir los estímulos que proceden del veterinario, el trato, los procedimientos y las herramientas que utilice, hasta que el gato pueda sobrellevarlos; después debemos asociar los mismos estímulos con consecuencias agradables mediante la desensibilización sistemática y el contracondicionamiento (Recurso Clave n.º 2).

Al contrario que los perros, los gatos recurren a una serie de acciones instintivas cuando se sienten amenazados. Por lo general, los perros, que son animales muy sociales, acudirán a sus dueños en busca de consuelo (a veces, esconderse detrás de otro perro les valdrá, pero la esencia sigue siendo la misma). Los gatos conservan un fuerte sentido de la independencia de sus antepasados salvajes y, puesto que en la naturaleza estos últimos tenían muchos enemigos (incluidos los seres humanos), la mayoría de los gatos todavía tienden a huir de cualquier cosa que consideren una amenaza. Es comprensible que muchos gatos parezcan reaccionar exageradamente ante situaciones, objetos o animales desconocidos debido a su evolución. Los gatos monteses que respondan a cien falsas alarmas habrán perdido un valioso tiempo de caza, pero en cada caso, cuando termine la interrupción, continuarán donde lo dejaron; no obstante, si un gato montés no responde en una sola ocasión a una amenaza real, puede que no vuelva a tener la oportunidad de hacerlo. Con el tiempo, los gatos domésticos se acostumbrarán a algunas cosas, por ejemplo, a ruidos como el teléfono, que no tienen consecuencias relevantes en lo que a ellos respecta, pero si perciben peligro reaccionarán de una manera totalmente distinta, todavía más exagerada (recuerda que a este proceso se lo conoce como sensibilización). Así pues, será mucho menos probable que cualquier gato que recuerde sus encuentros previos con el veterinario de forma negativa (ya sea debido al dolor, al miedo o a ambos) se acostumbre y se sensibilice, por eso las próximas visitas resultarán estresantes para el gato, incluso si no siente dolor en ese momento.

Igual que un ratón huye de un gato, un gato también optará por huir del peligro. A veces, el «peligro» surge del puro instinto, por ejemplo, en su primer encuentro con un perro grande al que no le gusten los felinos. En otras ocasiones, la percepción del gato del «peligro» surge de algo que haya aprendido, como la presencia de un estetoscopio si sus experiencias previas al haber sido examinado por el veterinario no han resultado agradables. En ambos casos, la reacción del gato es sencilla y estandarizada: poner distancia entre él y el lugar donde se halle el problema. Lo que haga el gato después dependerá en parte de su personalidad y en parte de cuán mala considere la amenaza. Por un lado, puede que el gato forcejee para soltarse de los brazos del veterinario, corra hasta el escondite más cercano (normalmente el transportín) y se niegue a salir. Por otro, puede que se desplace hasta el extremo opuesto de la mesa de la consulta, se quede quieto y gire la cabeza para examinar la amenaza desde lo que considera una distancia prudente, siempre preparado para una huir de inmediato si fuera necesario.[1]
A veces, el gato tendrá la sensación de que escapar no es una opción, tal vez porque se vea limitado físicamente, algo común durante un examen médico, o porque no atisbe ningún sitio seguro al que huir. Entonces, se planteará enfrentarse a la fuente de peligro gruñendo, bufando, escupiendo, o incluso arañando o mordiendo. Los gatos que se han sentido amenazados repetidamente en el pasado tienden a reaccionar con agresividad la primera vez e intentan huir solo cuando ya han dejado una advertencia dolorosa. ¡Los gatos así muy pocas veces son los favoritos del veterinario! No obstante, es importante recordar que esa agresión surge del miedo (y, pro-

bablemente, de la frustración por ser incapaces de escapar), no de la ira y, desde luego, no de la maldad.

La tercera opción a la que recurre cualquier animal en peligro es quedarse inmóvil. Imagino que, al permanecer quieto, el gato espera engañar a «su enemigo» para que no lo vea, o al menos no parecer amenazador. Algunos mamíferos se especializan en este tipo de respuesta: los conejos, por ejemplo, a veces se «hacen el muerto» delante de un depredador si piensan que escapar será inútil, con la esperanza de despistar al atacante hasta que desvíe la atención un momento y les brinde una breve oportunidad de huir. Es menos común que los gatos se queden inmóviles y, cuando lo hacen, a menudo se cree que es en respuesta al estrés constante, es decir, al estrés crónico. A esta aparente incapacidad de moverse se la denomina «indefensión aprendida» (consulta la siguiente tabla). Por ejemplo, algunos gatos odian que los encierren, pero, al descubrir que no pueden hacer nada que les permita escapar, recurren a la indefensión aprendida tras haber estado retenidos varias veces o durante un largo período de tiempo, como varios días o semanas tras una hospitalización. Para el observador más casual, un gato en ese estado puede parecer relajado, pero no lo estará en absoluto.

El quid radica en entender las sutilezas del lenguaje corporal del animal. La posición de las patas delanteras es una de las características claves para distinguir entre la relajación real y la aparente en un gato que esté tumbado. Los gatos que estén relajados de verdad doblarán las piernas debajo del pecho, y las rotarán para levantar las almohadillas del suelo, o las extenderán y se dejarán caer de lado. Los que estén tensos, «descansarán» con las patas delanteras a la vista delante de ellos y con las cuatro almohadillas en contacto con el suelo, listos para saltar al instante. Los gatos que padezcan estrés crónico cerrarán los ojos para dar la impresión de que están «dormidos», pero el movimiento de las orejas, la tensión de los músculos y los párpados apretados delatarán su verdadero estado de vigilia. Asimismo, cuando nos acerquemos a un gato tenso, observaremos que tal vez agacha el cuerpo todavía más para evitar que le veamos las patas, que se le dilatan las pupilas, abre mucho los ojos o cierra los párpados con fuerza, que acerca la cabeza al cuerpo y la indica hacia abajo, o que baja las orejas y pega la cola contra el cuerpo firmemente. El gato hace todo lo que está en su poder para evitar establecer contacto físico con la persona que se aproxima.

Sea cual sea su reacción, al cabo de unos segundos de percibir la amenaza, el corazón le latirá con fuerza y le aumentará la adrenalina (epinefrina) en el torrente sanguíneo. Esta hormona es famosa por realzar la sensación de peligro y estimular el aprendizaje de asociaciones negativas. Por eso sería mal momento para empezar o incluso continuar con el adiestramiento, porque el gato podría formarse asociaciones equivocadas.[2]

Desde la perspectiva del entrenamiento, es poco factible que un gato estresado, independientemente de si se trata de estrés puntual o crónico, aprenda algo útil. De hecho, es más probable que solo busque formas de reducir su miedo, ansiedad o frustración, ya sea huyendo, quedándose inmóvil o reaccionando con agresividad, ninguna de las cuales será buena para el gato a la larga, y todavía menos para su relación con el dueño. Deberíamos tener en cuenta cuatro puntos:

1. Nunca intentes entrenar a un gato que acaba de estresarse: centrará toda la atención en la amenaza que ha percibido (real o imaginaria) y no en el ejercicio que quieres que aprenda.
2. Para ayudar a aliviar el estrés del gato, dale espacio, tranquilidad y un lugar en el que esconderse.
3. Un gato que se haya estresado recientemente te hará saber que sus niveles de estrés se han regulado lo bastante como para comenzar el entrenamiento cuando salga de su escondite.
4. Entrenar con la ayuda de premios es la mejor forma de reducir y, al final, eliminar aquellas amena-

zas que los gatos perciben y que son más aparentes que reales, como la llegada del veterinario a la sala de consulta, el olor de una de las jaulas del hospital o que los inmovilicen para una revisión médica.

El estrés es malo para los gatos, ¿verdad?

Utilizamos la palabra «estrés» para describir una experiencia consciente de presión mental o emocional: ¿sufren los gatos algo similar? Resulta imposible entrar completamente en el mundo emocional de los gatos, pero sí sabemos que son capaces de experimentar algo parecido a la ansiedad (un sentimiento general de miedo), además del miedo más directo (y obvio) a algo que esté justo delante de sus narices. Además, estudios recientes han demostrado que los gatos pueden sentir frustración, otra forma de estrés, cuando algo que desean es imposible de conseguir (por ejemplo, escapar) o cuando sus expectativas no se cumplen. También es cada vez más evidente que el estrés prolongado no solo conlleva que el gato se comporte de forma extraña, sino que puede incluso contribuir a que sufra enfermedades como la cistitis o la dermatitis.[3]

Por lo tanto, la pregunta que debemos hacernos es, si el estrés es tan malo para nosotros (y para los gatos y demás mamíferos), ¿por qué no lo ha eliminado la evolución? La respuesta es que el estrés es, en realidad, esencial para la supervivencia y solo supone un problema cuando se convierte en algo continuo. Desgraciadamente, las condiciones de vida moderna hacen que el estrés sea cada vez más común entre los gatos (y así como en otros animales domésticos y personas).

Reaccionar con estrés es un mecanismo vital para salir de problemas eficazmente. Pararnos a pensar «¿Cuán peligroso es esto, o es peligroso en realidad?» nos hará perder uno o dos segundos esenciales, algo que podría resultar fatal. Por consiguiente, la mayoría de los animales (y humanos)

---

dependen de una serie de reacciones inherentes, que los alejan lo suficiente del peligro como para concederles el respiro que necesitan para valorar la situación.

Nuestros cuerpos, y los de los gatos, se valen de dos mecanismos distintos para reaccionar al peligro, uno más rápido que el otro. En cuanto se percibe la amenaza, el hipotálamo, una estructura en la base del cerebro, se activa y segrega la hormona de la adrenalina (epinefrina) de las glándulas suprarrenales (situadas en los riñones). Este proceso prepara al cuerpo para lidiar con la amenaza inminente: el corazón se acelera y la respiración se vuelve más rápida y profunda, bombeando energía y oxígeno a los músculos y preparándolos para correr por salvar la vida o para luchar si es imposible huir.

Si el peligro continua o se repite (por ejemplo, el gato queda atrapado o se pierde), se activará un segundo sistema, que libera otra hormona de las glándulas suprarrenales, el cortisol. Este acelera la entrada de glucosa en la sangre y reduce la fatiga y la hinchazón causadas por una herida. Las actividades secundarias, como la digestión de la comida, se reprimen y volverán a su estado normal cuando la amenaza haya pasado y la cantidad de cortisol en la sangre se haya estabilizado.[4]

Obviamente, todo eso debería ayudar a cualquier animal (incluidos nosotros) a reaccionar de manera apropiada ante una amenaza inesperada, pero pasajera. Sin embargo, si la amenaza se prolonga, surgirán problemas más serios. Si el cortisol continua entrando en el flujo sanguíneo, al final entorpecerá el funcionamiento del sistema inmunológico y dejará al gato expuesto a las infecciones, por no mencionar a las enfermedades autoinmunes.

Los gatos demostrarán que padecen estrés crónico de distintas maneras. Algunos se volverán muy activos, tal vez caminen y maúllen sin cesar; otros se mostrarán retraídos y parecerá que no reaccionan. La forma en que respondan dependerá de cada gato, de cómo perciba el contexto en el que se encuentra y de si sufre de ansiedad, miedo o frustración. Para ayudar a un gato que padece estrés crónico se necesita algo más que solo entrenamiento y, por eso, no lo tratamos en este libro.[5]

Por suerte, para la mayoría de los gatos, las visitas al veterinario no tienen por qué estar marcadas por el miedo y la ansiedad. A medida que aumenta lo que sabemos sobre este animal, en los últimos años hemos visto cómo cambiaba la forma en que se maneja a los gatos en muchas consultas veterinarias, implementando programas que los ayudan a sentirse más cómodos. Un ejemplo de esto es el *Cat Friendly Practice Scheme* (plan de clínicas amables con los gatos). Pero, por muy cordial que sea una clínica veterinaria con los gatos, entrenarlos para que hagan frente a las visitas médicas les permitirá recibir la mejor asistencia veterinaria de la manera menos estresante posible. Por ejemplo, cuanto más soporte el gato que lo toque el veterinario, menos necesitará que lo limiten: una ventaja muy importante, porque tener que sujetarlo con fuerza será angustioso para el gato y para el personal veterinario, además de para el dueño que ve a su mascota tan asustada. Sin esas restricciones, el veterinario estará más seguro de que las reacciones negativas del gato durante el examen médico se deben al dolor o la incomodidad asociados con una lesión o enfermedad, en lugar de al miedo, la ansiedad o la intolerancia (frustración) a que lo toquen y lo examinen. Así, será capaz de determinar un diagnóstico más certero.[6]

Es fácil darse cuenta de que ir al veterinario abarca muchos de los recursos clave y ejercicios que hemos cubierto en los capítulos anteriores (por ejemplo, conocer a gente nueva, entrar y viajar en el transportín, que lo toquemos nosotros o desconocidos, y aceptar procedimientos sanitarios en casa). Por eso, antes de emprender cualquier adiestramiento que lo prepare para las visitas al veterinario, es importante que haya dominado estos ejercicios previos, ya que le proporcionarán una base sólida para aprender que la visita al veterinario no es algo que deba temer. No podemos recalcar lo suficiente que los gatos no aprenden bien cuando están estresados. Eliminar o reducir tantos de los elementos de la consulta que le causen estrés como sea posible nos permitirá preparar al gato para la visita de forma más sencilla. Aunque muchas de esas cosas dependan del veterinario, es importante que seas consciente de lo que son para que puedas escoger una clínica más adecuada para ti y tu gato, y darle el mejor uso a los servicios disponibles.

Reducir la exposición a otros animales en la sala de espera contribuirá a prevenir que aumente el estrés que ya siente el gato. Conseguirás evitar a los perros si acudes a clínicas solo para felinos, o si pides que te dejen esperar con el gato en una sección de la sala de espera en la que no haya perros. Si en tu veterinario no hay ninguna de las dos cosas, busca el lugar más tranquilo en la sala de espera, o incluso pregunta al recepcionista si es posible esperar en el coche y que te avisen cuando el veterinario esté listo para recibirte.

Características adecuadas para los gatos de la consulta del veterinario

Sala de espera

- Zonas de espera solo para gatos
- Clínicas solo para gatos
- Zonas elevadas para dejar los transportines
- Aislamiento para transportines individuales
- Mostrador de recepción con una zona elevada para dejar el transportín
- Tener golosinas para gatos disponibles
- Sala de espera
- Sala de consulta solo para felinos
- Mesa de exploración de superficie antideslizante
- Llevar a cabo la exploración en la base del transportín
- Tener a mano toallas para construir un nido en el que el gato se esconda durante el examen médico
- Tener golosinas para gatos disponibles
- Contacto suave y amable por parte de todo el personal

Hospitalización

- Salas solo para gatos
- Jaulas por encima del nivel del suelo
- Escondites en la jaula del veterinario

Los gatos se sienten más seguros cuando están a cierta altura, por lo que es mejor colocar el transportín en una estantería o repisa o, si no hay ninguna de las dos cosas, sobre tu regazo, antes que dejarlo en el suelo. Asimismo, los gatos se sienten más protegidos si están parcialmente ocultos, así que lleva alguna tela familiar, como por ejemplo una manta, y cubre el transportín de modo que el gato pueda decidir si mantenerse a la vista o esconderse. Al aumentar la percepción de seguridad del gato y reducir su exposición a otros animales, tendrá muchas más posibilidades de permanecer tranquilo y estar en un lugar en el que sienta que su integridad no se ve amenazada.

La mejor forma de prevenir que el gato tenga miedo en la sala de espera es haberlo expuesto a ella de manera positiva. Crear una serie de experiencias agradables ayudará a que el gato no vea las próximas visitas al veterinario como amenazadoras: cuantas más situaciones positivas haya vivido, más protegido estará ante una vivencia negativa. Una de las formas de planear experiencias positivas es preguntar al personal de la recepción si podemos llevar al gato a la sala de espera durante cortos períodos de tiempo en las horas más tranquilas: eso le permitirá a tu gato experimentar el ambiente de la sala de espera cuando es menos amenazador y le enseñará que esas visitas no van seguidas automáticamente de (es decir, no predicen) sucesos negativos.

Cuando damos la oportunidad al gato de establecer asociaciones positivas, es importante que permanezca en su zona de confort en todo momento y que se le premie mientras se encuentre en ese estado emocional. Puesto que el gato estará dentro del transportín en la sala de espera, la interacción física, como las caricias, resultará difícil más allá de introducir un par de dedos por la puerta para rascarle debajo de la barbilla o detrás de las orejas. No obstante, en el transportín podemos darles comida fácilmente o jugar con un juguete (por ejemplo, utilizar una varita y meter el muñeco en el transportín con el palo fuera).

Vuestra primera visita a la sala de espera durará solo unos minutos: lo suficiente para que el gato observe el entorno, pero lo bastante corta para que permanezca tranquilo y sienta que tiene el control. Incrementa el tiempo en las próximas visitas, siempre y cuando el gato se muestre tranquilo y relajado. El número de visitas que necesitéis antes de que el gato se lleve una impresión positiva de la sala de espera dependerá mucho de él: un gatito confiado y sociable sin experiencias previas (o, por lo menos, sin experiencias previas negativas) quizá necesite solo una o dos visitas con el veterinario para crearse una asociación positiva. Por otro lado, un gato menos confiado y con malos recuerdos del veterinario necesitará más visitas para enmendar su asociación negativa. Por consiguiente, es probable que un gato así tolere únicamente visitas cortas al principio y que le cueste más tiempo sentirse lo bastante cómodo como para incrementar la duración de las mismas. Por eso, lo ideal es empezar a entrenarlos desde pequeños. Los veterinarios agradecerán recibir a un gato confiado y feliz, en lugar de al típico gato miedoso que los amenaza con utilizar las uñas y los dientes.

Ahondando en el concepto de construir asociaciones positivas con la sala de espera, también deberías intentar exponer al gato a tantos contactos positivos con el personal del veterinario como sea posible. Por ejemplo, pide al personal de recepción que le dé de comer al gato a través de la puerta del transportín. Hacerlo prevendrá que los encuentros más negativos (por ejemplo, las citas para vacunarse) nublen la visión positiva del gato. La mayoría de los dueños (comprensiblemente) llevan a sus gatos al veterinario solo cuando algo va mal o cuando el animal necesita cuidados preventivos como vacunas adicionales. Puesto que estas son las únicas experiencias con el veterinario de la mayoría de los gatos, y es probable que todas impliquen algo de malestar y dolor, es fácil entender por qué los gatos empiezan a temer sus visitas al veterinario: todas implicaban algún suceso negativo.

Los consultorios veterinarios más progresistas deberían estar dispuestos a ayudarte a conseguir que el gato se relaje mientras espera a que lo traten. Hoy en día, muchas consultas ofrecen la oportunidad de que una enfermera veterinaria reciba al gato para los exámenes médicos básicos, en los que se les obsequiará con caricias suaves, juegos y golosinas para que el gato cree experiencias positivas. Algunas incluso ofrecen visitas de familiarización en las que no se les realiza ningún examen médico, sino que se les permite explorar la sala de consulta a su ritmo, para que se familiaricen con el entorno, especialmente con el personal, y en las que se utilizarán premios como golosinas, juegos o caricias suaves (si los gatos así lo desean). En general, los consultorios dirigen esas visitas en concreto a los gatitos, con el objetivo de que construyan asociaciones positivas desde una edad temprana. Sin embargo, no tengas miedo de preguntar en tu consulta si pueden ofrecerle esas visitas a tu gato adulto si necesita aprender a relajarse en sus instalaciones. Deberían responder de forma positiva y apreciar tu enfoque preventivo para ayudar al gato: al fin y al cabo, cuidar de tu mascota será mucho más sencillo para ellos si está dispuesta a que la examinen y la traten.[7]

Además de preparar al gato para visitar la consulta del veterinario, también es buena idea realizar simulacros de varias de las técnicas del examen médico en casa. Por ejemplo, podemos enseñarles que el hecho de que les revisen los ojos, los oídos, la piel y los dientes es señal de que recibirán un premio. También podemos practicar sujetar al gato para que se quede de pie, una posición que se utiliza a menudo en el veterinario y, aunque no es buena idea palpar por completo la zona de la barriga del animal (debe hacerlo un especialista cualificado), les enseñaremos a que estén cómodos mientras les tocan esa zona vulnerable.

Tener la oportunidad de inculcarle que un trato así señala la llegada de un premio, en el entorno tranquilo y sin estrés del hogar y a un ritmo con el que esté cómodo, aumentará mucho su capacidad de lidiar con un examen cuando ocurra durante la visita al veterinario. Estas experiencias ya no le parecerán nuevas o potencialmente aterradoras, sino que le resultarán familiares y las asociará con una recompensa. La única diferencia será que en el veterinario se llevarán a cabo en un entorno más estimulante, pero, con un poco de suerte, cuando llegue el momento, tus visitas a la consulta habrán reducido enormemente los estímulos que el gato percibe como una amenaza. Aunque no siempre podemos garantizar que lo trate un veterinario al que ya haya conocido anteriormente y con el que haya creado asociaciones positivas, los entrenamientos previos, centrados en enseñarle que las visitas pueden resultar gratificantes, deberían ayudarle a eliminar toda ansiedad.

Recomendamos llevar a cabo esos simulacros sobre la manta de relajación (Recurso Clave n.º 6) en la base del transportín: el gato se sentirá bien y en calma allí (siempre y cuando hayas seguido el entrenamiento que se detalla en el capítulo 7) y, por lo tanto, su estado emocional será ideal. Además, animar al veterinario a que realice los exámenes físicos en la base del transportín le proporcionará a tu gato algo de seguridad extra, en lugar de sentirse expuesto en la extensión abierta de la mesa del veterinario.

Para que se dejen examinar los dientes y la boca, empieza rascándoles la barbilla y la zona de las mejillas (los gatos suelen preferir que los acaricien ahí), avanza con cuidado hasta tocarle el labio y, después, aparta los dedos y dale el premio, tal y como se explica en el Recurso Clave n.º 5 (en el capítulo 3). Repítelo varias veces, comenzando con un ligero toque en el labio, y levántale a continuación una de las comisuras del labio superior para dejar al descubierto uno de los caninos superiores. Si es preciso sujetarle la cabeza al gato con la otra mano, introduce el proceso tocándole la cabeza y el labio al mismo tiempo. Recuerda, la mejor forma de progresar es tocar al gato con suavidad y trabajar paso a paso.

Si en cualquier momento el lenguaje corporal del gato indica malestar (por ejemplo, baja el cuerpo, las orejas o ambos, o aparta la cabeza de ti) o nerviosismo (se le dilatan las pupilas o sacude la cola), para inmediatamente. El gato te está diciendo que no le gusta la experiencia y que has ido demasiado lejos con lo que acabas de hacer. Espera a otro momento en que esté relajado y vuelve a empezar desde el principio. A lo largo de varias sesiones de poca duración, avanza en el entrenamiento hasta que puedas separar tanto el labio superior como el inferior y le veas los dientes delanteros. Además, deberás lograr tirar de la parte de los labios que se curva en las mejillas y ver los dientes traseros, hasta el punto en que te permita revisarle los dientes durante uno o dos segundos. Valiéndote de las mismas técnicas de entrenamiento, desarrolla asociaciones positivas cuando le toques y eches las orejas hacia atrás para

Herbie aprende a que le examinen los dientes,
partiendo de un suave tirón de los labios.

inspeccionárselas por dentro, cuando le abras los párpados con suavidad para examinarle los ojos, cuando le cepilles el pelo en dirección contraria a su nacimiento con el dedo para dejar la piel al descubierto y cuando le coloques la mano en la barriga para sujetarlo y que se mantenga en pie. Asimismo, entrenar al gato para que acepte que le muevan con suavidad la piel del vientre a cambio de un premio le ayudará a sobrellevar que el veterinario le palpe la barriga.

Una vez esté completamente cómodo con esas formas de contacto, es muy importante asegurarse de que no premiamos todas las muestras del comportamiento deseado de forma inmediata (ver Recurso Clave n.º 8). Esto no solo nos ayudará a que se mantenga relajado cuando lo toquemos; también animará al gato a seguir relajado cuando los exámenes sean imprescindibles y no dispongamos de premios, algo que a veces resultará inevitable (por ejemplo, si el veterinario te ha indicado que tu mascota no debe comer antes de una cirugía o si el gato está demasiado incómodo para premiarle con juegos). Además, puesto que el trato en el veterinario es tal vez una de las mayores «peticiones» que les hacemos a nuestros gatos, es vital emitir una señal que indique que esa parte del entrenamiento ha finalizado (ver Recurso Clave n.º 9) para que el gato sepa que ya no tiene que permanecer quieto y tranquilo, y que puede regresar a sus actividades diarias.

Recuerda, ninguno de estos ejercicios es necesariamente un acontecimiento especial y puedes integrarlos en la rutina diaria. Realiza algún que otro ejercicio en momentos en los que el gato decida interactuar contigo. Elige ocasiones en las que esté calmado y feliz, dispuesto a participar, y el entorno sea tranquilo y relajado. Una vez el gato lleve bien que le realices estos exámenes, pide a un familiar o a un amigo que le caiga bien a tu gato que ejecute parte de ellos, para que empiece a acostumbrarse a que otras personas lo toquen de ese modo. Esto servirá para generalizar la asociación que has creado entre el tacto, como el que reciben en el veterinario, y los premios.

No obstante, asegúrate de que tu nuevo ayudante entiende bien el Recurso Clave n.º 5, contacto – cese – premio, es decir, que el tacto señala que recibirá la recompensa solo si se le entrega inmediatamente después de que haya finalizado. En casos en los que no puedas entregarle el premio inmediatamente después de tocarlos, utiliza el Recurso Clave n.º 4, marcar el comportamiento. Por ejemplo, cuando practico con mis gatos, les recuerdo la asociación entre la palabra «bien» y los premios antes de empezar cualquier ejercicio de este tipo, para comprobar que recuerdan que la palabra elegida significa la llegada de algo bueno. Así puedo utilizar la señal cuando tenga las manos ocupadas con el examen y necesite unos segundos extra para coger los premios.

Es probable que durante los exámenes médicos se utilicen varios tipos de herramientas veterinarias, todas ellas desconocidas y potencialmente aterradoras para el gato. Aunque nosotros sepamos que un termómetro toma la temperatura, que un estetoscopio nos permite oír el latido del corazón y que un algodón puede limpiar fluidos no deseados, los gatos no tienen ni idea de la intención o la función de estos objetos, o de que se utilizan por su bien. Por eso, que estos artefactos entren en contacto con su cuerpo, a menudo en lugares extraños, le resultará desconcertante y también posiblemente alarmante a un gato que no ha recibido adiestramiento previo. Aunque el algodón es fácil de conseguir, los estetoscopios y los termómetros no son objetos comunes en casa. Por consiguiente, a veces durante el entrenamiento tendremos que ser imaginativos para reproducir las propiedades sensoriales (es decir; el aspecto, el sonido, el olor o el tacto) de los instrumentos veterinarios utilizando objetos corrientes (parte del proceso de sensibilización sistemática, Recurso Clave n.º 2). Por ejemplo, una cuchara de metal puede imitar parte de las propiedades de un estetoscopio: es un objeto redondo y frío que se aprieta contra el pecho.

Igual que durante los ejercicios de contacto, empieza con el gato sobre la manta de relajación en la base del transportín, para que el entrenamiento parta de un estado relajado. A continuación, coloca la cuchara en el suelo delante del gato y deja que la investigue: con suerte, comenzará a olfatearla. Premia cualquier investigación positiva (Recurso Clave n.º 1). Si el gato se comporta de modo que sugiera que se encuentra cómodo con la cercanía de la cuchara, levántala del suelo y sujétala contra su pecho con suavidad durante un segundo. Después, apártala con cuidado y premia su comportamiento tranquilo. Al principio, asegúrate de que el objeto esté a temperatura ambiente antes de tocar al gato con él, porque si está frío le resultará más difícil tolerarlo. Si le perturba la cuchara aunque sea un poco, déjala en el suelo durante más tiempo para que se habitúe a ella y premia cualquier comportamiento relajado hacia la cuchara, incluso si solo es un vistazo en su dirección.

Con procedimientos que impliquen introducirle objetos en el cuerpo, como un termómetro o una linterna para examinarle el canal auditivo, nunca es aconsejable o apropiado intentar recrearlos en casa: solo debería realizarlos un veterinario cualificado. No obstante, cuando se le toma la temperatura al gato, a menudo se le sujeta de pie con la cola levantada para insertarle el termómetro en el recto. Afortunadamente, podemos entrenar al gato para que como mínimo acepte quedarse en pie con la cola levantada. Por eso, aunque resulte inviable imitar todos los procedimientos en casa, por lo menos consideraremos en qué posiciones se sujetará a nuestro gato y si es seguro y factible entrenarlas en casa. Con suerte, podrás practicar esas técnicas antes de que el gato necesite ir al veterinario.

Cuando llegues al veterinario y entres en la consulta, abre la puerta del transportín y espera a ver si está lo bastante seguro como para salir de forma voluntaria. De ser así, refuerza su comportamiento con el premio que hayas escogido; la interacción física o la comida son preferibles en este momento porque están a punto de tocar al gato y queremos evitar que sus niveles de excitación aumenten, cosa que ocurre cuando jugamos con él. Es importante reforzar las acciones voluntarias del gato para salir del transportín (Recurso Clave n.º 1). Es preferible a utilizar los premios como cebo (Recurso Clave n.º 3) para animarlo a que salga: aunque usar un cebo funcione para sacarlo, monopolizará la atención del gato mientras salga y estará demasiado centrado en obtener el cebo para asimilar lo que ocurre a su alrededor. Solo cuando el estímulo haya desaparecido y se vea expuesto en la mesa de examen, dedicará tiempo a observar lo que lo rodea. Si el entorno le parece desafiante, es probable que vuelva a entrar rápidamente en el transportín a causa del pánico. Es más fácil que un gato repita el comportamiento si le dejamos salir del transportín a su ritmo para que valore el entorno conforme lo haga y, después, lo premiamos por ello.

Sarah sujeta a Herbie para que se mantenga en pie y le aprieta una cuchara contra el pecho, imitando un estetoscopio.

Batman, un gatito al que entrenó Sarah, sale del transportín de forma voluntaria.

Batman recibe una golosina por decidir salir del transportín.

Muchos gatos no se sentirán lo bastante seguros como para salir del transportín, en cuyo caso la mejor opción será pedir al veterinario que examine al gato en la base del transportín, sobre la manta que asociamos con la relajación (siempre y cuando hayamos entrenado el Recurso Clave n.º 6). De ese modo, el gato no tendrá que abandonar su lugar seguro y se sentirá menos expuesto gracias a los laterales del transportín. Con gatos muy nerviosos, exponer solo las zonas que deben ser examinadas, de una en una, nos ayudará mucho a prevenir un aumento del estrés y a asegurarle que no pondremos en peligro su seguridad.

Tolerar que le pongan una inyección es una habilidad básica que todo gato debería aprender. Aunque no sea posible administrarles una inyección en casa, enseñaremos al gato que no debe tener miedo de la forma especial en la que lo sujetan. En general, se les suele poner la inyección o bien en el cogote o, en algunos hospitales, en la pata trasera o en la cola. En la mayoría de los casos, se sujeta al gato de pie o agazapado. Cuando el objetivo es el cuello, se le separa del cuerpo la piel flácida alrededor de la nuca, a la que se conoce como «cogote», con una mano y, dependiendo del gato, a veces se les inmoviliza la cabeza o el cuerpo con la otra. En el caso de la pierna o la cola, en general se coloca al gato en la posición en la que se encuentre más cómodo (de pie o agachado) y se le sujeta por delante y por detrás.

Igual que con cualquier otro ejercicio, dividiremos el objetivo final en pasos pequeños y enseñaremos al gato a asociar cada uno de ellos con un premio de forma sucesiva. Por ejemplo, debemos practicar individualmente sujetarlos de pie o agachados y, solo cuando el gato se encuentre totalmente cómodo con la posición, añadiremos el proceso de separarle la piel del cuello con suavidad. Cuando el gato esté tranquilo y conforme con esto, procederemos a sujetarle la cabeza o el cuello y, por último, utilizaremos un dedo índice o un bolígrafo con tapa para oprimir con cuidado la zona de la piel en la que se le pondría la vacuna. Así, el gato se acostumbrará a

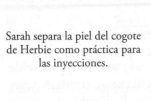

Sarah separa la piel del cogote de Herbie como práctica para las inyecciones.

la sensación de presión en la zona que nos interesa. Basta con unos segundos para ponerle una inyección, pero si el gato está asustado cuando ocurre, esos segundos serán suficiente para que en su mente se cree una asociación negativa tan fuerte que estará tenso en todas las visitas posteriores al veterinario. De modo que, si practicamos esas tareas en la vida cotidiana, durante solo unos minutos cada vez, el gato será capaz de desarrollar una gran resistencia frente a los sucesos reales que tendrán lugar en la consulta del veterinario.

Si alguna vez te encuentras en la situación de que debas llevar al gato al veterinario de forma inminente y no crees haber completado suficientes entrenamientos en casa para que el gato haga frente al examen médico o al procedimiento que se lleve a cabo, prueba a utilizar una técnica de «distracción». Una distracción impedirá que la experiencia le parezca demasiado negativa y debería evitar que empañe lo que habéis conseguido en el adiestramiento inicial. Esta técnica no reemplazará al formato de entrenamiento contacto – cese – premio (Recurso Clave n.º 5) progresivo y por etapas (Recurso Clave n.º 2): es sencillamente una ayuda a corto plazo para aquellas visitas que debemos hacer al veterinario cuando el entrenamiento todavía está en curso.

La técnica de distracción implica proporcionar un suministro continuo de comida apetitosa al gato. Puedes hacerlo preparando una pasta de carne líquida y poniéndola en una jeringuilla, tubo o manga pastelera pequeña que te permita darle una cantidad de comida constante pero pequeña. Utilízala como cebo para poner al gato en la posición (sentado o de pie, por ejemplo) en la que quieres que esté para que lo traten (Recurso Clave n.º 3). Mientras el gato se coma la comida, acarícialo en una zona con la que se encuentre cómodo y, después, mueve la mano con cuidado hacia la nueva zona que deseas tocar. La comida tiene que tener un valor lo bastante alto para que el gato la quiera y, por lo tanto, se quede en la misma posición mientras lo tocas. Es mucho más difícil que asimile que el tacto es positivo en estas circunstancias, puesto que el suministro continuo de comida le resulta tan gratificante que impide que en la mente del gato se forme cualquier asociación entre el contacto y la comida. Por eso no recomendamos que te bases solamente en este método todas las veces que debáis acudir al veterinario, sino que lo utilices en aquellas visitas inesperadas e inminentes para las que no has tenido tiempo de completar el entrenamiento en casa.

Para pasar de la técnica de distracción a premiar al gato por dejarse tocar (Recurso Clave n.º 5), todo lo que tenemos que hacer es quitar poco a poco la comida durante el contacto y entregársela inmediatamente después de dejar de acariciarlo. Esto se consigue sujetando la jeringuilla con la comida cerca del gato, pero sin pulsar el émbolo para que salga la comida hasta que hayamos terminado de tocarlo. Poco a poco, llegarás al momento en que solo le presentarás la jeringuilla llena de comida después del contacto. De este modo, no solo utilizarás la comida como mera distracción, sino que habremos pasado a enseñarle que dejarse tocar tendrá consecuencias positivas y que, por lo tanto, es una experiencia que merece la pena. Por supuesto, también puedes cambiar a otro tipo de premio, como trozos pequeños de pollo cocinado o golosinas comerciales.

Garantizar que al gato no le perturben las visitas al veterinario tiene muchas ventajas. Las visitas son esenciales para que el gato goce de una salud excelente, pero él no lo sabe y no puedes permitirte dar por hecho que lo que ocurre en el veterinario, se queda en el veterinario. Es probable que olvides el forcejeo que el gato tuvo que soportar mientras lo examinaban, y que el veterinario le reste importancia y lo considere uno de los gajes previstos en su oficio, pero el gato no lo olvidará tan fácilmente.

Afortunadamente, muchos de los ejercicios preparatorios pueden realizarse en casa. Además, si elegimos una consulta veterinaria especializada en minimizar el estrés de sus pacientes y que tenga un trato amable con ellos, demostrarás a tu mascota que ir al veterinario es tan bueno como cenar pollo. No importan los problemas de salud que el gato tenga en el futuro, debería estar capacitado para permanecer relajado ante nuevas intervenciones veterinarias.

Gran parte de este capítulo se ha centrado en las técnicas de entrenamiento que requerirás para enseñar a tu gato a mantener la calma y estar quieto mientras le realizan exámenes médicos: en general, esos procedimientos suponen estar en contacto con el cuerpo del gato durante un breve período de tiempo. Sin embargo, hay otras circunstancias en las que los gatos tendrán que lidiar con objetos que estén en contacto con ellos durante períodos más largos, por ejemplo, cuando llevan un arnés. Una situación así no implica enseñarle a quedarse quieto, sino a moverse con tranquilidad a pesar de que algo extraño esté en contacto con su cuerpo. En caso de llamar al gato para que entre en casa, ¡queremos entrenarlo no solo para que se mueva, sino para que lo haga rápido! Nos centraremos en ejercicios de este tipo en el siguiente capítulo, donde detallaremos el entrenamiento preciso para que el gato disfrute del aire libre sin riesgos.

Capítulo 10

Los gatos sueltos
El exterior

¿Es mejor para el bienestar del gato que viva toda la vida dentro de casa o que pueda acceder al exterior de vez en cuando? El debate sigue propagándose por todo el mundo. Encerrar a los gatos en casa de forma permanente es común en muchas zonas urbanas de Estados Unidos, además de en algunas zonas de Australia. No obstante, en Reino Unido y en Europa continental, en especial en las áreas rurales, es mucho más común que tengan acceso al exterior, ya sea a través de una gatera o simplemente dejándolos entrar y salir. Quizá uno de los motivos de que no haya un consenso sobre qué modo de vida es mejor para el gato sea que cada situación tiene sus propias ventajas y desventajas, y la forma en que los dueños las sopesen depende mucho de las condiciones de vida de cada uno. Si eres uno de esos dueños que sostiene que los gatos merecen tener cierto grado de libertad para deambular por donde quieran, entrenar a tu mascota te ayudará a reducir algunos de los riesgos que conlleva vivir en el exterior.[1]

¿Por qué puede ser tan importante salir al aire libre? Hay tres motivos fundamentales por los que el gato siente la necesidad de salir. El primero es buscar la compañía del sexo opuesto con la finalidad de aparearse: esto no se aplica a la mayoría de las mascotas de hoy en día, a las que se debería haber esterilizado. El segundo es ir a cazar; aunque muchos gatos parecen muy motivados a intentarlo, solo unos pocos elegidos tienen algo de éxito al cazar. En general, los gatos domésticos bien alimentados cazan de forma poco entusiasta y extraordinariamente inefectiva, y muchos muestran poco interés en la práctica. Por lo tanto, es lógico preguntarse por qué las mascotas de hoy en día deberían sentir la necesidad de salir. Sin embargo, es evidente que, si se les da la oportunidad, muchos pasan la mayor parte del tiempo al aire libre. Por consiguiente, tenemos que sugerir un tercer motivo, que es probablemente la necesidad instintiva de mantener un territorio, un área que el gato conozca bien y considere suya. Además, desde el punto de vista del bienestar del gato, es obvio que disfruta de muchos elementos del exterior: correr a toda velocidad, escalar los árboles, tomar el sol, revolcarse en el polvo y, en general, explorar e investigar el entorno.[2]

Los gatos son animales muy curiosos y exploradores y, aunque es muy fácil tachar ese comportamiento de trivial y no esencial, ahora se sabe que reunir información es un imperativo biológico, en particular para animales tan inteligentes como los gatos. En lo que se refiere a los gatos domésticos, tal vez este rasgo no sea completamente imprescindible para su supervivencia, pero desde luego lo era para sus antepasados salvajes, cazadores especializados que, para sobrevivir a diario, dependían de su capacidad para predecir dónde tenían más posibilidades de encontrar presas. Sin duda alguna, reunían parte de los conocimientos necesarios directamente mientras cazaban, por ejemplo, recordando los lugares en los que tuvieron más éxito en el pasado. No obstante, absorberían información general de su área de caza en todo momento, solo con detectar y memorizar los datos pertinentes mientras se desplazaban (como los rastros de olor que hubieran dejado los ratones unas horas antes). Ciertamente, los gatos domésticos, incluso aquellos que no cazan, sienten el mismo impulso de explorar y recabar información que sus antepasados y, aunque hoy por hoy puede que no sea vital para su supervivencia, parece muy importante a la hora de garantizar su bienestar.

Cuando los gatos cazaban para sobrevivir, el éxito no dependía solo de que fueran capaces de encontrar las presas adecuadas, sino también de que fueran los primeros en dar con ellas. Para un cazador solitario como el gato montés, sus mayores competidores habrían sido otros miembros de su misma especie. Por eso, además de reunir información sobre la presa, un gato montés (de hecho, cualquier depredador eficaz) debe de recopilar toda la información que pueda sobre el paradero de sus rivales. En la naturaleza, los depredadores tienden a estar muy dispersos, por lo que casi nunca se topan cara a cara; más bien se siguen la pista los unos a los otros captando el olor del otro de vez en cuando. Durante los miles de años transcurridos desde que se convirtieron en animales domésticos, los gatos han conseguido vivir más juntos de lo que lo hacían sus antepasados y pueden llegar a conocer a sus vecinos felinos de vista, pero seguirles la pista por el olor sigue siendo una prioridad, a juzgar por el tiempo que dedican a olfatear el entorno cuando salen. Puede que hayas visto a tu gato restregar las mejillas contra la verja del jardín u orinar hacia atrás contra un arbusto, ambos ejemplos de cómo los gatos dejan su marca en territorio.[3]

Es una suposición razonable que nuestros gatos domésticos todavía sientan la necesidad de controlar lo que ocurre a su alrededor, aunque en muchos casos ya no sea vital para su supervivencia. Solo han transcurrido un puñado de generaciones desde que todos los gatos cazaban para subsistir (es decir, antes de la creación de la comida para gatos comercial nutricionalmente completa), muy poco tiempo para que la evolución haya eliminado las técnicas de supervivencia básicas que permitían que la caza tuviera éxito. Por eso, aunque los gatos no entiendan por qué tienen el impulso de patrullar el área que rodea la casa de su dueño, se ven obligados a hacerlo si se les presenta la oportunidad. Una vez están ahí fuera, la mayoría solo presta una mínima atención a las idas y venidas de las posibles presas porque, al contrario que sus antepasados salvajes, están bien alimentados, sea la hora que sea, de día o de noche. Además, siguen motivados a intentar mantener al resto de gatos fuera de esa zona, a pesar de que esa actitud protectora ya no tiene ninguna función útil, puesto que los recursos más indispensables están dentro, no fuera de la casa de sus dueños.

En cuanto salen al aire libre, siempre existe el riesgo de que el carácter territorial de los gatos suponga peleas con otros felinos y la posibilidad de sufrir lesiones o infecciones, sobre todo si se encuentran con gatos no castrados y sin vacunar. Pero la mayor amenaza, y la más extendida para los gatos en el exterior, no son otros gatos, sino algo fabricado por el hombre: *carrum destructurus,* o el vehículo a motor. Con frecuencia, los encuentros con automóviles resultan fatales para el gato, y por eso representan un riesgo enorme para su bienestar físico. Otros peligros del entorno parecen ser específicos del país, o incluso de la región. Por ejemplo, en algunas zonas de Estados Unidos, los gatos corren el riesgo de ser atacados por depredadores como los coyotes y los pumas, animales con los que es poco probable que sus primos europeos se topen. Sin embargo, no solo se valora el riesgo que puedan sufrir los gatos, sino también otras especies: al impedir que los gatos salgan al exterior, muchos dueños sienten que protegen la naturaleza. Parece que lo que más les preocupa son los pájaros autóctonos y los pequeños mamíferos.[4]

Los peligros asociados con un estilo de vida solo interior tienden a ser más de índole psicológica, por lo menos al principio. La falta de espacio y complejidad física pueden provocar que los gatos sientan frustración, aburrimiento e incluso ansiedad. Por ejemplo, los apartamentos de planta abierta y amueblados mínimamente pueden parecernos preciosos, pero en los espacios tan grandes y abiertos los gatos no tienen dónde esconderse ni escalar y disponen de pocas oportunidades para explorar. Vivir día tras día en un entorno que no les permita llevar a cabo conductas propias de los gatos (como cazar, explorar y estar aislados) puede causarles estrés crónico. Se sabe que el estrés afecta negativamente a su salud física, puesto que debilita el sistema inmunológico, y el riesgo psicológico de vivir solo en el interior también conlleva posibles efectos negativos en su estado físico. Además, a los gatos que antes tenían acceso al exterior con frecuencia les sienta particularmente mal que los encierren, y quizá algunos nunca aprendan a lidiar con el hecho de vivir solo en el interior, sobre todo si el espacio es pequeño y aburrido. Rara vez la respuesta a este problema es la compañía de otro gato: si dos gatos de interior no se llevan bien, las ocasiones de evitar al otro son muy limitadas. Si obligamos a dos gatos incompatibles a compartir hogar, podrían incluso resultar heridos. Encerrar a varios gatos que antes tenían la libertad de escaparse de los demás al salir al aire libre les causará mucha tensión.[5]

Hay, sin embargo, una tercera forma de supervisar a los gatos, hasta ahora poco explorada, que tiene el potencial de minimizar los riesgos para su bienestar que los otros dos modos de vida conllevan. Esta implica dejar que el gato salga al exterior pero con mayor vigilancia y control que al dejarlos salir libremente (más parecido a la forma en que los dueños manejan a los perros). El dueño será quien decida cuándo el gato sale al exterior; por ejemplo, hacer que entre cuando oscurezca y sea menos visible, o cuando él quiera salir y no pueda supervisar las actividades del gato en el exterior. Evitaremos que los gatos se metan en problemas si los entrenamos para que vuelvan cuando se les ordene, igual que un perro (bien adiestrado). Para controlarlos todavía más al aire libre, podemos enseñarles a acompañarnos a pasear lejos de las carreteras y a llevar un arnés y una correa: no a todos los gatos les gustará al principio, pero la mayoría se acostumbrará después de un poco de adiestramiento.

Con frecuencia, los gatos con acceso limitado al exterior parecen frustrados por ser incapaces de salir cuando quieran, y maullarán y darán golpes a la puerta con la pata. Mediante el entrenamiento, lograremos que estén satisfechos con el pacto que hemos ideado. Los estudios han demostrado que los gatos son mucho más felices cuando predicen lo que está a punto de ocurrir pero a la vez sienten que controlan la situación, algo que pierden cuando no pueden abrir la puerta por sí solos o no saben cuándo se abrirá. Adiestrarlos les permitirá soportar que les restrinjamos el acceso al exterior, y así reducir su frustración y el estrés posterior.[6]

Asimismo, el auge reciente y en aumento de la tecnología relacionada con las mascotas nos ha proporcionado muchos dispositivos que contribuyen a que el acceso al exterior sea más seguro. Las gateras que se activan con microchip escanean el chip de identificación implantado entre los omoplatos del gato, para garantizar que solo tu gato pueda entrar en casa y tener acceso al exterior sin que los gatos vecinos ataquen el centro de su territorio. Además, algunas gateras tienen sensores de luz que la bloquean cuando oscurece y que son lo bastante inteligentes como para dejar entrar a tu gato si todavía sigue fuera, pero sin permitir que los que ya estén dentro salgan. También hay disponible una gama de collares de seguimiento y artefactos especialmente diseñados que se pegan al collar y que sirven para localizar al gato; algunos incluso te alertan en caso de que salga de una zona que hayas designado como segura. Esta tecnología, aunque a nosotros nos parezca interesante, al gato le resultará totalmente extraña y quizá necesitemos entrenarlo un poco para aprovechar al máximo su potencial: por ejemplo, puede que el gato tenga que aprender a quedarse quieto cerca de la gatera mientras el microchip lo escanea. También a no inquietarse por cualquier luz o ruido que haga la gatera, o que llevar un collar algo más pesado de lo normal no es algo que deba alarmarle.

Existen muchas formas de dejar que los gatos saquen provecho de vivir al aire libre, algo que buscan de forma instintiva, mientras reducimos el riesgo de que tropiecen con cualquier peligro. No obstante, para abrazar este modo de vida se necesita algo de formación previa.

He vivido de primera mano la devastación que supone perder a un gato en un accidente de tráfico y, como resultado, he dedicado mucho tiempo a poner en práctica algunos de los ejercicios que se describen en este capítulo.

Cosmos vino a vivir conmigo con su compañero de camada, Bumble, cuando eran pequeños. Eran muy buenos amigos y pasaban la mayor parte del tiempo juntos al aire libre, persiguiendo las hojas movidas por el viento, trepando por los árboles y viviendo aventuras en el campo. Cuando Bumble murió en un accidente de tráfico, yo quedé destrozada: nunca los había visto acercarse a ninguna carretera. Mi reacción instintiva fue encerrar a Cosmos en casa para siempre, dado que era la única manera de evitar que sufriera la misma suerte, eso fue lo que hice, por lo menos al principio. A pesar de que aumenté el tiempo que dedicaba a jugar con Cosmos dentro de casa y compré toda clase de entretenimientos para gatos, Cosmos no dudó en hacerme saber que no aceptaba esta solución. Después de todo, estaba acostumbrado a salir a diario. Durante varias semanas, pasó la mayoría de las tardes caminando de un lado a otro por el alféizar de la ventana, o delante de la puerta del porche que daba a la gatera y cuando no era así, golpeaba frenéticamente la puerta con la pata, maullando desconsolado en ambos casos. Mi corazón y mi mente discrepaban. Cosmos no estaba contento y, por lo tanto, yo tampoco: era preciso buscar una estrategia para que ambos volviéramos a ser felices. Pasé mucho tiempo hablando con amigos y compañeros (veterinarios, especialistas en comportamiento, adiestradores de animales y científicos del bienestar animal) sobre mis opciones, sopesando todos los riesgos y beneficios que suponía tanto dejar a Cosmos dentro de casa como permitir que volviera a salir, o incluso encontrarle un nuevo hogar.

Después de reflexionar mucho, decidí que la mejor solución para ambos era darle a Cosmos acceso restringido al exterior: que saliera solo en momentos en que yo estuviera en casa y despierta. Durante este acceso no supervisado al exterior, quería que Cosmos pasara el mayor tiempo posible en la seguridad de mi jardín, pero no podía limitarlo físicamente, por ejemplo, cercando el jardín con una verja a prueba de gatos, porque es una zona común que compartimos varios vecinos. Si llevaba a cabo ese plan, sentía que podía reducir al mínimo el riesgo de que sufriera un accidente de tráfico o cualquier otra lesión, y permitir a la vez que Cosmos tuviera el enriquecimiento en el exterior que tan desesperadamente deseaba. Había que hacer muchas cosas para implementar este plan. En primer lugar, asegurarse de que el acceso al exterior fuera predecible para Cosmos, para que supiera cuándo se le iba a permitir salir y cuándo no, y ayudarle a lidiar con la frustración de no poder salir cada vez que quisiera. También animarlo a que se quedara cerca de casa cuando estuviera fuera, idealmente en el jardín o en las inmediaciones, y a volver cuando se le pidiera. Para mi sorpresa, logré enseñarle sin querer a pasear conmigo cuando saliera, algo que me ayudó a dirigir el camino de Cosmos cuando salía al jardín sin limitar su libertad. De este modo, volvía a tener libertad para explorar el entorno: ¡para olfatearlo, revolcarse e incluso escalar un árbol!

Varios años después de la muerte de Bumble, Cosmos disfruta de excursiones diarias al exterior. Su rutina implica salir a primera hora de la mañana. La mayoría de los días ya no tengo que llamarlo al irme a trabajar, porque ha aprendido a qué hora me voy y entra por la gatera justo antes de que esté lista para marcharme. Por supuesto, le recompenso con abundantes elogios y una ración diaria de galletas, además de un premio adicional distribuido en una serie de comederos con rompecabezas. Después de trabajar, vuelvo a dejar que salga. Como la hora de ir a dormir varía un poco, todavía llamo a Cosmos para que entre por la noche. Vuelve a casa tan rápido que tengo que asegurarme de que la puerta esté abierta. Es reconfortante ver cómo el entrenamiento ha hecho que la acción de volver a casa sea tan gratificante para Cosmos; creo que ahora lo disfruta tanto como los premios de comida o los elogios y el afecto. Los fines de semana, Cosmos goza de mucho más tiempo fuera porque yo paso en casa la mayor parte del día. En sus ratos al aire libre, suele estar sobre todo en el jardín, revolcándose en el polvo, durmiendo en el cobertizo, escalando los árboles y masticando menta gatera.

Antes del accidente de Bumble, apenas veía a Cosmos en el jardín: siempre se iba al campo. Actividades como jugar con las ramitas, las hojas y las varitas de juguete, practicar que acuda a mi llamada con premios deliciosos, e incluso jugar al escondite en el jardín, han contribuido a que Cosmos se dé cuenta de que estar cerca de casa es divertido: parece que ya no necesita hacer esas excursiones largas en las que estaba lejos de casa durante la mayor parte del día; era evidente que se alejaba mucho de casa, a juzgar por las ramitas, las espigas y las telarañas que a veces traía pegadas en el pelo. Hoy en día, no quiere perderse ninguno de los sucesos hogareños, ni desperdiciar la oportunidad de recibir un premio. Las únicas veces en las que deja el jardín durante cierto tiempo es cuando me acompaña voluntariamente a pasear a mi perrito, Squidge. Aunque nunca dejará de existir el peligro de que sufra un accidente de tráfico al tener acceso ilimitado al exterior, descubrí una manera de reducir el riesgo de modo que me sintiera lo bastante cómoda como para seguir dejando que Cosmos tuviera acceso al exterior.

Tal vez el primer paso al proveerles acceso al aire libre sea considerar si te gustaría utilizar una gatera. Muchos dueños no ven necesario enseñar al gato a utilizarlas, ya que creen que es algo que aprenderán fácilmente por su cuenta. Esto es cierto para algunos gatos, pero desde luego tienen que aprenderlo, porque para un gato no hay nada de instintivo en empujar la cabeza por un agujero aparentemente bloqueado. A menudo, la tentación de salir es tan grande que los gatos están dispuestos a seguir tocando la gatera con la pata y empujándola con la cabeza hasta que aprenden a desplazarla lo suficiente como para atravesarla. El premio por haberse comportado así es salir y, por lo tanto, si a tu gato le gusta de verdad, es probable que lo haga una y otra vez. No obstante, no todos los gatos aprenden tan fácilmente que la gatera también se mueve en dirección contraria y que, por tanto, pueden volver a casa a través de ella. De hecho, tal vez aprendan que si se quedan fuera y maúllan, tú les abrirás la puerta y así evitarán volver a entrar por la gatera. Por su parte, a otros gatos les llevaría mucho tiempo aprender con el método de ensayo y error por sí mismos, y algunos serán demasiado asustadizos como para intentar introducir la cabeza por una pieza de plástico extraña. Con estos gatos, así como los gatitos o gatos que no tengan experiencia en utilizar una gatera, el adiestramiento nos ayudará a asegurarnos de que sea una experiencia positiva y que puedan usarla para salir y entrar en casa.

El mejor momento para empezar a entrenar con la gatera es antes de haberla instalado, para que el gato comience el adiestramiento dentro de casa. Si la gatera ya está instalada, sería buena idea fabricar una improvisada solo para el entrenamiento. Podrías hacer un agujero del tamaño de una gatera en un trozo de cartón robusto y pegar una tapa con bisagras de un cubo de la basura, o la tapa de un arenero que tenga una entrada plegable: cualquier cosa servirá, siempre y cuando sea seguro y recree más o menos la situación en la que el gato deba empujar la tapa para atravesar una entrada pequeña.

A los gatitos y a los gatos pequeños o asustadizos, apretar la cabeza contra la entrada les supondrá algo de esfuerzo, pero nos valdremos de algunos trucos para ayudarlos. El primero es mantener la puerta abierta: puedes o bien mantenerla abierta tú o, si te cuesta sostener la puerta y la golosina, sujétala con un trozo de cuerda pegada a la puerta. Premia cualquier conducta investigadora del gato (Recurso Clave n.º 1). Si el gato no explora la abertura de la gatera voluntariamente, atráelo con un cebo (Recurso Clave n.º 3), sujetando una varita de juguete delante de la abertura o colocando golosinas delante de ella. Cuando el gato esté cómodo comiendo o recuperando un juguete de la abertura, es momento de mostrarle que es una experiencia agradable atravesarla. Prueba a lanzarle recompensas a través del agujero, sujetar un premio, atravesar la abertura con él o arrastrar un juguete para animarlo a que lo persiga. Si decides sujetar un premio y el gato tiende a intentar arrebatártelos de las manos, lo mejor será utilizar golosinas con forma de palo o una de las herramientas para suministrarle la comida, como una jeringuilla llena de suero. Es poco probable que el gato atraviese la abertura la primera vez, así que recuerda premiarle cada vez que se acerque al objetivo final; por ejemplo, premia que pase los bigotes y la nariz por la apertura, luego solo cabeza, después la cabeza y una pata levantada, y así sucesivamente. Cuando el gato la haya atravesado por completo, deja de premiar que la atraviese a medias y hazlo solo cuando pase todo el cuerpo por la abertura. Asegúrate de que practicas por los dos lados para imitar el paso del interior al exterior y viceversa.

El siguiente paso será bajar la tapa y enseñar al gato a que la empuje con la pata o la cabeza, según su preferencia natural. A algunos les puede resultar difícil pasar de tener la puerta abierta del todo a tenerla cerrada, pero les ayudaremos si la mantenemos abierta parcialmente, ya sea con una cuerda o colocando una pinza de la ropa en la tapa para abrirla ligeramente. Nos aseguraremos de colocarla en el lado por el que el gato no empuje para que pueda pasar. Algunos gatos seguirán necesitando que pases un premio por la abertura para persuadirlos, mientras que otros la atravesarán si ven el cebo al otro lado.

Todas las gateras hacen algo de ruido: al abrirse la tapa y al cerrarse de golpe, y, aquellas que se abren con microchip o imán, cuando el mecanismo de bloqueo se abre o cierra. A algunos gatos no les importa, pero a los más asustadizos este sonido les puede parecer algo extraño al principio. Con esos gatos, es buena idea practicar para acostumbrarlos a esos sonidos (utilizando el Recurso Clave n.º 2).

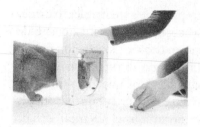

Atraemos a Herbie para que pase por la abertura de la gatera incentivándolo con comida.

Herbie recibe un premio por pasar la cabeza y la mitad del cuerpo por la gatera.

Pon en práctica esas dos tareas (acostumbrar al gato al ruido de la gatera y atravesarla cuando esté parcialmente abierta) varias veces, hasta que pase por ella con seguridad. Al principio, si utilizas comida para atraerlo, deberías colocarla muy cerca de la abertura, así el gato empujará la tapa con la cabeza, se comerá el premio y, después, retrocederá para seguir en el mismo lado en el que empezó. Cuando vayas apartando cada vez más la comida de la abertura, el gato se dará cuenta de que tiene que atravesarla completamente para conseguir el premio.

El último paso es quitar la pinza o dejar de aguantar la tapa con la mano y practicar con la gatera completamente cerrada. Ten paciencia, ya que es un ejercicio en el que muchas veces les lleva tiempo avanzar.

Si has llevado a cabo el adiestramiento con una gatera improvisada, ha llegado el momento de instalar la de verdad y practicar otra vez con la gatera *in situ*. Con tiempo, perseverancia y muchos premios, el gato pronto dominará la gatera.

Si tienes una gatera que funcione con microchip o imanes, el gato tendrá que aprender a quedarse quieto unos segundos, mientras el escáner lee el chip o los imanes entran en contacto y desbloqueen la gatera. Empieza el entrenamiento con la gatera desbloqueada y bloquéala solo cuando el gato lo haya dominado por completo. Las gateras que trabajan con microchip pueden emitir un pitido cuando el escáner haya leído el chip con éxito. Es recomendable acostumbrar primero al gato a dicho sonido (Recurso Clave n.º 2: reproduce el sonido por control manual) para que no lo asuste. Cuando se haya acostumbrado al sonido, llegará el momento de enseñarle a quedarse quieto el tiempo suficiente para que la gatera se abra.

Cuando enseñaba a Cosmos y a su hermano Bumble a utilizar una gatera así, Cosmos tenía tendencia a impacientarse y golpeaba la gatera con la pata hasta que se abría. Por lo tanto, no tuve que enseñarle a quedarse debajo del escáner. Pronto aprendió que lo que indicaba que la gatera iba a abrirse era el pitido y no sus golpes persistentes, así que con el tiempo esa conducta disminuyó. Sin embargo, enseñar a Bumble fue totalmente distinto. No importaba cuantas veces se quedara debajo del escáner mientras yo le daba premios para mantenerlo en esa posición, nunca escuchábamos el pitido que notificaba que el chip se había escaneado con éxito. No tardé en darme cuenta de que el microchip de Bumble se había desplazado de entre los omoplatos hasta la mitad del hombro: ¡una posición desde la que el escáner no lo detectaba! Como en cualquier entrenamiento con animales, habrá ocasiones en las que tendrás que ser ingenioso. Puesto que no podía variar la posición del escáner (los escáneres de la mayoría de las gateras nuevas tienen un alcance mayor y escanean a 360 grados), tenía que modificar la del microchip, aunque la cirugía no era una opción para mí. En lugar de eso, enseñé a Bumble a levantar la pata delantera y así rotar el omóplato lo bastante como para que el escáner leyera el chip. ¿Cómo lo conseguí? Simplemente coloqué una pegatina en la esquina superior de la gatera, en el lado contrario al de la pierna donde tenía el chip, y enseñé a Bumble a tocarlo, como cuando enseñas a tu mascota a tocar un palo de adiestramiento (ver Recurso Clave n.º 3), pero con la pata en lugar de con la nariz. Empecé el entrenamiento situando la pegatina en el suelo y premiando que la investigara (con la nariz o la pata), después moldeé su comportamiento de modo que solo le premiaba los toques con la pata y, entonces, poco a poco llevé la pegatina del suelo a la pared y, después, a la gatera. Debido al uso continuo, la pegatina se acabó despegando de la gatera, pero había reforzado tanto su comportamiento (primero con premios y después dejando que entrara siempre que quisiera) que no tuve que reemplazarla. Bumble aprendió que lo importante no era la pegatina, sino levantar la pata mientras estuviera en la gatera. Uno de los momentos más divertidos fue cuando una visita exclamó: «¡Te juro que tu gato me acaba de saludar a través de la gatera!». ¡Bumble solo había levantado la pata para escanear el chip y poder entrar en casa a comer!

Una vez el gato se acostumbra a utilizar la gatera, será un experto en salir al aire libre. El siguiente reto será conseguir que vuelva a casa cuando quieras. Enseñarles a que acudan a tu llamada es igual de útil con gatos que viven siempre dentro de casa que con aquellos que tienen acceso al exterior. Muchos dueños saben lo que se siente al pasar media hora de histeria yendo de un lado para otro en casa, buscando debajo de todas las camas y armarios, incapaces de encontrar al gato y con la preocupación de que se haya escapado o de que se haya quedado atrapado en el lado equivocado de la puerta del armario. Todo esto para acabar encontrándolo tumbado tan plano como una tortita debajo del edredón. Enseñar al gato a que venga cuando lo llames ayudará a prevenir esos momentos de angustia.

Para que tengan efecto en el exterior, usaremos premios que sean muy tentadores. En general, el exterior los distrae mucho (y les parece muy emocionante): tienen espacio para correr y jugar y la oportunidad de cazar, además de unos olores y unas vistas interesantes que explorar, por no mencionar los ruidos impredecibles y la posibilidad de tener encuentros sociales. Por consiguiente, los premios deberían ser mucho más interesantes, capaces de lograr que el gato crea que vale la pena dejar atrás las maravillas del exterior y volver contigo. Lo mejor es utilizar juegos rápidos con varitas de juguete y comida de alto valor como pollo cocinado o gambas.

A menudo oigo a muchos dueños decir: «¡He intentado enseñarle a que venga, pero se gira para mirarme y, después, sigue con lo que estaba haciendo!». El problema es que, si simplemente llamas al gato por su nombre, puede que no se dé cuenta de que quieres que se acerque a ti. Es probable que llames su atención (la mayoría de los gatos saben cómo se llaman), pero como los llamamos muy a menudo, no consideran que oír su nombre sea una invitación a acercarse. Necesitarás una nueva palabra o señal especial para indicarle que se aproxime. Puede ser la palabra que quieras, pero será más efectiva si no la utilizas en otras ocasiones en las que interactúes con el gato. Palabras como «ven» o «aquí» son buenas señales: cortas y claras. Al principio del entrenamiento de convocatoria, el gato no sabrá lo que significa esa palabra nueva, así que tendrás que enseñárselo.

Empieza el ejercicio en casa, en un sitio en el que sea más probable que el gato te preste atención. Escoge un momento en que tenga ganas de interactuar contigo: por ejemplo, cuando esté despierto y alerta, hambriento o alegre. Colócate a su altura, sentándote en el suelo a solo uno o dos metros de él. Cuanto más cerca estés, menos distancia tendrá que recorrer el gato para llegar hasta ti y mayor probabilidad de éxito habrá. Una vez situado, llama al gato por su nombre para que te preste atención y enséñale el premio. Siempre y cuando el regalo sea lo bastante tentador, el gato se acercará a investigar. Cuando esté a tu lado, puedes entregarle el premio.

Si no se acerca, quizá debas alentarlo utilizando la técnica del señuelo (consulta el Recurso Clave n.º 3). Después de pronunciar el nombre del gato para captar su atención, extiende los brazos hacia él, muéstrale el cebo (la comida, el juguete con cuerda o el palo de adiestramiento) y permite que lo inspeccione. Después, retíralo y acércatelo al cuerpo. Premia al gato cuando llegue hasta ti. En ese momento, introducirás la señal de llamada. Pronúnciala tras el nombre del gato, justo cuando empiece a aproximarse. Es probable que sigas necesitando el cebo en las primeras etapas de esta parte del entrenamiento, pero tras varias repeticiones notarás que podrás dejar de utilizarlo, ya que el gato habrá aprendido que, al oír la señal, acercarse a ti comportará un premio. El premio ya debería ser suficiente para animar al gato a acudir. Recuerda, no tienes que usar siempre el mismo premio; de hecho, cambiarlo introducirá un elemento sorpresa que probablemente tentará al gato todavía más a obedecer y descubrir qué se le ofrece.

Tras varias sesiones prácticas de solo unos minutos, verás que el gato se acerca a ti cada vez que oye la señal. Dependiendo de su personalidad y motivación, puede que trote hacia ti de inmediato o que camine hasta ti con tranquilidad y a su ritmo. Si siempre se entretiene, es probable que debas utilizar un premio más interesante. Pasar a premiarles de vez en cuando (Recurso Clave n.º 8) también te ayudará a acelerar su llegada. No obstante, lo importante es que acuda a ti cuando se lo pidas. Llegados a este punto, puedes empezar a aumentar la distancia entre los dos varios metros. Una vez logres que el gato acuda a tu llamada desde esa distancia, puedes probar a colocarte en otra parte de la casa desde la que pueda oírte pero no verte. Cuando le premies por acudir hasta ti, asegúrate de darle la oportunidad de que se aleje si así lo desea. De esta forma, le enseñaremos que solo queremos que «se ponga en contacto» con nosotros, que acercarse no siempre acabará con la diversión que esté teniendo en otro sitio. No queremos que piense que acudir a tu llamada significa que lo controlas o lo limitas, sino que lo vea como algo atractivo o divertido. Esto es particularmente importante si vas a desarrollar la llamada para utilizarla en el exterior.

El siguiente paso consiste en trasladar lo que ha aprendido en casa al exterior. Lo ideal es empezar muy cerca de casa, en el jardín si tienes uno. Debes empezar a entrenar en el exterior muy cerca del gato y cuando tenga hambre, se muestre afectuoso o tenga ganas de jugar, igual que cuando comenzaste a entrenar en casa. Cuando hayas logrado completar todos los pasos de entrenarlo a que acuda a tu llamada en el exterior, cambia el lugar y la dirección desde donde lo llamas, dentro del jardín, tanto para que se aleje de casa como para que se acerque. Es muy importante utilizar solo los premios más especiales en el exterior. Cuando el gato acuda a tu llamada, prémialo, elógialo y, después, deja que vuelva a explorar libremente.

Mientras progresas para que llegue a la puerta de casa desde el jardín, puedes empezar a darle el premio en el umbral de la puerta e ir progresando poco a poco hasta dárselo dentro, así asociarán el premio con estar dentro de casa. De este modo, evitarás que el gato no quiera acercarse a ti cuando estés dentro de la casa.

Es muy importante que practiques llamar al gato en ocasiones en las que no necesites que entre en casa, para que aprenda que acudir a tu llamada no siempre significa que se le acaba el tiempo al aire libre. Sigue esa rutina durante los entrenamientos y también una vez se haya establecido la conducta por completo. Si la conclusión inevitable de la sesión es que los encierren en casa, la asociación entre la señal de llamada y el premio podría reducirse. Por eso, intercalar las veces que necesitas que el gato permanezca en casa con aquellas veces en las que solo quieres que se ponga en contacto contigo te ayudará a que mantenga el comportamiento y a que pueda volver a ocurrir. A muchos gatos, la acción de correr hacia ti poco a poco les parecerá gratificante por sí misma. Una vez hayas establecido la señal de llamada, puedes decidir cuándo le darás un premio y cuándo no: esto hará que el gato siga interesado en el ejercicio, ya que nunca sabrá en que momento recibirá el premio. Sin embargo, avanza solo hasta esta etapa una vez consigas que el gato acuda cada vez que lo llames. Si en algún momento el gato deja de acudir cuando lo hagas, vuelve a los primeros pasos del entrenamiento y prémiale cada vez que acuda al oír tu señal.

Aunque entrenarlo para que acuda a tu llamada no es una forma infalible de conseguir que el gato siempre regrese a casa cuando está fuera, sin duda ayudará y, además, te proporciona diversión y momentos de calidad con tu gato. La mayoría de los dueños juegan con sus gatos dentro de casa, pero muy pocos lo hacen al aire libre, y al jugar con ellos para que acudan a nuestra llamada podemos animarlos a que se queden más cerca de casa, ya que empezarán a darse cuenta de que vale la pena estar lo bastante cerca por si reciben un premio.

Ahora que ya eres capaz de dejar salir a tu gato por la gatera y llamarlo para que regrese cuando quieras, puedes consi-

Sara practica llamar a Cosmos al aire libre.

derar si la gatera debería estar cerrada en momentos puntuales para aumentar la seguridad del gato: por ejemplo, puede que quieras que el gato permanezca en casa durante la noche. Si el gato aprende las horas en las que se le permite salir, es menos probable que dedique otros momentos a pedir constantemente que le dejes salir. Los intentos constantes de salir pueden ser molestos para ti como dueño, pero además ese comportamiento no es ideal para el bienestar del gato. Soportar frustraciones que el gato no puede aliviar puede, a largo plazo, causar que el gato sufra de infelicidad crónica. Por suerte, mediante procesos de aprendizaje sencillos, los gatos pueden aprender muy fácilmente una señal que predecirá si tendrán acceso al exterior o no. Tu primera tarea es decidir cuándo dejarás que el gato salga y seguir con esa rutina durante las primeras semanas de adiestramiento. Puede que siempre dejes que el gato salga solo antes y después del trabajo, o si estás en casa de día, durante el rato que tú estés disponible o salgas al jardín. Si no tienes una gatera y tienes que abrir la puerta físicamente para que salga, puedes llamar al gato (igual que harías si tuvieras que llamarlo para que entrara en casa) y, cuando se acerque a ti, abrirle la puerta para que salga; esto funcionará como premio, así que no tendrás que darle una golosina o jugar con él. Si no tienes una gatera que pueda cerrarse, llama al gato de la misma manera, pero desbloquéala solo cuando pueda verte hacerlo.[7]

Es muy importante que ignores todos los intentos de tu gato de convencerte para que lo dejes salir en otros momentos: esto quiere decir que no solo debes mantener la puerta cerrada y bloquear la gatera, sino también ignorar completamente cualquier intento de salir. Estos pueden ser que golpee la puerta o la gatera con la pata, maúlle sin cesar o incluso que dé vueltas a tu alrededor o se frote contra tus pies ronroneando frenéticamente. El motivo por el que debemos ignorar por completo cualquier conducta de este tipo (que a menudo pueden resultar arduas) es que el gato puede percibir que la atención que le des en esos momentos es positiva, incluso aunque le estés diciendo «lo siento, ahora mismo no vas a salir». Recuerda que cualquier atención que perciba como positiva, sean cuales sean tus intenciones, reforzará cualquier comportamiento posterior a la atención, aumentando así las probabilidades de que vuelva a ocurrir.

Puedes seguir prestándole atención cuando no se le permita salir, siempre y cuando no te esté pidiendo que le dejes salir en ese momento. Entretenlo con otras tareas para estimular tanto su cerebro como su cuerpo, y así evitar que desvíe la atención otra vez hacia el exterior. Puedes distraerlo jugando con él, dándole su ración diaria de comida con un comedero con rompecabezas, cepillándolo, acariciándolo o empezando a entrenar otra tarea: cualquier cosa a la que responda en ese momento. Pronto aprenderá que solo se le permite salir en momentos específicos que tú decidas y, en consecuencia, empezará a querer salir solo en esos momentos.

Una advertencia: si tu gato ha podido salir al aire libre anteriormente o ha tenido acceso esporádico y podía predecir cuándo llegaría, puede que notes que atraviesa un período inicial durante el que te pide que le dejes salir de forma más intensa que antes de empezar a entrenar esta tarea en concreto. A esto se le conoce como «ataque de frustración» y está bien documentado en los libros de adiestramiento. Se trata simplemente de una reacción intensificada a que se le niegue lo que desea hacer. Esta etapa puede resultarte difícil de soportar, pero es muy importante que no cedas ante las peticiones del gato. Si lo haces, solo le habrás enseñado que tiene que montar un escándalo para que le dejes salir, generando una situación exactamente opuesta a lo que querías. En lugar de eso, sé fuerte e insiste en dejarlo salir solo durante los momentos designados por adelantado.[8]

Cuando el gato haya aprendido las horas del día en las que se le permite salir, comienza a introducir un indicador visual que le señale cuándo se abrirá la puerta si pide salir o cuándo se desbloqueará la gatera. Disponer de una señal te dará algo de flexibilidad en momentos en los que quieras darle acceso al exterior al gato sin causarle estrés. La marca tiene que ser sencilla para que el gato la vea, así que es mejor que la coloques directamente en la gatera o en la puerta que conduce a ella a la altura del gato. Puede ser algo tan sencillo como pegar una cruz dibujada sobre un trozo de cartón (escoge un color que contraste con la gatera o la puerta para que el gato lo vea más fácilmente) a la puerta o gatera cuando la puerta esté cerrada. Si siempre te acuerdas de quitar el símbolo cuando abres la puerta o la gatera, el gato pronto aprenderá que la presencia del símbolo significa que se le niega el acceso al aire libre y que la ausencia del símbolo significa que podrá salir. Los gatos son los animales más controladores y al hacer que el acceso al exterior sea algo predecible podemos ayudarles a sentir que tienen un poco más de control y a que sean un poco más felices.

Lo ideal es que todos los gatos que tengan acceso al exterior lleven un collar con una chapa que los identifique para que

Herbie demuestra que ha aprendido
que la señal de la gatera indica que no puede salir.

quede claro que tienen un dueño y no son callejeros, y para que se pueda contactar con el dueño si es necesario. Se recomienda utilizar collares antiahogo, ya que se abren de golpe si el collar se tensa y así evitan que el gato se quede atrapado por él.

Aunque la mayoría de los gatos lleva bien portar un collar, hay algunos que se resisten a él con uñas y dientes: estos tienden a ser gatos que nunca lo han llevado de pequeños. Por suerte, si los entrenamos con premios y el Recurso Clave n.º 2, la desensibilización sistemática y el contracondicionamento, podemos convencer incluso al gato más reticente de que lleve un collar. Empieza situando el collar en el suelo y dándole al gato la oportunidad de que lo investigue (Recurso Clave n.º 1). Deberíamos premiar cualquier investigación, incluso un olfateo fortuito. A continuación, puedes probar a estirar el collar en el suelo, formando un círculo, y colocar una golosina en el centro. Con suerte, el gato meterá la cabeza en el círculo que ha formado el collar para conseguir el premio. Si no lo hace, no pasa nada: incrementa el valor del premio o déjalo fuera del círculo pero cerca del collar y, en varias sesiones de entrenamiento, coloca el premio nuevo que le ofrezcas cada vez más cerca del sitio deseado hasta que consigas el objetivo.

Cuando el gato acepte coger la comida del suelo y dentro del collar, puedes agarrarlo y abrirlo al máximo. Es muy poco probable que los gatos introduzcan la cabeza por el collar por voluntad propia inmediatamente (pero si lo hacen, no te olvides de premiarlos), así que tenemos que animarles un poco y enseñarles que hacerlo les conseguirá un premio. Podemos hacerlo utilizando un cebo (Recurso Clave n.º 3) y, después, premiando el comportamiento deseado. Sujeta el collar abierto con una mano y pasa una golosina por la abertura con la otra, alejándola poco a poco del gato y así animándolo a que pase la cabeza por el collar para obtener el premio. En este caso en concreto, puede que sea más fácil utilizar el cebo como premio, en lugar de otro trozo de comida distinto, puesto que

tendrás las manos ocupadas con el collar y el cebo. Al principio, es probable que el gato introduzca la cabeza por el collar
parcialmente o del todo pero sin tocar el collar. Cuando haya
obtenido el premio, lo más probable es que la retire. Mediante
el uso de una cuchara llena de algo particularmente delicioso,
como trozos de carne en salsa, o una jeringuilla llena de papilla
de carne, puedes prolongar el tiempo de entrega del premio y
así animar al gato a mantener la cabeza dentro del collar.

Cuando el gato aprenda que mantener la cabeza dentro del
collar le hará recibir más premios, puedes mover el collar con
cuidado para que descanse alrededor del cuello del gato, en su
posición final. Los próximos pasos consisten en repetir el proceso pero apretando un poco más el collar cada vez, para que
el gato tenga que empujar la cabeza por el agujero y se acos-

Herbie recoge una golosina de dentro del collar.

tumbre a la sensación de tener el collar alrededor de las orejas y el cuello. El último paso radica en apretar el collar una vez alrededor del cuello. El collar debería estar lo bastante apretado como para evitar que el gato se eche hacia atrás para quitárselo o se lo arranque, pero deberías poder introducir un dedo debajo de él para probar que no esté demasiado apretado. La rapidez con la que se complete este proceso de entrenamiento dependerá mucho del gato, pero la mayoría de ellos, a menos que sean muy asustadizos, llevarán el collar cómodamente en dos o tres sesiones.

Si quieres que tu gato lleve un collar o dispositivo de rastreo, deberá aprender a soportar el peso adicional y el bulto alrededor del cuello. Una forma de enseñarle a aceptar el peso añadido es añadir una caja pequeña al collar habitual del gato y utilizar los métodos de desensibilización sistemática y contracondicionamiento del Recurso Clave n.º 2 para añadirle peso poco a poco. Algunos de los dispositivos de localización emiten un pitido cuando se encienden por control remoto: podemos aprovechar y entrenar al gato a que acuda a nosotros cuando oiga el pitido, de la misma manera que lo entrenaríamos con una señal verbal como «ven». La ventaja de esto es que, mientras el gato lleve el collar, siempre escuchará la señal, sin importar lo lejos de casa que se encuentre.

Aunque a la mayoría de los gatos domésticos se les permite salir sin supervisión, muchos dueños creen que el entorno del exterior tiene demasiados posibles peligros para dejar que el gato salga libremente. En esos casos, lo mejor es supervisar su acceso al aire libre. Podemos abordarlo de dos maneras; preferir una u otra dependerá de la situación individual: deben tenerse en cuenta el carácter y la edad del gato, el tipo de entorno exterior (urbano, suburbano, rural) y el tiempo del que dispones. La primera forma es enseñar al gato a caminar con un arnés y una correa, mientras que la segunda requiere enseñarle a acompañarte en las visitas al jardín y los paseos

Un premio colocado estratégicamente invita a
Herbie a introducir la cabeza por el collar.

por el campo, y a no alejarse de ti para vivir sus propias aventuras.

Muy pocos gatos aceptarán llevar un arnés sin entrenamiento: no suele gustarles llevar algo restrictivo alrededor del cuerpo y, por lo tanto, tenemos que acostumbrarlos a la sensación asociando el arnés con un premio (Recurso Clave n.º 2). Tendremos más éxito al entrenarlos para que lleven un arnés si empezamos cuando el gato sea pequeño, aunque algunos adultos aprenderán a caminar felizmente con uno puesto. Los gatos más valientes parecen soportarlo mejor (tal vez porque se les da mejor lidiar con que se les quite la opción de salir huyendo cuando surgen los problemas). Hay gran variedad de arneses disponibles en el mercado: algunos tienen un trozo de tela que se aprieta alrededor del cuello como un collar y otro que se aprieta alrededor de la mitad del cuerpo, unidos con un trozo de tela que les baja por la espalda. Otros arneses se parecen más a un jersey pequeño con un accesorio en la espalda para la correa. Cuando escojamos un arnés, lo más importante que debemos tener en cuenta es que el gato no pueda deshacerse de él, que no le limite el movimiento de ningún modo y que sea lo más cómodo posible. Los arneses compuestos de una sola tela en lugar de varias tiras finas a menudo parecen más cómodos para el gato.

Siempre deberíamos empezar a entrenarlos para que lleven arnés en casa y en un momento tranquilo, cuando el gato esté relajado. Igual que con el collar, primero deberíamos dejar el arnés relativamente suelto y apretarlo solo cuando el gato esté totalmente cómodo y lo bastante seguro como para caminar llevándolo suelto. Inicia el entrenamiento igual que con el collar, colocando el arnés en el suelo y dándole al gato la oportunidad de que lo investigue; después, sujeta la parte del arnés que tendrás que colocarle por la cabeza y utiliza premios para que el gato pase la cabeza a través de ella. Por último, practica hasta que puedas pasarle el arnés por encima de la cabeza y colocárselo en el cuello o los hombros (según el tipo de arnés) igual que con el collar. Recuerda dejar períodos cortos en los que no le des ningún premio para que el gato sea consciente de la presencia del arnés y lo asocie con el premio.

Dependiendo del tipo de arnés que utilices, el próximo paso será o bien abrochar una tira alrededor de la barriga del gato o bien levantarle las patas delanteras y pasárselas por las dos aberturas del arnés. Asegúrate de pasar de un paso al otro solo cuando el gato esté relajado y completamente cómodo. Si el paso implica levantarle una extremidad, asegúrate de haber practicado el movimiento anteriormente para que lo asocie con un premio (utilizando el Recurso Clave n.º 5) antes de incorporar el arnés.

Si en cualquier momento el gato parece estar incómodo con el arnés (por ejemplo, intenta quitárselo o se agacha y

Durante las primeras etapas del entrenamiento para llevar arnés, premiamos a Batman con un trozo de pescado solo por poner la cabeza cerca de la abertura.

se niega a ponerse en pie), para lo que estés haciendo de inmediato y quítaselo con calma y suavidad. Cuando vuelvas a practicar con el arnés, retrocede unos pasos y avanza solo si el gato está tranquilo, relajado y totalmente satisfecho. Entrenarlos para que lleven arnés a menudo puede llevar mucho tiempo y debería llevarse a cabo a lo largo de muchas sesiones de corta duración. Cuando el gato esté cómodo llevando el arnés relativamente suelto (pero no lo bastante como para que pueda enredarse en él), puedes empezar a apretar las tiras poco a poco para que le quede bien ajustado contra el cuerpo. Recuerda premiarle en abundancia, ya que puede que necesite algo de tiempo para habituarse a esa sensación: para entregarle cantidades pequeñas de comida con frecuencia, lo mejor es utilizar una jeringuilla. Dale muchas oportunidades de vivir experiencias positivas, como jugar o recibir la comida, mientras lleva el arnés: debería aprender que el arnés no es para limitarle los movimientos, sino que tiene consecuencias muy agradables. (Cuidado: dado que muchos arneses no

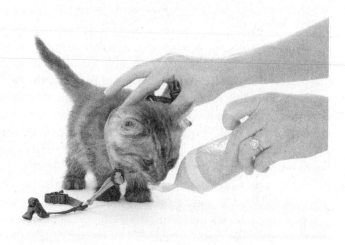

Batman aprende que sentir una tira de tela alrededor del cuello le llevará a conseguir un premio delicioso.

tienen cierres separables, nunca dejes al gato solo mientras lo lleve).

Una vez el gato acepte llevar el arnés en casa sin problemas, es momento de añadir la correa. Hazlo dentro de casa y asegúrate de que dejas la correa suelta, para que el gato decida adónde quiere ir. La correa se utiliza simplemente para mantenerte unido al gato: nunca deberíamos utilizarla para tirar del gato en ninguna dirección. En lugar de eso, podemos animar al gato a que vaya en ciertas direcciones utilizando un cebo o tu señal de llamada. Asimismo, si el gato percibe la correa como un juguete sobre el que abalanzarse, puedes utilizar una varita de juguete para desviar esa conducta juguetona hacia algo más apropiado.

Antes de dejar que el gato salga al exterior con el arnés, asegúrate de que esté completamente cómodo con él y haya practicado mucho llevándolo dentro de casa. El exterior es imprevisible: el gato se tomará algunos acontecimientos con calma mientras que decidirá huir de otros por instinto; por ejemplo, de otro gato o de un perro. Cuando los gatos tienen encuentros así al vagar libremente, tienden a intentar ponerse a salvo alejándose de aquello que perciben como potencialmente peligroso, por lo que es probable que acaben escondidos debajo de un arbusto o escalen un árbol. Un gato que lleve arnés y una correa no podrá hacerlo, por lo que su preocupación podría aumentar. Un buen modo de evitarlo es proporcionarle un lugar en el que se sienta seguro y que pueda utilizar cuando salga a pasear. Lo ideal sería utilizar un transportín ligero o un cochecito para mascotas (que parece un cruce entre un transportín de tela con ruedas y un cochecito de bebés). El gato puede acceder a uno de ellos voluntariamente durante el paseo si en cualquier momento desconfía de algo. Además, si detectas cualquier posible peligro, puedes meter al gato en el transportín para mantenerlo lejos del suelo y de cualquier peligro. Por supuesto, utilizar esos transportines o cochecitos requiere que hayas entrenado al gato para que los perciba como lugares seguros antes de que puedas utilizarlo en alguno de vuestros paseos: puedes entrenarlo del mismo modo que con el transportín normal.

Los primeros paseos que des con el gato y el arnés deberían ser cortos y cerca de casa, y también en momentos en los que haya el mayor silencio posible. Asegúrate de llevar un suministro abundante de golosinas y una varita de juguete. Puedes usar ambos para premiarle cuando esté tranquilo y para distraerle de situaciones que puedan asustarlo. Las excursiones por el exterior no se basan en cuánto ejercicio haga el gato, así que no te preocupes si decide caminar solo unos pocos pasos: puede que lo único que quiera sea simplemente explorar un área pequeña fuera de casa. No pasa nada, porque la oportunidad de explorar ya le resultará enriquecedora. A medida que se vaya acostumbrando a salir con el arnés, descubrirás que cada vez querrá explorar zonas más lejanas y durante períodos de tiempo más largos.

Algunos gatos nunca consiguen estar cómodos del todo llevando un arnés y, como dueños, tenemos que sopesar cuánto entrenamiento necesitaría para superar esa incomodidad y también otras opciones que no incluyan el arnés. Por ejemplo, mi antiguo gato, Horace, y mi nuevo gato, Cosmos, recibieron un entrenamiento con arnés muy similar. A Horace no le importaba lo más mínimo llevar un arnés y, por lo tanto, le encantaba corretear por el jardín con el arnés y la correa. Sin embargo, aunque Cosmos llevaba el suyo y aceptaba premios mientras lo hacía, había diferencias muy sutiles entre su lenguaje corporal y el de Horace que me hicieron entender que prefería no llevarlo. La situación no ha cambiado drásticamente al seguir entrenándolo para que lleve el arnés. Por eso, tras haber tenido que llevar a Cosmos a casa en más de una ocasión después de no llegar a conseguir con éxito que paseara conmigo y mi perro Squidge, decidí entrenarlo formalmente para que caminara a mi lado al aire libre sin tener que utilizar un arnés. A nivel personal, ha resultado ser una solución mejor para Cosmos. Las diferencias entre Cosmos y Horace destacan la individualidad de los gatos: a veces tenemos que modificar los ejercicios de entrenamiento para adaptarnos a sus peculiaridades individuales, además de al entorno en el que tenemos que trabajar. Por suerte, tanto para Cosmos como para mí, hay varios caminos relativamente seguros que podemos seguir desde el jardín en los que podemos evitar no solo cruzar carreteras, sino que también están en dirección contraria a muchas calles principales (caminos que rodean un área residencial por la que no circulan vehículos) y que transcurren cerca de varios jardines de los vecinos. Cuando nos cruzamos con algún transeúnte que pasea a su perro, Cosmos suele esconderse en los arbustos y reaparece cuando el perro ya ha pasado. Como Cosmos sabe que puede utilizar escondites seguros, no tengo que llevar un refugio portátil como un transportín o cochecito. No obstante, si alguna vez decidiéramos pasear por otros lugares, son cosas que me plantearía introducir.

La idea de enseñarle a Cosmos a caminar conmigo surgió de nuestro entrenamiento de convocatoria inicial. Después de que acudiera a mi llamada desde distintos lugares del jardín y desde el exterior al interior del jardín, empecé a utilizar varias llamadas cortas una tras otra. Después de darle la señal a Cosmos para que se acercara a mí («ven»), retrocedía unos pasos para alejarme de Cosmos y así lo animaba a que me siguiera. Lo practicamos durante varias sesiones en el jardín, variando los premios que Cosmos recibía por acudir hasta mí. Pronto empecé a notar que Cosmos me seguía por voluntad propia cuando estábamos al aire libre: por ejemplo, cuando caminaba de un lado a otro de la casa al coche mientras descargaba la compra.

A continuación, comencé a extender el entrenamiento para que me acompañara a dar pequeños paseos de solo unos minutos. Descubrí que me resultaba de gran ayuda llenar una de las bolsas para llevar las golosinas del perro con premios para gatos, así tenía premios a mano para obsequiar a Cosmos cada vez que acudiera a mí. Claro que tuve que reducir la cantidad de su ración diaria de comida para evitar que engordara. Si en algún momento Cosmos dejaba de seguirme, me daba la vuelta y regresaba a casa (acompañada de Cosmos) para que no se cansara o dejara de resultarle gratificante seguirme y, después, sacaba a Squidge a pasear durante más rato sin él. Tras practicarlo muchas veces, Cosmos pronto empezó a seguirme todo el camino durante nuestros paseos. Ahora es algo que hago varias veces por semana. Si camino demasiado rápido, Cosmos maulla para hacérmelo saber. Por eso, él dicta un poco nuestros paseos, pero no me importa: es un placer ver cómo disfruta conmigo en el exterior y saber que no se alejará o meterá en problemas. A Squidge tampoco le importa, ya que gracias a eso sale más a pasear y, a veces, consigue robar una golosina para gatos que se ha caído.

Así, dedicar algo de tiempo a entrenar varios comportamientos clave ayudará a reducir los riesgos asociados a aquellos que decidan otorgarles a sus gatos acceso al exterior. Tanto si decides enseñarle a llevar un arnés, utilizar una gatera que se cierre por la noche, llevar un dispositivo de rastreo o pasear contigo, dependerá mucho de las circunstancias individuales, pero cada una debería ayudar a reducir los riesgos de formas distintas. Estos entrenamientos también pueden ser útiles en otras situaciones: por ejemplo, a aquellos que quieran inscribir a sus gatos en competiciones o llevarlos de vacaciones a lugares desconocidos para el gato les convendrá que el gato sepa caminar con un arnés y una correa. Asimismo, enseñarle al gato a acudir cuando lo llamas te resultará de utilidad en cualquier situación en la que el gato se haya escapado sin querer del transportín o de tus brazos. Un gato que haya aprendido a llevar objetos desconocidos alrededor del cuello soportará mucho mejor tener que llevar un collar protector para evitar que se lama la herida después de una operación: ya ha recibido el entrenamiento base para llevar un collar un poco más inusual, por lo que los entrenamientos posteriores serán más rápidos y fáciles de aprender.

Dejar salir a los gatos sin atarlos puede tener una consecuencia que a los dueños no les entusiasmará. Esta es el resultado de las excursiones de caza del gato: es decir, las presas muertas o malheridas que trae a casa o a los alrededores. El próximo capítulo trata sobre cómo entrenar a un gato para que participe en actividades alternativas a la caza que puedan satisfacer su necesidad de cazar, pero de formas más aceptables.

Capítulo 11

Cortinas destrozadas y cadáveres sangrientos
Los aspectos menos atrayentes del comportamiento de los gatos

Normalmente pensamos que los gatos son mascotas fáciles de cuidar, que no necesitan demasiada atención, pero que están ahí cuando necesitamos un poco de atención felina. Sin embargo, como ya hemos visto, no es así. Los gatos tienen necesidades psicológicas complejas. Por suerte para ellos, el interés por el bienestar de los animales va en aumento y en muchos países desarrollados la legislación protege el bienestar de estos animales, entre los que se incluyen los gatos. Las leyes que afectan a los gatos domésticos varían según los gobiernos de cada país, pero en la mayoría de las áreas, la persona que tiene un gato tiene la obligación de cuidarlo. En el Reino Unido, por ejemplo, la legislación responsabiliza a los dueños no solo del bienestar físico de sus gatos, sino también de su bienestar psicológico, y afirma que tienen el deber de satisfacer las necesidades del animal para que este pueda mostrar patrones de comportamiento normales. Por consiguiente, los dueños y cuidadores de gatos tienen que comprender a la perfección qué es un gato y, además, cómo optimizar su bienestar.[1]

El gato con el que compartes tu hogar no ha cambiado mucho de sus compañeros salvajes que defienden activamente grandes territorios (principalmente marcándolo con su olor) y que cazan para comer. Cuando esto ocurre en casa, el resultado es la desesperación, cuando el gato ha arañado un mueble hasta romperlo, o el asco, cuando encontramos el cuerpo ensangrentado de algún animal en el suelo de la cocina. Sin embargo, como propietarios responsables de los gatos, debemos prevenir que nuestros gatos se frustren y darles opciones inofensivas para que redirijan esos comportamientos hacia objetivos más apropiados para, al mismo tiempo, mejorar su bienestar.

Como ya hemos visto, los perros son criaturas de hábito; los gatos, de lugar. No hay nada más importante para los gatos que sus territorios y la familiaridad que estos les aportan. Diez mil años de domesticación no han servido de mucho a la hora de reducir la prioridad abrumadora de los gatos para mantener su territorio, ya que, hasta hace poco, la mayoría de los gatos dependían de ello para sobrevivir: era un lugar donde podían cazar, aparearse, cuidar a las crías y buscar refugio y seguridad. Incluso en la actualidad, los gatos callejeros siguen defendiendo su territorio de los intrusos, aunque como viven separados, es difícil para los gatos enfrentarse a ellos cara a cara. En lugar de eso, el gato usa un repertorio de diferentes señales complejas que avisan a los demás de su presencia. A menudo los felinos rocían con orina los puntos prominentes en el territorio y, aunque ese comportamiento es más común entre los machos que no están castrados, las hembras también lo hacen. El olor de orina es penetrante y se cree que la acritud depende del tiempo de la deposición: la orina más antigua huele más fuerte que la que se acaba de rociar. Eso explicaría por qué los dueños se dan cuenta del olor cuando ya ha pasado un tiempo. En el caso de los machos, se cree que la orina también depende del estado físico de cada individuo y, por eso, la usan para atraer a las hembras y a la vez repeler a los competidores del mismo sexo. Si se los esteriliza antes de que lleguen a la madurez sexual, a los seis meses, la mayoría de los gatos no marcarán el territorio con orina, o al menos no en el interior de la casa, a no ser que estén angustiados o tengan algún problema médico. El gato produce y deja otros compuestos químicos en su territorio, como los químicos de las glándulas faciales o interdigitales (entre los dedos) que depositan al frotarse la cara o arañar. Los dueños no suelen tener problemas con que los gatos marquen el territorio con la cara, porque, como mucho, ese comportamiento repetido puede causar un residuo pegajoso y marrón.[2]

Sin embargo, la mayoría de los dueños sí que consideran los arañazos como uno de los inconvenientes más importantes de tener un gato, y algunos hasta lo consideran un problema de comportamiento a pesar de que es completamente normal. Puede ser frustrante descubrir que, a pesar de que le has comprado un poste para arañar, tu gato prefiere arañar la moqueta de las escaleras, el sofá, los balaustres de madera o los marcos de las puertas. Para los que viven en una casa alquilada, las repercusiones pueden salir muy caras. Ni siquiera los profesionales llegan a un acuerdo sobre cuál es la mejor solución. En algunas zonas de Estados Unidos, la extirpación de las uñas está permitida, pero esta práctica es ilegal en el Reino Unido y en la mayor parte de Europa. Estamos totalmente a favor de utilizar métodos para modificar el comportamiento y evitar que arañen en los lugares equivocados.[3]

Un gato araña por instinto y, por ese motivo, si se intentara evitar, el animal se frustraría, y, como es un comportamiento habitual, puede ser una conducta difícil de reconducir. Además, no hay duda de que a los gatos les proporciona placer, y a veces puedes ser testigo de cómo el gato se pone juguetón o corre excitado de un lado a otro cuando ha acabado de rascar. Tienden a rascar en el mismo lugar una y otra vez y, al final, dejan una marca visual que le recuerda dónde ha estado arañando (además de una señal olfativa que la nariz humana no puede detectar). Es más, los gatos salvajes distribuyen los lugares en los que arañan por todos los caminos que usan regularmente en lugar de hacerlo solo en la periferia, de manera que, aunque un gato pueda salir al aire libre, es probable que siga arañando el interior de la casa, probablemente en puntos diferentes. El hecho de que los gatos arañen parece cumplir otras funciones más allá de marcar el territorio: ayuda a mantener las uñas en condiciones óptimas y en algunos casos forma parte de los estiramientos que hacen después de descansar.

Además de para marcarlo, los gatos usan su territorio (e incluso el espacio fuera de este) para cazar. No hace tanto tiempo, se alababa a estos animales por sus habilidades de caza. Hoy en día, un par de décadas más tarde, se los ha demonizado y se los llama «asesinos», e incluso sus permisivos dueños quedan horrorizados cuando les traen a casa pequeños regalitos ensangrentados. Cuando la fauna disminuye, sobre todo en el hábitat adyacente a la casa, se suele culpar a los gatos, porque son los culpables más obvios. El hábito de los gatos de traer a su presa a casa (para a menudo dejarla en lugar de comérsela, ya que la comida de gatos comercial es más sabrosa) no ayuda en absoluto. La depredación de los gatos salvajes sin duda puede causar estragos en algunos hábitats, sobre todo en los que están aislados como en islas oceánicas en las que no tienen que competir con otros depredadores. En cambio, el papel de los gatos domésticos en la fauna del continente es mucho más difícil de demostrar, y la mayoría de los conservacionistas coinciden en que la destrucción y fragmentación del hábitat supone una amenaza mucho más importante de la que los gatos domésticos podrían llegar a ser. Aun así, no debemos esconder el hecho de que los gatos domésticos llegan a matar a millones de pájaros y pequeños mamíferos cada año solo en Reino unido y en Estados Unidos, y muchos otros que no consiguen matar a sus presas probablemente pasan parte del día intentándolo.[4]

Entonces, ¿por qué la caza es tan importante para una mascota bien alimentada y cuidada? El primer motivo es la adicción del gato por la carne animal. Los gatos obtienen la mayor parte de su energía de las proteínas y la grasa, y no de carbohidratos como los humanos: un gato que se está muriendo de hambre digerirá literalmente su propia musculatura y no podrá evitar que su cuerpo lo haga para alimentarlo. Además, al felino no le vale cualquier tipo de proteína, sino que necesita proteína animal, ya que la que proviene de las plantas no tiene algunos de los componentes esenciales para la salud de los gatos, componentes que los cuerpos de los perros (y de los humanos) producen por ellos mismos. Es más, las hembras tienen que consumir una cantidad concreta de grasa animal, porque es la única fuente que pueden usar para producir las hormonas que regulan su ciclo reproductor. Sin carne, no hay gatitos.

La consecuencia de esta adicción a la carne es que antes de que se comercializara la comida para gatos, solo aquellos dotados para la caza sobrevivían cuando había escasez de presas. Hace veinticinco generaciones antes de los gatos domésticos de hoy en día (que nos encantaría que dejasen de cazar) solo los cazadores más esbeltos y feroces habrían dejado la suficiente descendencia para que se los pueda considerar ancestros. Hace menos de cincuenta años que los nutricionistas estudiaron las peculiaridades nutricionales de los gatos para diseñar comida comercial que fuera completa a nivel nutricional. Es por ese motivo que casi toda la comida de gatos que compramos en los supermercados tiene una parte sustancial de carne o pescado.

Así que, a pesar de que hoy en día los gatos tienen un gran abastecimiento de proteína disponible en la gran selección de dietas diseñadas especialmente para ellos y con una gran base de carne, estos animales no dejan de ser descendientes de los cazadores más aptos. No ha pasado suficiente tiempo y, como los dueños no tienen preferencias a la hora de escoger gatos que están menos capacitados para la caza, el instinto de cazar no ha remitido.

Cuando Thomas Harris, el autor de *El silencio de los corderos* y *Hannibal*, escribió: «La resolución de problemas es como cazar. Es un placer salvaje con el que nacemos», describía a los humanos, pero esas palabras capturan también a la perfección dos características importantes de la experiencia del gato con la caza. En primer lugar, la resolución de problemas. Cazar no es fácil: conlleva tiempo, destreza, esfuerzo físico, habilidades cognitivas y una concentración sensorial muy desarrollada. Además, en cada partida de caza se aprende mucho: solo hace falta un movimiento en falso para perder a la presa. De hecho, un gato doméstico común suele tener más intentos fallidos de caza que éxitos. Los ratones desaparecen entre la vegetación, los conejos se meten en madrigueras y los pájaros salen volando si se acercan demasiado rápido. Es por eso por lo que cada tipo de presa supone un conjunto de problemas único para el gato. En segundo lugar, la caza es placentera. El centro de recompensa del cerebro libera endorfinas cuando el gato se lanza sobre la presa o la muerde. Esto, junto con la recompensa de consumir carne, hace que cazar sea un comportamiento beneficioso.

Hasta la mascota más tranquila muestra su legado de cazadora cuando juega con sus «juguetes». Aunque así es como nosotros nos referimos a ellos, los gatos los ven como algo más serio de lo que la palabra implica. Hacer oscilar un ratón de juguete delante de tu gato puede suponer horas de diversión inofensivas para ambas partes. Es crucial que entendamos que los gatos parecen más interesados en el juguete que en el humano que hay al otro lado de la cuerda (en contraposición con los perros, que usan los juguetes para interactuar con las personas). De hecho, estudios científicos han revelado que los gatos tratan a los juguetes de la misma forma que tratan a las presas. Suelen preferir juguetes que tengan el tamaño de un ratón o un pájaro pequeño, les gusta que los juguetes tengan extremidades y pelo o plumas, y cuando juegan con juguetes más grandes mantienen la distancia como si estuvieran preocupados de que estos les fueran a morder. Si queremos que se interesen durante un rato largo, el juguete deberá moverse o desarmarse, y lo más intrigante de todo es que juegan con más intensidad cuando están hambrientos. Todos estos hechos son un reflejo de lo que sabemos que motiva a un gato cuando tiene que cazar, y por eso parece probable que vean ese «juguete» como una presa cuando están jugando.

Eso hace pensar que, probablemente, jugar con juguetes es una manera efectiva de satisfacer la necesidad del animal de cazar, tanto para los gatos que no salen de casa como para los que sí lo hacen. Es una manera de usar energía que si no estuviera podría llevar a la caza de verdad. Por eso, si les enseñamos a nuestros gatos que nosotros les damos oportunidades para que desarrollen el comportamiento propio de la caza, puede que satisfagamos sus necesidades de depredación sin derramar sangre.

Entendemos que los gatos tienen que marcar su territorio (incluso aunque no tengan rivales) para sentirse seguros; es algo propio de los gatos. También entendemos que necesitan cazar, o como mínimo sentirse como si lo estuvieran haciendo. Entonces, ¿cómo adiestramos a los gatos para que hagan esas funciones de alguna manera que se considere aceptable tanto para el dueño como para el gato?

El primer paso para enseñar al gato a arañar en lugares aceptables significa proveerlo de objetos adecuados en los que pueda hacerlo. Muy a menudo, los postes para arañar que se encuentran en las tiendas son demasiado bajitos o, si son altos, tienen plataformas incorporadas que impiden el acceso del animal; un gato necesita estirarse al máximo cuando araña. Cuando intente arañar un poste de esos, se dará cuenta rápidamente de que no puede estirarse del todo, la acción le parecerá incómoda o insatisfactoria y buscará otra opción más fácil. Por eso, debes buscar un poste para arañar que sea más alto que el gato cuando está estirado. Hemos sido testigos de muchos gatos que tienen acceso a esos postes y que saltan literalmente sobre ellos con las cuatro patas y los arañan con las garras traseras y delanteras con euforia. Los postes comerciales suelen estar hechos de cuerda de sisal, pero puedes hacer uno tú mismo con moqueta o fibra textil de sisal enganchadas a una madera (normalmente los gatos prefieren el trasfondo duro de la moqueta antes que los materiales más blandos). Desafortunadamente, no todos los gatos arañan solo cuando están en posición vertical; a algunos les gusta hacerlo también a cuatro patas, y una alfombra nueva en tu nuevo hogar será muy tentadora. En las tiendas tienen rascadores de cartón corrugado, pero también puedes hacer uno tú mismo enganchando el material para arañar preferido de tu gato a un trozo de madera. La estabilidad es un factor muy importante: si el rascador se balancea mientras el gato lo usa, puede que el animal se asuste y no vuelva a usarlo. Asegúrate de que el rascador tiene una base lo bastante grande y pesada o que está inmovilizada en el suelo o en la pared para que le ofrezca la resistencia necesaria cuando le clave las uñas.

En segundo lugar, las superficies para arañar tienen que estar colocadas en los lugares más llamativos para arañar en casa. Si tu gato ya ha arañado algún lugar además de las estructuras que le has comprado, será una buena idea poner esos nuevos rascadores en el lugar donde no quieres que arañe. Pon los nuevos postes cerca de las puertas que dan al exterior (probablemente serán los límites territoriales de tu gato) y a lo largo de las rutas que sigue por tu casa. En las casas con escaleras, los amos suelen quejarse de que los balaustres son un objetivo recurrente. Probablemente esa sea una ruta que sus gatos hacen a menudo. Si el tuyo suele arañar al despertarse, también será buena idea ponerle un rascador cerca de su lugar favorito para dormir.

Para muchos gatos, el simple hecho de tener los rascadores en los lugares adecuados es suficiente para que los usen de forma espontánea (y para que puedan marcar su casa sin estropear los muebles). Sin embargo, algunos gatos necesitan un poco de entrenamiento para aprender dónde quieres que arañen. Si tu gato es uno de los del segundo grupo, puedes animarlo a que interactúe con el rascador atrayéndolo hacia él (Recurso Clave n.º 3). Un cebo ideal para adiestrarlo es una varita de juguete. Muévela rápidamente por el rascador y levántalo fuera de su alcance para tentar al gato de forma que cuando salte con entusiasmo y mueva la pata para cogerlo toque el rascador. La excitación, junto con la sensación de la garra contra el material del rascador mientras intenta alcanzar el cebo, probablemente será suficiente para que le apetezca arañar. Si lo hace, hazle saber que estás contento al respecto con muchos halagos y otro premio que elijas. Utilizar un marcador verbal para hacerle saber que obtendrá un premio (Recurso Clave n.º 4) es ideal en esta situación, ya que no quieres que el gato deje de arañar para obtener la recompensa, sino que sepa que la recibirá en cuanto acabe de rascar.

Aunque no arañe el rascador, premia su comportamiento de seguir el cebo. Al fin y al cabo, si aprende que estar cerca del rascador comporta una recompensa, pasará más tiempo cerca de él y será más probable que empiece a usarlo para arañar. Sigue practicando con el cebo de vez en cuando hasta que veas que araña el rascador de forma regular. Puedes avivar su interés por el poste de rascar si recoges el olor de sus glándulas faciales (Recurso Clave n.º 7) y lo pones en la superficie para arañar. Para los gatos que sienten atracción por la hierba gatera (no ocurre con todos los gatos, pues esta respuesta queda determinada por los genes del animal), también puedes poner una poca en el rascador. (Los gatos a los que los excita la hierba gatera suelen rodar por el suelo y, luego, golpear o clavar las uñas en los objetos a su alrededor).[5]

Que los gatos arañen es una molestia para los dueños, pero la caza también repercute en la fauna local y, además, causa la desaprobación de las autoridades en unas cuantas partes del mundo. Afortunadamente, con las técnicas correctas, deberías poder enseñar a tu gato a optar por las opciones de caza que le proporcionas en lugar de las reales.

La depredación incluye un conjunto de comportamientos, que empiezan por localizar a la presa, seguido de la captura (acecharla, perseguirla y lanzarse sobre ella), la matanza, la preparación y la comida. Como estas acciones son connaturales a los gatos, es poco probable que al adiestrarlos pierdan ese instinto de depredación completamente. Sin embargo, el adiestramiento se puede usar para que los cimientos de la caza se dirijan a objetivos aceptables (lo que nosotros llamamos «juguetes») para que actúen como oportunidades de depredación y, a la vez, sirvan para jugar, acción que es gratificante para el gato y el dueño.

Algunos gatos se entrenan involuntariamente de manera que un objetivo diferente se convierte en una forma genial de descargar sus instintos de depredador: se dedican a intentar «cazar» los pies y las manos de su dueño. Indudablemente, esto conlleva consecuencias dolorosas para el humano y, como resultado, puede conllevar una ruptura de la buena relación si el dueño del gato le coge miedo al animal. Por suerte, se puede adiestrar al gato para redirigir el comportamiento hacia juguetes y otras «presas» más apropiadas.

Por tanto, nuestro objetivo es reducir o disuadir al gato de las presas vivas (y de las manos y pies humanos) al ofrecerle otros juegos igual de satisfactorios, cautivadores, entretenidos y agotadores como la caza. Si distraemos al gato durante el tiempo que pasaría cazando con juegos de caza en los que no hay ninguna presa real, es probable que satisfagamos la tendencia a cazar del gato no solo a nivel físico, sino también, y quizá más importante, a nivel mental. Aunque su instinto despierte al ver un pájaro revoloteando o un ratón escabulléndose, nuestra intención es que el gato esté desmotivado para cazar de verdad y deje que la presa escape libremente. Además, incorporar juegos de tipo predatorio en la rutina del gato tiene la ventaja de que le costará más tener sobrepeso, aburrirse o frustrarse (como les pasa a los gatos que no tienen con qué ocupar el tiempo). En algunos países, dejar que el gato se vuelva obeso se considera una forma de abandono, igual que lo es dejar que muera de hambre. Por consiguiente, enseñas a tu mascota alternativas de caza apropiadas que ayudarán a promover su bienestar de muchas maneras diferentes.[6]

Un gato que no tiene ningún otro suministro de comida necesita al menos diez viajes de caza exitosos y conseguir en cada uno un ratón para conseguir el mínimo nutricional necesario. Sin embargo, le harán falta mucho más de diez intentos para conseguir la comida indispensable, ya que muchos de estos acabarán fracasando. Así, aunque los intentos por capturar a la presa son satisfactorios por sí mismos, el premio de la captura, la matanza y el consumo son menos recurrentes. Recuerda que una vez se aprende un comportamiento, es más probable que se mantenga si se refuerza de manera intermitente (Recurso Clave n.º 8), es decir, cuando el gato no recibe una recompensa cada vez que hace la acción. Tener ese refuerzo intermitente en los juegos de caza debería reforzar lo gratificantes que le resulten los juegos. Por ese motivo, cuando juegues con tu gato, asegúrate de que no gana todas las veces. Por ejemplo, si jugáis con una caña con plumas, encárgate de que no consiga coger el juguete siempre. Si has escondido juguetes o comida, asegúrate de que en algunos escondites no haya premio.

Como a veces no consiguen obtener una presa, los gatos que no tienen ninguna otra fuente de alimentos se pasan gran parte del día cazando. Sin embargo, gran parte de ese tiempo lo pasan desplazándose, a veces largas distancias, hasta llegar a los sitios de caza que conocen, y tienen que orientarse en el ambiente hostil que encuentran por el camino. Así, suelen gastar mucha energía incluso antes de ver a una presa; esa es la manera que tienen los gatos salvajes de mantenerse en forma.

Muchos de los juegos a los que los dueños juegan con sus animales se centran exclusivamente en la captura y omiten todos los pasos que hacen falta para llegar a eso. Si le sumas una dieta que contiene más calorías de las que necesita el animal, pronto tendremos un gato con sobrepeso y muy perezoso al que ya no le interesaran los juegos que antes le gustaban tanto.

Guiando a Herbie con un cebo para que salte.

Herbie aprende a serpentear entre los postes siguiendo un palo.

Sin embargo, hay una manera de proporcionar a los gatos, incluso a los que no salen a la calle, una alternativa para que aprendan a orientarse como lo harían si salieran a cazar.

Para muchos dueños de mascotas, la palabra «agilidad» suscita la idea de un adiestrador guiando a un perro a través de túneles, haciendo que salte, que camine por pasarelas y que serpentee entre postes en un concurso. Sin embargo, la agilidad no está reservada para los perros ni tiene que ser competitiva. Hoy en día, podemos comprar un puesto de entrenamiento de agilidad para exteriores para los gatos, aunque es igual de fácil hacer uno nosotros mismos si usamos ramas como vallas y cajas de cartón abiertas como túneles. Las cañas de bambú clavadas en el césped nos sirven de postes y se puede usar cualquier mobiliario de jardín para que el gato entrene sus saltos. No se le enseña agilidad para ver lo obediente que es o lo bien que puede aprender órdenes (aunque, evidentemente, puedes enseñar al gato a que salte cuando digas algo concreto, que serpentee entre postes y que pase por un túnel si así lo deseas). Tampoco se le enseña para saber lo rápido que corre por la pista. Es solo una ocasión para que el gato se enfrente a su entorno a nivel físico con acciones que usaría al intentar cazar una presa (como haría si tuviera que saltar por encima de una verja o de un árbol que hubiera caído y tuviera que orientarse entre la maleza. También sirve para estimular la mente y el cuerpo del animal de una manera que solo haría durante los momentos de caza. Enseñarle al gato juegos de agilidad y caza es muy divertido y puede fortalecer la relación que tienes con tu mascota.

Antes de empezar, dale tiempo para que investigue las herramientas nuevas (Recurso Clave n.º 1). Cuando el gato haya mostrado que se siente cómodo con la zona de entrenamiento de agilidad, entonces tendrás que elegir los cebos que usarás (Recurso Clave n.º 1): juguetes con caña fijados entre las varas o de las que cuelga un trozo de cable son cebos ideales para que el gato los siga saltando y entre los postes. También puedes lanzarles golosinas a través de los túneles para que el gato los siga y aprenda a usarlos. A medida que el gato se vaya acostumbrando a las herramientas y las asocie con los premios, probablemente notarás que su habilidad y velocidad mejoran. Asegúrate de que los entrenamientos sean cortos, sobre todo si tu gato tiene sobrepeso o está en baja forma, ya que pueden ser demasiado exigentes para ellos y los gatos no se deshacen del calor con tanta facilidad como los perros.

La agilidad, los juegos y los ejercicios de entrenamiento no se tienen que hacer exclusivamente al aire libre, todo lo contrario. Son muy beneficiales para los gatos que no salen a la calle, ya que es una oportunidad para que saquen el máximo provecho de su energía y hagan ejercicio, cosa que probablemente no hagan dentro de casa. Piensa cómo podrías organizar los muebles y objetos personales dentro de casa para animar al gato a ser más activo. ¿Tienes muebles que estén lo bastante juntos o que puedas acercar para que el gato tenga que saltar entre ellos? ¿Tienes, o puedes conseguir, cajas de cartón que el gato pueda usar para saltar, correr a su alrededor o a través de ellas? ¿Tienes estanterías por las que pueda caminar? Piensa en las acciones que haría el gato en el exterior si estuviera cazando.

Imagina que tu casa es el territorio de caza del gato. Muchos dueños prefieren que sus gatos mantengan las cuatro patas en el suelo y no toquen los muebles. Sin embargo, los gatos están diseñados para trepar y saltar, y cuando se los deja tranquilos, exploran y usan el espacio vertical tanto como el horizontal. En lugar de desalentar esa parte de la naturaleza del gato, proporciónale muebles y estanterías que pueda usar. Si lo animas a trepar, saltar y a que no esté todo el rato en el suelo, no solo harás que tenga puntos de ventaja, sino que además ayudarás a desarrollar su equilibrio y coordinación.

Empieza con dos muebles que estén casi tocándose para que el gato tenga que caminar del uno al otro para obtener un premio. Ve separando los muebles gradualmente para que el espacio entre ellos sea cada vez más grande hasta que tenga que saltar del uno al otro. Si lo haces de esta manera, estarás aumentando progresivamente la cantidad de ejercicio y esfuerzo mental que el gato tiene que hacer para conseguir el premio. Puedes usar un cebo para que pase de un mueble al otro durante las primeras etapas del entrenamiento (Recurso Clave n.º 3).

En mi opinión, en el terreno de la agilidad es donde más prácticos resultan los marcadores verbales (Recurso Clave n.º 4). Esto es debido a que suelen ser acciones muy rápidas y quiero que el gato sepa exactamente por qué comportamiento está recibiendo el premio. Por ejemplo, no puedo darle una golosina mientras está en pleno salto, pero puedo decir «bien» en ese momento, ya que mis gatos han aprendido previamente que esa palabra significa que van a recibir un premio.

Una vez el gato ya domina los saltos entre dos muebles, puedes empezar a añadir otros ejercicios, como que baje y vuelva a subir saltando o que rodee un mueble. Enséñale las acciones una a una y, en cuanto las haya aprendido, puedes unirlas todas para crear una pista de agilidad interior.

Debes diseñar la pista de agilidad pensando en las necesidades de tu mascota. Para los gatos con sobrepeso, asegúrate de que las acciones tienen un nivel de actividad física mínima para que pueda ir mejorando su aptitud física. Coloca los objetos entre los que quieres que salten muy juntos, y con los gatitos o los gatos más viejos, ponlos más cerca del suelo y cerciórate de que no se muevan. Si tienes un gato con problemas de movilidad como artritis, lo que dificulta o hace los saltos dolorosos, haz entrenamientos que no requieran tanto ejercicio físico, como simplemente caminar de un mueble al otro en lugar de saltar. Para los gatos enfermos, consulta con el veterinario antes de empezar a hacer ejercicios de agilidad, tanto de interior como de exterior.

De la misma manera que los ejercicios de agilidad son una oportunidad maravillosa para que el gato haga uso de su en-

Herbie aprende a mantener el equilibrio en un entrenamiento de interior.

torno de una manera física, como haría si saliera a cazar, los juegos de caza son una salida para el siguiente paso de la depredación que ocurre después de haber localizado a la presa: la captura, la muerte, la manipulación y el consumo. Cuando el gato ha localizado a la presa, el tiempo que pasa intentando cazarla es muy breve, y lanzarse sobre ella lleva segundos. Si el gato no consigue cazarla en el primer intento, es poco probable que tenga otra oportunidad con la misma presa, que huirá tan rápido como pueda. Por eso, los juegos de caza pueden ser relativamente cortos, pero deben ser frecuentes: será más fácil conseguir que el gato se interese por los juegos si los repartes al largo de todo el día que si dedicas un período de tiempo más largo a todos los juegos de caza del día. Esto puede resultar difícil si no pasas gran parte del tiempo en casa. Por suerte, además de los juegos en los que tienes que participar activamente, hay otros que pueden prepararse y no necesitan interacción humana, juegos que entretienen al gato mientras tú estás fuera u ocupado.

Los gatos domésticos normalmente son cazadores oportunistas: lo que hace que despierte su instinto de caza es advertir con la visión periférica alguna posible presa que pasa corriendo. Podemos usar esto en los juegos de caza si movemos algún juguete rápidamente por su lado. A los gatos les cuesta centrarse en los objetos estáticos que tienen muy cerca. Por eso, deberás poner el juguete como mínimo a medio metro de distancia e, idealmente, en uno de los lados. Puedes conseguir que el gato se interese en él si lo mueves como si fuera una presa. Si el juguete es pequeño y peludo como un ratón, es mejor que lo muevas por el suelo y que lo alejes del gato rápidamente y en línea recta, como lo haría un ratón.

Nunca he visto a un ratón correr hacia un gato, pero veo con frecuencia a dueños de gatos que usan la caña de juguete para llevar el muñeco hacia su mascota. En esas circunstancias, algunos gatos parecen más centrados en lo que hay al otro lado de la caña que en el juguete (esto se debe a que la caña se mueve rápidamente y en línea recta mientras que el juguete se mueve sin parar por todas partes). Esta situación se da normalmente con juguetes con caña en los que el muñeco está atado con una goma elástica. Los juguetes que tienen una cuerda normal son mejores, sobre todo si cuando lo mueves estás sentado o de pie. También puedes moverte y arrastrar el juguete detrás de ti (lo que te ayudará a mantenerte en forma a ti también). A menudo, los juguetes que encontramos en las tiendas tienen una caña corta. Si el gato se excita mientras juega y te da miedo que te muerda o arañe, puedes atar el juguete a una caña de bambú, a una fusta de caballos o a un látigo si quieres que sea todavía más largo.

Para hacer que el gato se mueva de verdad, puedes atar uno de sus juguetes al anzuelo de una caña de pescar de juguete, lanzarlo y volverlo a recoger. Lo mejor es usar un sedal de plástico que no le haga daño en la boca si intenta morderlo, ya que como el gato no lo verá, pensará que el juguete se mueve solo. Los juegos con caña de pescar son ideales para el exterior o para un pasillo largo y amplio en el que puedas lanzar el juguete a varios metros de distancia.

Con cada uno de los juegos, no lances el muñeco demasiadas veces. De esta manera, cuando el juego se acabe, al gato todavía le parecerá gratificante y, la próxima vez que vea la caña de pescar, tendrá muchas ganas de jugar. También evitarás que tu mascota se fatigue demasiado. Los gatos no persiguen a las presas hasta quedar agotados. Corren muy rápido, pero durante un período corto de tiempo, y normalmente prefieren sentarse y esperar, y, entonces, correr rápidamente para capturarla. Aunque perseguir un juguete es divertido y agotador, sus cuerpos no están diseñados para persecuciones largas a gran velocidad.

Utiliza una varita de juguete que no pese mucho para imitar a las presas voladoras; lo ideal sería utilizar una que esté hecha de plumas. Estos juguetes tienden a estar pegados a una varita rígida o a un cable y se mueven mejor por el aire que por el suelo: sacude la varita en el aire trazando una curva, o también puedes posarla brevemente en el suelo antes de volver a hacerla planear por el aire. Este movimiento animará al gato a saltar para coger el juguete con las patas delanteras. Puesto que estos juguetes lo animan a desempeñar la parte de acecho y persecución de la secuencia de caza, que les resulta gratificante de por sí, no es necesario darles un premio extra, como por ejemplo comida. De hecho, durante esta etapa de la caza, el gato tiene los sentidos tan centrados en capturar el juguete que no estará pensando en comer.

Deberías determinar la frecuencia con la que permitas que el gato capture el juguete según su nivel de participación en el juego. Si no se muestra seguro o no está completamente centrado en él, deja que lo capture más veces de las que no. Si está completamente centrado y se le da bien atrapar al juguete, haz que le resulte un poco más difícil cogerlo para estimularlo un poco más y asegurarte de que haya veces en las que no pueda atraparlo. De esta forma, ejercitaremos la capacidad de resolución de problemas del gato y haremos que se plantee cómo capturar el juguete en el próximo intento. Puede que ya hayas vivido la situación en la que un gato que no puede atrapar un juguete salta sobre un mueble cercano para tener más posibilidades de alcanzarlo.

Independientemente del número de intentos fallidos de atrapar el juguete, cuando quieras terminar de jugar, empieza a mover el juguete más despacio para imitar a una presa cansada o herida y animar al gato a relajar también sus movimientos y darle la oportunidad de conseguir una captura final. Cuando el gato haya capturado el juguete, dale tiempo de sobra para golpearlo, morderlo y agarrarlo. Quítaselo y guárdalo solo cuando pierda interés en él, pero déjalo cerca por si lo necesitas en los próximos juegos (idealmente, en la caja de herramientas de adiestramiento).

Un juguete que nunca podrán atrapar de verdad es el punto rojo o verde de un puntero láser, disponible en tiendas como juguete para gatos. El láser genera un punto pequeño de luz cuando se apunta hacia otros objetos y puede moverse con facilidad y rapidez en líneas rectas. En consecuencia, los punteros láser pueden «activar» el instinto de caza de un gato muy rápidamente. Sin embargo, como el punto de luz nunca puede capturarse de verdad, la situación puede hacer que el gato se sienta frustrado. Además, algunos gatos parecen obsesionarse con otras fuentes de luz después de haber jugado con punteros láser, como el reflejo de un reloj cuando le da la luz del sol. Por eso, los punteros láser no deberían sustituir nunca a las varitas de juguete. Si los utilizamos, deberíamos hacerlo junto con juguetes que el gato pueda manipular físicamente. Por ejemplo, podrías utilizar la luz para guiar al gato hasta un juguete de verdad que hayas colocado en el suelo y, después, apagarla cuando salte sobre el juguete: sin embargo, no todos los gatos caerán en el engaño y algunos seguirán buscando la escurridiza luz.

A la mayoría de los gatos les gusta perseguir a los juguetes, pero a unos pocos también les gusta recuperarlos, por lo que a menudo dejan caer el juguete a los pies de su dueño para animarlo a tirárselo de nuevo. Para esos gatos, la secuencia de perseguirlos e ir a buscarlos es lo bastante gratificante como para llevarla a cabo una y otra vez. Es desconcertante que a algunos gatos parezca gustarles tanto comportarse como perros. Sin embargo, las madres llevan presas a casa para sus gatitos, y muchas veces los gatos domésticos adultos también, suponemos que para comérselas en un sitio que consideran seguro. Si ves que tu gato transporta alguno de sus juguetes en la boca, puedes «reproducir» este comportamiento tirándole el objeto en cuanto lo deje caer. No importa si no lleva el juguete hasta ti: lo importante es que te demuestre que le gusta perseguirlo y transportarlo. Si ya le has enseñado al gato un marcador verbal como señal de que está a punto de recibir un premio, puedes premiar este comportamiento con un marcador verbal, seguido del premio que elijas cuando el gato te alcance. Nunca es buena idea intentar quitarle el juguete de la boca por la fuerza: espera a que decida dejarlo caer. Si el gato considera al juguete una presa, es probable que al ver que un ser humano intenta quitársela de la boca apriete más los dientes alrededor de él para no perderlo.

Cuando capturan pájaros, los gatos tienen que quitarles algunas de las plumas antes de comerse la carne y las tripas. A

Sarah arroja un juguete con una caña de pescar a Herbie.

continuación, cuando quieran comerse otras partes del pájaro, necesitarán quitarle más plumas. Algunos gatos pueden dirigir ese comportamiento tan innato hacia otros objetos, y eso en muchas ocasiones molesta al dueño. Por ejemplo, arrancando el papel de los rollos de papel higiénico y mordiendo trozos pequeños de cartón de las cajas con la boca. Algunos recurren incluso a rasgar telas: de hecho, una parte muy común del tratamiento contra un problema de conducta conocido como «pica», en el que el gato ingiere objetos incomestibles, es darle algo que pueda arrancar. Por consiguiente, proporcionarles una alternativa apropiada a los gatos que les gusta destripar cosas puede ayudarnos a evitar que arranquen otros objetos que no queremos que destruyan y satisfacer su necesidad. Incluso si nunca has visto a tu gato intentar arrancar algo, vale la pena proporcionarle un objeto destructible, como un rollo de cartón, para comprobar si es un comportamiento del que disfrute.

A algunos dueños les preocupa que, al proporcionarle al gato algo más apropiado para morder, lo animemos a que lo haga, por lo que creen que el animal arrancará cosas con más frecuencia en el futuro. No debería ser así. Es casi imposible quitarles el deseo de manifestar un comportamiento innato: aunque sujetarlo puede detener el comportamiento temporalmente, no elimina la necesidad del gato de llevarlo a cabo. De hecho, es mucho más probable que en realidad el animal realice el comportamiento, o lo haga con más intensidad, cuando se libere de la limitación física. Al proporcionarle un objeto alternativo apropiado al que atacar, le damos una forma aceptable de satisfacer sus necesidades y, por lo tanto, reducimos las

Cosmos pelea con un juguete con plumas.

probabilidades de que se comporte así en cualquier otro sitio. A algunos gatos les gusta arrancar trozos de cartón: si es así, dales cajas con las que puedan jugar. Otros gatos solo arrancan plumas, por lo que en ese caso puedes hacer agujeros en un rollo de papel higiénico o de cartón vacío y llenarlos de plumas: muchas veces recojo plumas caídas durante mis paseos para utilizarlas más adelante para estimular al gato. Para combinar la acción de arrancar con el acto posterior de consumir, también puedes rellenar el rollo de cartón con comida para gatos húmeda o seca y cubrir los extremos del rollo con papel de hornear con pequeños agujeros para que el gato pueda oler la comida que hay dentro. Para aquellos más creativos, no hay límites: lo único que debes hacer es evitar utilizar cualquier material que podría ser peligroso si el gato lo ingiriera. Si no estás seguro, consúltalo con el veterinario.

Cuando se enfrentan a presas más grandes, como conejos, muchas veces se tumban de costado para hacerle perder el equilibrio y golpear a la presa con las patas traseras. Es probable que hayas visto cómo tu gato hace esto con un juguete: el animal puede iniciar esta acción poniéndose en pie encima del juguete y dándole golpes con una de las patas traseras, casi como si estuviera intentando arrancar una motocicleta. Entonces, se dejará caer de lado e intentará atraer el juguete hasta el centro de su cuerpo con las patas delanteras mientras lo arrastra y golpea con las traseras. Parece que reservan este comportamiento para juguetes más grandes, por eso es muy importante que le proporcionemos juguetes de ese tamaño además de otros más pequeños que pueda perseguir. Puedes fabricar juguetes más grandes tú mismo rellenando unos calcetines viejos y decorándolos con plumas. Puedes introducir algo de hierba gatera en el relleno si a tu gato le gusta para proporcionarle unos minutos adicionales de diversión.

Por lo general, a los gatos no les gusta mojarse y entrarán corriendo en casa cuando empiece a llover. No obstante, no pasa con todos ellos. Es probable que te hayas encontrado en una situación en la que, tan pronto como te das un baño de burbujas para relajarte, ves aparecer la cara y las patas delanteras de tu gato, entusiasmado por tocarte los dedos de los pies, que asoman por entre las burbujas. Una vez más, el gato no puede resistirse al atractivo de algo que aparece y desaparece de su vista. Puedes estimular las habilidades «de pesca» de tu gato proporcionándole alternativas más apropiadas, como introducir bolas de ping-pong y pequeños juguetes de plástico dentro de una piscina para niños o un cubo de plástico. Añadirle burbujas aumentará su encanto, ya que el objeto desaparecerá y reaparecerá. A un gato más atrevido puede que le guste incluso observar e intentar capturar un juguete que se desplace automáticamente por el agua: por ejemplo, los que tienen un cordón o un mecanismo para darle cuerda. Un consejo: asegúrate de que el recipiente que contenga el agua no pueda volcarse e inundarlo todo, y de que el nivel del agua sea bajo, por si el gato decide saltar dentro. Para aquellos que tengan jardín, lo mejor sería utilizar una piscina para niños, ya que las hojas y los pétalos que caigan en ella harán que resulte todavía más tentadora.

Muchas veces, las presas de los gatos se ocultan entre la maleza para tratar de esconderse de las miradas fisgonas de los felinos. Por eso, el mínimo crujido o movimiento entre la maleza puede hacer que un gato se ponga alerta y centre todos los sentidos en el último lugar en el que vio u oyó a la presa. Podemos fomentar esa agudeza sensorial con juegos de tipo predatorio, tanto dentro como fuera de casa, solo con utilizar un juguete y una caja de cartón. Para preparar la caja, recorta agujeros pequeños un poco más anchos que la pata del gato en varios sitios a los laterales de la caja. Siéntate delante del lado abierto de la caja para que el gato no pueda entrar en ella pero vea la base volcada y los laterales. Utiliza un juguete pequeño, preferiblemente uno que esté unido a una varita rígida, e introdúcelo parcialmente por uno de los agujeros para llamar la atención del gato. Cuando hayas llamado su atención, puedes sacar el juguete y volver a meterlo parcialmente por otro agujero. De este modo, el juguete entero nunca estará a la vista y la forma de presentarlo tentará al gato a introducir la pata por el agujero en un intento de localizarlo. Hemos creado una versión felina del popular juego de máquinas recreativas Whac-A-Mole. Los juguetes que emitan sonidos como piadas o chillidos electrónicos le darán emoción al juego y te ayudarán a animar al gato a tocar el juguete. Termina el juego dejando que el gato capture el juguete y, si él quiere, entrégaselo a través del agujero para que sea más divertido.

Puedes jugar a juegos similares escondiendo la varita de juguete debajo de una sábana, funda de almohada u hoja de periódico y haciendo que asome inesperadamente por debajo. Asegúrate de que la varita sea larga, ya que es probable que el gato salte sobre ella mientras siga parcialmente escondida. En las tiendas puedes encontrar juguetes que funcionen con baterías escondidas en una bolsa o debajo de un trozo de tela: producirán el mismo movimiento en momentos en los que tú no estés disponible para jugar. Una advertencia: supervisa siempre la primera vez que pruebes esos juguetes para asegurarte de que al gato le resultan tentadores y no aterradores.

La mayoría de los dueños de gatos le dan a sus mascotas la comida diaria en un cuenco, normalmente situado siempre en el mismo lugar y dos veces al día, día tras día. Sin embargo, si pensamos en la forma de cazar de los gatos, veremos rápidamente que es una forma muy distinta a cómo obtendrían la comida si fueran salvajes. Los gatos monteses comen poco y a menudo, y dedican mucha energía mental y física a obtener la comida y atrapar a sus presas en lugares distintos, incluso dentro de la misma zona de caza. Por suerte para nosotros, podemos hacer cambios muy sencillos en la rutina que enseñarán a nuestros gatos que obtener la comida en casa puede ser igual de gratificante que cazar. Si dedican toda su energía mental y física a obtener la comida para gatos (que, en realidad, sabe mejor que cualquier presa que puedan cazar), es mucho menos

Cosmos jugando con el agua.

probable que cacen (y tendrán menos tiempo para hacerlo).

Utilizar comederos con rompecabezas es una buena forma de prolongar el tiempo que dedican a conseguir la comida y comérsela; es un método excelente para mantener al gato ocupado cuando no estés para entretenerlo. Hay comederos con rompecabezas comerciales de un montón de formas y tamaños, desde pelotas con agujeros que pueden rellenarse con comida seca que se cae cuando el gato aprende a hacerla rodar por el suelo, hasta laberintos de plástico en los que el gato tiene que sacar la comida con la pata. Puedes hacer rompecabezas caseros haciendo agujeros en la tapa de una caja de cartón e insertando botes pequeños en ellos para crear una serie de cubos en los que puedes colocar galletas que el gato pueda sacar con la pata. También puedes pegar cubos y cajas pequeñas con cinta adhesiva o pegamento directamente al cartón para que el gato pueda trabajar con distintas alturas. También puedes pegar rollos de papel higiénico o toallas de papel por los laterales para crear pirámides en las que los gatos puedan introducir las patas para sacar galletas. Cuando coloques objetos así, no tengas miedo de cambiarlos de sitio dentro de la casa para que el gato tenga que explorar para encontrar dónde se esconde la comida.

Si estás en casa y puedes darle de comer más de dos veces al día, divide su ración diaria en varias porciones más pequeñas y colócalas en los rompecabezas en diferentes momentos durante el día. Los científicos han demostrado que, incluso cuando les damos de comer solo dos veces al día, los comederos con rompecabezas prolongan los períodos de alimentación y el tiempo que dedican en total a conseguir la comida, en comparación con el tiempo que dedican a comer del cuenco con la misma cantidad de comida. De hecho, puedes convertir tu casa en un rompecabezas gigante, escondiendo botes pequeños abiertos que contengan algunas galletas o cucharadas de comida húmeda alrededor de la casa para que el gato los encuentre. Si tu gato no puede utilizar un rompecabezas por algún motivo, por ejemplo, por problemas de movilidad, también puedes encontrar comederos automáticos que dispersen

Cosmos y Sarah juegan al Whac-A-Mole.

324

las raciones de comida durante el día y te ayuden a imitar las raciones pequeñas y frecuentes que tendría si cazara para obtenerlas.

Además de los comederos con rompecabezas o como alternativa a ellos, también puedes convertir la hora de la comida en un juego lanzándoles las galletas de su dieta seca de una en una por toda la habitación para que las persiga y se las coma. Si tu gato tiene acceso al aire libre, una buena idea para hacer que busque la comida es esparcirla por el césped o por el patio. Cuando haya terminado, lo mejor es comprobar que la haya encontrado toda para impedir tener visitas no deseadas en el jardín. También deberías controlar cuánta comida recibe el gato al utilizar este método y reducir sus raciones diarias acorde a ello.

Tal vez quieras empezar esparciendo solo unas pocas galletas, asegurándote de que las dejas cerca del gato y de que sean visibles. Cuando el gato domine esta forma de comer, dispersa la ración entera en una zona más amplia: verás que muy pronto el gato no se dejará ni una sola galleta. También es buena opción esparcir la comida en suelos de madera o alicatados, ya que las galletas rebotarán en todas direcciones cuando las desperdigues. Sin embargo, si tienes más de un gato, tendrás que separarlos si quieres hacer esto, para evitar que un gato le robe las galletas al otro y también para que los gatos no sientan que tienen que competir para obtener la comida.

Otra buena forma de jugar con ellos a cazar a la hora de comer es introducir las galletas de una en una en un tubo de cartón muy largo, sujetarlo en diagonal contra el suelo de madera o alicatado y dejar que las galletas salgan rodando por el extremo inferior. Tu gato se acostumbrará enseguida a atrapar la galleta con la pata. Habrás creado tu propia versión del juego de cazar al ratón: en este caso, la «rata» será la galleta y el gato no necesitará un mazo, puesto que ya dispone de las habilidades necesarias para atrapar la galleta rápidamente cuando ruede hacia él. Es un juego al que puedes jugar sentado en el

Herbie explora una caja sensorial casera.

suelo mientras ves la televisión o mientras estás al teléfono: mientras tú te relajas, el gato puede pasárselo muy bien capturando su comida.

La mayor parte del tiempo que los gatos dedican a cazar lo pasan en realidad investigando el entorno con la esperanza de localizar el rastro de una presa. Utilizar cajas sensoriales les da la oportunidad de explorar sin necesidad de salir de casa. Son cajas de cartón grandes y simples que contienen un montón de objetos que el gato puede encontrarse en el exterior, algunos de los cuales tienen el olor de las presas. Pueden ser cosas que hayas recogido del jardín o durante tus paseos, además de objetos de la casa. Puedes colocar hojas secas, plumas, piedras, hierba, trozos de corteza de los árboles, ramas, ramitas y otras plantas en cajas de cartón, algunas lo bastante grandes para que el gato pueda saltar dentro y rebuscar bien en ellas. Puedes hacerla más interesante añadiendo pelotas de plástico como las de las piscinas de bolas para niños: he visto a muchos gatos disfrutar mucho al tirarlas fuera de la caja.

Si añades algunos de los juguetes favoritos de tu gato a la caja, como por ejemplo, un ratón peludo o un juguete con plumas, harás que «cace» de verdad a una «presa». Todos mis gatos han tenido ratones de juguete que emitían un chillido cuando los tocabas. Se vuelven locos cuando los pones en las cajas sensoriales, ya que oirán el ruido cuando muevan el juguete sin querer, pero no lo localizarán inmediatamente, así que se lo pasarán muy bien mientras lo buscan. Herbie siempre salía de la caja sensorial de un salto con su captura en la boca. Para gatos menos atrevidos, puedes utilizar cajas sensoriales más pequeñas, así podrán rebuscar en ellas con una sola pata: podemos fabricarlas a partir de cajas de pañuelos vacías u otras cajas de cartón más pequeñas. Aunque puedes utilizar cajas de plástico, el cartón absorbe muy bien los olores y tiene la ventaja extra de que el gato puede morderlo. Por consiguiente, la caja también forma parte de la experiencia sensorial. Una buena manera de motivar al gato para que «cace» para obtener comida es echar algunas golosinas o la ración de galletas del gato en la caja sensorial, ya que se dispersarán y tendrá que encontrarlas de una en una: en las cajas de pañuelos pequeñas, muchas veces tendrá que sacar las galletas con solo una pata, del mismo modo que en los comederos con rompecabezas.

Algunos gatos que tengan ganas de cazar, pero no la oportunidad de hacerlo (ya sea con juegos de «caza» o con acceso a presas de verdad), dirigirán su comportamiento depredador hacia las personas de su casa. Los blancos más comunes son las manos y los pies, porque solemos agitarlos y moverlos rápidamente durante nuestras actividades cotidianas, como al conversar o caminar. Algunas personas balancean o repiquetean con los pies inconscientemente mientras descansan, un movimiento al que muchas veces los gatos no pueden resistirse. Estos ataques «depredadores» sobre la piel humana pueden hacer daño y, a menudo, el objetivo reacciona soltando un chillido agudo y, después, saltando para apartarse del gato. Sin embargo, en lugar de disuadirle de que deje de hacerlo, esa respuesta puede reforzar el comportamiento, ya que el gato puede considerar que ese movimiento rápido y los chillidos agudos son propios de una presa.

Es muy poco probable que ese ataque ocurra si se le da la oportunidad de jugar a juegos de caza adecuados. No obstante, con aquellos gatos que hayan desarrollado el hábito, puedes intentar incrementar la frecuencia y la variedad de los juegos y desviar la atención del gato a otros objetivos más apropiados, como varitas, cada vez que empiece a mostrar signos de conducta depredadora dirigidos hacia ti (si te mira con los ojos muy abiertos y la mirada fija, o si está en una postura agazapada, al acecho). También puedes reforzar los objetivos: esto quiere decir que a ratos tendrás que llevar guantes, botas de goma o incluso zahones dentro de casa para quedarte quieto y no sentirte tentado a gritar o estremecerte si se abalanza sobre ti o te muerde. Muy pronto, el gato aprenderá que los juguetes son unas «presas» mucho más fascinantes que las manos o los pies.

Si tus gatos tienen acceso al exterior, controlar su comportamiento mientras estén al aire libre puede ayudarte a prevenir que cace con éxito. Muchos de los ejercicios del capítulo 10 (entrenar al gato para que lleve arnés durante los paseos, animarlo a que camine junto a ti al aire libre e incluso adiestrarlo para que acuda a tu llamada) lo ayudarán a disfrutar del tiempo que pase fuera pero sin poner tanto en riesgo a la fauna de la zona.

Algunos dueños recurren ahora a varios dispositivos para prevenir que cacen con éxito. El más común es un cascabel: cuando el gato se mueve, el cascabel que llevan en el collar tintinea y muchos creen que ese sonido avisa a las presas de la proximidad del gato y le da tiempo de escapar. A la mayoría de los gatos no les preocupa que les pongamos un cascabel; no obstante, a los más asustadizos les puede resultar inquietante el sonido o la sensación de tener algo colgando del pecho, por lo que tendremos que entrenarlos para que aprendan a aceptarlo del todo.

Igual que con cualquier objeto nuevo, pon el cascabel en el suelo y premia al gato que lo explore de cualquier manera. Cuando esté completamente cómodo al verlo en el suelo, puedes cogerlo y hacerlo sonar tranquilamente en la mano. Una vez más, vuelve a premiar cualquier conducta tranquila o curiosa. Haz sonar el cascabel y prémiale a lo largo de varias repeticiones: queremos enseñar al gato que no se altere al oír el sonido. Si en cualquier momento el gato parece tenso, tendrás que volver a las primeras etapas del entrenamiento.

Cuando al gato ya no le interese o moleste el sonido, podemos atarle el cascabel al collar: esto puede ser algo difícil, por lo que es mejor hacerlo después de haberle quitado el collar. Una vez le pongas el collar al gato con el cascabel, prémialo en abundancia, ya sea con comida o con un juego. El gato notará el cascabel y lo oirá cada vez que se mueva, pero si le premiamos con juegos o comida de vez en cuando, aprenderá muy rápido que no es algo que deba preocuparle. Cuando lleguemos a esta etapa, ya no tendremos que premiarlo porque queremos que se habitúe al sonido del cascabel.

Los cascabeles no siempre funcionan, por lo que están llegando alternativas al mercado. Muchos dueños afirman que sus mascotas siguen cazando con éxito incluso con un cascabel en el collar: y algunos incluso declaran que han visto cómo el gato lo lleva en la boca mientras caza, al parecer porque ha descubierto que hacerlo ahoga el sonido del cascabel. Teniendo esto en cuenta, han surgido varios aparatos que se adhieren al collar de gato estándar y que están diseñados específicamente para evitar o reducir de verdad los intentos de caza exitosos. Uno de esos objetos es un babero de neopreno que se adhiere con velcro al collar del gato y le cuelga del pecho, ocultando la parte superior de las patas delanteras. No está claro si el éxito al cazar se reduce debido a que el color vivo del babero advierte a las presas de la presencia del gato o si se debe a que los saltos del gato pierden eficacia porque el babero se interpone en su camino. Los primeros estudios sugieren que estos baberos funcionan mejor cuando las presas son pájaros, en lugar de mamíferos pequeños, por lo que, en efecto, es probable que sea a causa del color (los pájaros aprecian los colores mucho mejor que nosotros). Precaución: todavía no se sabe muy bien si llevar un babero colgado afecta mucho a la movilidad de cada gato, por lo que si vives cerca de carreteras, deberías reflexionarlo muy bien antes de probar esta opción.[7]

Otro de los objetos es una funda de tela de colores brillantes que reviste el collar del gato. Una vez más, los estudios sugieren que reducen el número de pájaros asesinados por los gatos, ya que los colores fuertes hacen que el gato sea más visible para el pájaro y le da así más tiempo para escapar.[8] También hay alternativas mucho más complejas, que todavía eran prototipos en el momento en que se escribió el libro, que se colocan en el collar del gato y emiten un sonido breve y un destello de luz cuando el gato salta, combinando así un aviso sonoro y uno visual para alertar a la presa de la cercanía del gato.

Por el bien del gato, tenemos que entrenarlo para que los acepte antes de utilizar todos estos objetos. Adiestrarlos para que lleven el collar de tela y el dispositivo que emite luz y sonido debería ser igual que adiestrarlos para que lleven el collar y el dispositivo de rastreo (capítulo 10), pero además deberíamos acostumbrar al gato a los sonidos y los destellos de luz del dispositivo audiovisual: podemos llevarlo a cabo utilizando los mismos ejercicios que cuando acostumbrábamos al gato al cascabel del collar. El babero es distinto a cualquier objeto con el que el gato se haya topado con anterioridad, puesto que le colgará delante de las piernas, por lo que puede que nos resulte más difícil convencerlo de que lo acepte.

Después de que me pidieran consejo varias veces sobre el uso de baberos sin haber utilizado ninguno, empecé a ver vídeos de gatos con baberos de neopreno. Me preocupaba que limitaran los movimientos del gato y que, por lo tanto, afectaran a su seguridad y su calidad de vida. Por eso, antes de opinar sobre ellos y aconsejar a otros dueños, decidí probarlos con mis gatos: Cosmos y Herbie nunca habían llevado un objeto contra la caza, aparte de un cascabel en el collar.

Empecé el entrenamiento un día soleado y bonito en que los gatos descansaban en el césped. Empecé con Cosmos, ya que Herbie se había tumbado a la sombra. Igual que con cualquier otro objeto nuevo, coloqué el babero en el suelo a poca distancia de Cosmos para darle la oportunidad de investigarlo. No mostró el más mínimo interés en él, ni le preocupó ni le intrigó, así que lo recogí y se lo ofrecí. Lo olfateó de pasada y se tumbó en la hierba como hacen los gatos cuando disfrutan del sol. Como estaba tan relajado, decidí que era un buen momento para probárselo. Cosmos siempre ha llevado un collar antiahogo con cascabel, y hacía tiempo que lo había entrenado para llevar varios dispositivos de rastreo en el collar, por lo que sabía que sentir que le ataba algo al collar mientras lo llevaba puesto no le molestaría. Dejé caer un premio junto a Cosmos para animarlo a que se pusiera en pie y lo hizo de inmediato. Le pasé el objeto de neopreno por debajo del collar rápidamente pero con cuidado y se lo até. A continuación, dejé más premios en el césped que, debido a la longitud de la hierba, le llevó unos segundos encontrar. Este juego improvisado le dio tiempo para sentir el peso del babero (que en realidad era muy ligero) y el tacto del objeto contra el pelaje sin que lo distrajera demasiado; tenía la mente ocupada en encontrar los premios.

Después, atraje a Cosmos para que avanzara por el césped utilizando comida como cebo. A Cosmos le encantan los juegos y su mente estaba tan centrada en el cebo que no parecía preocuparle el babero, aunque pisaba de forma más pronunciada y subía más las patas, como si intentara pasar por encima del babero: por extraño que parezca, ¡me recordó a la forma de andar de un poni en una exhibición! Sin embargo, no pasó mucho tiempo, solo un par de minutos, hasta que Cosmos se dio cuenta de que podía caminar con normalidad y que el babero se apartaba de su camino cuando lo hacía. Después de premiar a Cosmos por seguir el cebo varias veces, dejé que jugara con una varita para que se sintiera seguro y se moviera más rápido con el babero. Intercalé períodos breves de juego con períodos de descanso, para asegurarme de que el juguete no fuera siempre una distracción del babero y que, en lugar de eso, Cosmos aprendiera que llevar el babero le hacía obtener premios como juegos mientras le enseñaba que todavía podía moverse con total libertad aunque lo llevara puesto. Cosmos persiguió, atacó y saltó sobre el juguete con el babero puesto. De hecho, atrapó el juguete cubierto de plumas que colgaba del extremo de la varita en más de una ocasión: ¡puede que sea uno de esos gatos que burla al dispositivo a prueba de caza! Mi plan era quitarle el babero a Cosmos después de jugar con él, pero entró en casa tranquilamente, saltó al sofá y se quedó dormido de inmediato, así que se lo dejé puesto. El adiestramiento con Herbie fue prácticamente igual, aunque no se le daba tan bien atrapar el juguete de la varita. Aunque es evidente que con mucho entrenamiento los gatos pueden aceptar fácilmente que les coloquemos un objeto a prueba de caza, como por ejemplo, un babero, no dejaría que mis gatos llevaran un babero sin supervisión: me preocuparía que el babero se enganchara en algún sitio y el gato se enredara o que afectara a la precisión de sus movimientos mientras se desplazara por entornos más complejos. Por eso, por lo menos por lo que a mí respecta, es mejor dedicar el esfuerzo que se requiere para adiestrar al gato para que lleve uno de estos objetos a redirigir los instintos depredadores del gato.

Teniendo en cuenta la tendencia internacional de preocuparse cada vez más por el bienestar de los animales, es probable que las leyes se centren cada vez más en proporcionar a nuestras mascotas oportunidades de demostrar sus patrones de comportamiento naturales. Aunque en muchas partes del mundo el entorno en el que tenemos a nuestros gatos se ha desviado mucho de su entorno natural, con una profunda comprensión del comportamiento de los gatos, habilidades de adiestramiento bien arraigadas y una mente imaginativa podemos hacer todo lo posible para asegurarnos de que nuestros gatos sean felices y estén sanos bajo nuestros cuidados.

Conclusión

Lo has conseguido.
¿Lo has conseguido?
No, lo habéis conseguido los *dos*.

Entrenar a tu gato puede ser, y debería ser, una experiencia trans-formadora, tanto para el dueño como para el gato. Es inevitable que una relación sólida entre gato y dueño incluya mucho aprendizaje, aunque la gran mayoría habrá pasado totalmente o casi inadvertido y habrá ocurrido en segundo plano, ya que ambas partes habrán cambiado su comportamiento lentamente para adaptarse a la otra. Habrás aprendido, tal vez sin ser realmente consciente de ello, en qué momentos del día tu gato está más dispuesto a prestarte atención. Y el gato habrá aprendido cómo te comportas cuando te apetece pasar algo de tiempo con él.

El adiestramiento no es «mágico» porque se base en procesos misteriosos: todos los ejercicios que hemos descrito en este libro dependen del mismo tipo de aprendizaje que el gato pone en práctica cuando explora la casa y el entorno. La «magia» surge cuando esos procesos te empiezan a resultar mucho más evidentes y comienzan a parecerte más deliberados y planeados. Habrás descubierto la conexión entre el premio y el cambio en su comportamiento. Habrás sentido alegría cuando el gato parezca entender qué respuesta buscabas (¡aunque es probable que también hayas sentido la frustración que supone volver a intentarlo al día siguiente y descubrir que parece haberlo olvidado todo!). Habrás conseguido entender mejor el lenguaje corporal del gato, aprender a juzgar cuándo es buen momento para empezar una sesión de entrenamiento y cuándo no, cuándo ha llegado la hora de insistir en un ejercicio en concreto y cuándo tienes que parar y dejarlo para otro día. El gato, por su parte, habrá aprendido mucho más sobre ti de lo que nunca había aprendido con la típica relación de «lo tomas o lo dejas» que se supone (casi siempre erróneamente) que prefieren. El entrenamiento os habrá unido de un modo que no hubiera sido posible de cualquier otra manera. Además, como el gato te verá ahora como una fuente de mucha alegría, habrá aprendido a tener una visión mucho más positiva de ti que antes.

Un gato bien entrenado también sorprenderá a aquellos (en su mayoría, claro) que hayan aceptado la idea común de que los gatos no pueden entrenarse. Cuando la presentadora de televisión Liz Bonnin fue a casa de Sarah para conocer a Herbie y Cosmos, le preguntó de forma desenfadada: «¿Crees que podría conseguir que Cosmos se sentara? Estoy segura de que no va a funcionar…». Pero funcionó, ¡y en el primer intento! «Y así, señoras y señores, es como conseguimos que nuestro gato se siente» anunció Liz a la cámara con una mezcla de admiración y auténtica sorpresa. Descubrirás, fuera tu intención o no, que te has convertido en un embajador del adiestramiento para gatos, sobre todo si has practicado los ejercicios más allá de la intimidad del hogar. Si has enseñado al gato a que acuda a tu llamada o a que camine de forma cómoda y relajada con un arnés o una correa, puede que incluso llames la atención, tal vez de mala gana, de algunos dueños de perros que no conozcan tan bien como tú la mejor forma de adiestrar a su mascota. Incluso si tus gatos no tienen acceso al aire libre, es probable que recibas miradas de asombro en el veterinario por parte de aquellos dueños con mascotas inquietas y temblorosas, por haber entrenado a tus gatos para que puedan hacer frente a las visitas y estén relajados y tranquilos en la sala de espera. Es una oportunidad perfecta de difundir estos nuevos conocimientos.

Al entrenar a tu gato, también te habrás convertido en parte del futuro de los propietarios de gatos. El gato del mañana tendrá que ser muy distinto del gato del pasado, y el adiestramiento es un componente indispensable de ese cambio, uno que no puede evitarse si los gatos siguen siendo populares y aceptados por la sociedad en su totalidad, no solo por aquellos que aman a los gatos.

La forma en que concebimos a los gatos ya ha sufrido un cambio radical en el último medio siglo. En la Inglaterra de los años cincuenta, de la que provienen los primeros recuerdos de John sobre los gatos, se consideraba a la mayoría de los gatos más o menos intercambiables (excepto los gatos de pedigrí). Los gatos mestizos comunes se reproducían libremente y daban a luz a más gatitos de a los que se les podía encontrar un hogar, y por desgracia, ahogarlos era todavía un método aceptado abiertamente para controlar la superpoblación. Si un gato doméstico desaparecía, se decía que su partida era la consecuencia inevitable del espíritu independiente del animal y muy pronto otro ocupaba su lugar, ya fuera un gatito o un gato adulto que «hubiera aparecido por allí». Muy pocos colocaban carteles de «gato perdido» (a menos que el animal fuera valioso en sentido monetario).

Hoy en día, la mayoría de la gente se convierte en propietario de gatos a la expectativa de que el vínculo que establezcan con el animal sea para toda la vida. La relación, es sin lugar a dudas, mucho más profunda, en sentido emocional, que el vínculo que se establecía al tener un gato hace sesenta años. Ahora casi esperamos que los gatos sean como los perros: cariñosos, fieles y leales desde el nacimiento hasta la muerte. El problema es que la mayoría de los gatos no son así. Bajo la piel (es decir, genéticamente) han cambiado muy poco desde los gatos ratoneros independientes que eran sus antepasados hasta el siglo XX. No es culpa de los gatos. Es solo que la evolución no funciona así. La selección natural necesita tiempo (cientos de generaciones) y un proceso de selección constante. No basta con cincuenta generaciones (suponiendo que las hembras empiecen a reproducirse cuando tengan diez meses; en realidad, la mayoría puede empezar a reproducirse varios meses antes), y no está claro cómo debería ser ese proceso de selección, ya que normalmente los gatos sin pedigrí escogen a sus parejas. ¿Debe acercarse la hembra al macho y preguntarle: «¿Son tus otros gatitos buenos con la gente, sociables con los demás gatos y no tienden a cazar especies en peligro de extinción?». Sean cuales sean los criterios que siguen las hembras no esterilizadas para seleccionar a los machos (y viceversa, y ambos se desconocen casi por completo), es improbable que sea alguno de esos.

La mayoría de los gatos son producto de la selección natural (aunque han evolucionado en entornos creados en gran medida por el hombre) y no de la cría deliberada, algo inusual entre los animales domésticos. Este tipo de método de cría tendrá sin lugar a dudas un papel muy importante a la hora de crear al gato del futuro, pero por desgracia es muy poco probable que los gatos con pedigrí actuales, por muy bonitos que sean, sean el punto de partida.

En la actualidad, se juzga a las razas de gatos principalmente por su aspecto, no por su comportamiento, y no hay pruebas que sugieran que ninguna sea más apropiada para vivir en el entorno urbano moderno que los gatos callejeros. De hecho, toda la historia de la cría de gatos se ha basado en refinar su aspecto, mientras que la cría de perros, que antes se criaban en función de su propósito, solo ha empezado a centrarse en alterar el aspecto de los animales en los últimos ciento veinte años aproximadamente. Centrarse en su aspecto ha sido un desastre genético para ambos animales. En este sentido, los gatos no han sufrido tanto como los perros porque la cría ha sido menos extrema, pero la cría entre parientes cercanos durante muchas generaciones ha provocado que surjan todo tipo de enfermedades genéticas, y algunas razas (aunque muchas menos que en el caso de los perros) se caracterizan por sufrir mutaciones debilitantes.[1]

Por suerte, todavía existen muchas variabilidades genéticas en los gatos actuales: una cantidad considerable incluso en un mismo lugar, por ejemplo, Londres o Los Ángeles, y todavía más si se combinan gatos de distintos continentes. Cruzar gatos mestizos de un lugar con gatos de pedigrí cuyos genes se originaron en otro sitio (por ejemplo, un gato siamés de Manhattan con un gato callejero de Brooklyn) debería generar una amplia gama de personalidades felinas, mucho más diversas de las que surgirían naturalmente en cualquiera de las poblaciones de las que provenían sus padres. No hay motivos para creer que cualquiera de las crías no sería un animal perfectamente agradable y feliz. Sin embargo, algunos estarían mucho más preparados para un estilo moderno de vida que los demás y, si son mestizos, esos gatos podrían ser la base de un nuevo tipo de súper mascota, seleccionada por su comportamiento y carácter en lugar de por su aspecto, a diferencia de las razas actuales (de hecho, todos los gatos podrían ser distintos de los demás).[2]

Los biólogos cada vez están más cerca de identificar los genes individuales que afectan más a la personalidad de los gatos. Un estudio reciente redujo la búsqueda a solo trece genes que afectan a la forma en que están construidos sus cerebros y sus sistemas nerviosos. Estos avances aumentan las posibilidades de poder «leer» dentro de unos años los genes que hayan influido en la personalidad de cualquier gato solo con la pequeña muestra de ADN que encontramos en el extremo de algunos de sus pelos: este proceso nos permitiría seleccionar a los candidatos más prometedores para su cría. (Como gran parte de la personalidad del gato proviene de sus experiencias durante la infancia y la adolescencia, sin estos procedimientos es muy difícil determinar en la actualidad qué influencia han tenido los genes en ella, aunque sin lugar a dudas sus efectos son poderosos).[3]

¿Cómo debería ser esta nueva «raza»? Pues bien, a juzgar por los problemas actuales con los que se topan los gatos domésticos, debería diferir del gato «promedio» de cuatro formas distintas:

1. Deberían ser capaces de resolver los conflictos con otros gatos, tanto los que se dan en su propio hogar como los que se dan en el vecindario

2. Deberían tolerar mejor el comportamiento humano y que se les acerque gente desconocida (sin que el gato llegue a volverse vulnerable a los abusos)[4]

3. Deberían dejar de sentir la necesidad de cazar cuando estén bien alimentados

4. Deberían ser más tolerantes a los cambios en su entorno, tanto en los gatos y las personas con los que interactúan como en el lugar físico en el que viven

Tenemos todos los motivos para suponer que la cría selectiva será capaz de resaltar esos cuatro rasgos, porque el interés que los gatos domésticos tienen en la caza, su capacidad de acomodarse y lo sociables que sean tanto con las personas como con los demás gatos ya varía mucho de un animal a otro. A largo plazo, puede que sea posible, y también conveniente, añadir un quinto rasgo a la lista:

5. Deberían ser fáciles de entrenar

Es muy poco probable que los cambios en la genética nos permitan ignorar el papel decisivo que las primeras experiencias (la socialización) tienen a la hora de otorgarles a los gatos las habilidades que necesitan para interactuar con las personas. Independientemente de la genética del gato, nunca debemos olvidar que gran parte de su personalidad es el resultado del trabajo conjunto de los genes y la experiencia y que, aunque la forma en que se combinen e interactúen pueda cambiar en el futuro, ambos seguirán siendo importantes. De este modo, el aprendizaje siempre tendrá un papel importante: una parte, el fruto de las experiencias diarias normales del gato, ocurrirá de forma espontánea (igual que en la actualidad), pero otra parte cada vez mayor provendrá de estructuras pedagógicas más formales.

No obstante, todo esto será en un futuro. A corto plazo, la única forma infalible de modificar las reacciones instintivas de un gato es mediante el adiestramiento. Hasta que el genoma del gato se vuelva más parecido al de una mascota, este proceso deberá repetirse en cada generación porque, aunque las madres influyen en el comportamiento de los gatitos, las personalidades de las crías no han madurado cuando se separan de sus madres a las ocho semanas de edad, ni siquiera cuando cumplen las doce o trece semanas, momento en que muchos gatos de pedigrí llegan a sus nuevos hogares. Sin embargo, puesto que el entrenamiento debería ser divertido para ambas partes, la necesidad de empezar desde cero con todos y cada uno de los gatitos no debería parecernos una dificultad, sino más bien una forma divertida de forjar una vínculo estrecho con cada uno de los gatos que introduzcas en tu vida.

El último medio siglo ha supuesto el nacimiento y el fuerte crecimiento de la medicina felina (antes, lo creas o no, los profesionales veterinarios trataban a los gatos como si fueran cachorros). Como consecuencia, ahora las necesidades médicas de los gatos están bien atendidas. Entendemos sus enfermedades como nunca antes. Ha surgido una amplia gama de vacunas felinas que protegen a nuestros gatos de enfermedades ante las que muchos gatos hubieran sucumbido en el pasado. La esterilización ha liberado a las hembras de la carga de dar a luz y criar a los gatitos año tras año, y a los machos de tener que competir con gatos probablemente más experimentados o ágiles y de la ansiedad de mantenerlos lo más alejados posible de «sus» hembras. Desde la perspectiva del dueño, la medicina felina primero fortaleció y, después, consolidó la esperanza de que el gato sea nuestra mascota de por vida, un compañero permanente y no algo temporal como hasta ese momento.

Ha habido mucho menos progreso en nuestro conocimiento veterinario y científico de las necesidades emocionales y psicológicas de los gatos domésticos. Ahora disponemos de los medios para mantenerlos sanos físicamente, pero sus experiencias subjetivas siguen siendo un misterio tanto para el dueño como para el profesional. Esperamos que con este libro hayamos sido capaces de demostrar las ventajas que el adiestramiento puede aportarles a los gatos, haciendo que sean capaces de soportar mejor los factores de la vida cotidiana que les causan estrés. No obstante, no es la única forma en que el entrenamiento puede hacer que el gato tenga una vida más feliz. El adiestramiento también puede tener un papel muy importante a la hora de solucionar los trastornos de conducta que algunos gatos desarrollan al estar expuestos continuamente al estrés (consulta la sección de lecturas complementarias para ver textos recomendados).

El adiestramiento también puede ayudar a canalizar las conductas no deseadas por los dueños: comportamientos que para los gatos son naturales, pero que molestan a los propietarios (no estamos hablando de trastornos de comportamiento). Matar a otros animales y arañar los muebles son probablemente los comportamientos que generan más controversia. Tal y como hemos visto en el libro, hay formas de dirigir esos comportamientos a propósitos más aceptables.

Tanto si decidimos entrenarlos como si no, los gatos siempre tendrán mentes inquisitivas, y por eso, aprenderán todos los días, aunque su comportamiento es mucho más flexible durante la infancia y comienza a ser cada vez más rutinario a medida que van creciendo. Deberíamos percibir el adiestramiento no como algo que afecte a la libertad de nuestro gato, sino como una forma de redirigir su deseo de aprender para hacer que su vida y nuestra relación con él sean tan buenas como sea posible. Se lo debemos: han llegado muy lejos para convertirse en animales a los que les gusta complacernos; entrenarlos es el mejor método del que disponemos para ayudarlos a completar el recorrido.

Agradecimientos

John: Antes que nada, quiero dar las gracias a Sarah por haber tenido la idea inicial para este libro y por compartir toda su experiencia, tanto los elementos básicos sobre cómo entrenar a los gatos, como su conocimiento sobre cómo puede aplicarse la teoría del aprendizaje para dar forma al comportamiento de un animal con una reputación inmerecida de ser inflexible. También me gustaría darle las gracias a la doctora Debbie Wells de la Universidad Queens de Belfast, que me invitó a revisar la tesis doctoral de Sarah y nos presentó; y a Helen Sage por pedirnos a ambos que nos uniéramos al equipo del programa de BBC Horizon en Shamley Green para crear *La vida secreta del gato,* durante el que surgió la idea de este libro entre el rodaje de una escena y otra.

Me gustaría agradecerles a todos los compañeros académicos, antiguos y actuales, que me han ayudado en mi investigación y en la escritura de mi anterior libro *Cat Sense* (Sentido felino), en el que aparecen por su nombre. También a mi familia por permitirme dedicar tiempo a terminar otro libro sobre gatos.

Sarah: Muchas gracias a John por creer en mis primeros trabajos sobre el adiestramiento de gatos, por animarme a dar el salto y poner esas ideas por escrito y, lo que es más importante, por acompañarme en este viaje: publicar un libro que sea un manual práctico y un informe objetivo sobre gatos a la vez ha tenido sus desafíos. En este caso, ha sido cierto que «dos cerebros piensan mejor que uno»: escribir con John ha sido un proceso muy gratificante. Estoy muy agradecida por todas las discusiones científicas que John y yo hemos tenido a lo largo de los años; me han ayudado enormemente a perfeccionar lo que sabía sobre los gatos y he disfrutado de poder compartir mis ideas y hablar de nuevos conceptos.

Muchos científicos, conductistas de animales y adiestradores de perros me han ayudado a desarrollar mis ideas sobre entrenar a gatos al haber permitido a esta amante de los felinos entrar a sus charlas, clases de adiestramiento y debates: me habéis ayudado de verdad a pensar de forma creativa. Entre ellos, se encuentran el profesor Daniel Mills, Helen Zulch, la doctora Debbie Wells, el doctor Oliver Burman, la doctora Hannah Wright, Chirag Patel, Jessica Hardiman, Jo-Rosie Haffenden y Hannah Thompson. He tenido la suerte de haber tenido numerosas oportunidades a lo largo de los años de hablar de la conducta felina con muchos especialistas, incluidos Vicky Halls, Sarah Heath, Nicky Trevorrow, la doctora Lauren Finka, Rachael King, Naima Kasbaoui, Claire Bessant, el doctor Andy Sparkes y la doctora Rachel Casey: estas discusiones han dado forma a mis puntos de vista actuales. También quiero agradecerles a aquellos del otro lado del charco que me han ayudado a comprender cómo es un gato americano: incluidos Ilona Rodan, Mikel Delgado, Julie Hecht, Theresa DePorter, Miranda Workman, Jacqueline Munera y Steve Dale. Asimismo, muchas gracias a todos los trabajadores de International Cat Care: la organización fue la primera en pedirme que compartiera mis conocimientos sobre el adiestramiento de gatos mediante una invitación para hablar del tema en su conferencia anual de 2010 y que ha seguido respaldando la idea desde entonces.

Mi más sincero agradecimiento a mis gatos, que han sido mis fieles compañeros durante los largos períodos que he pasado detrás del ordenador, a mi marido, Stuart, y a mis padres, que me han apoyado incondicionalmente mientras escribía el libro, con su tiempo y su cariño.

John y yo le estamos profundamente agradecidos a Peter Baumber por ser un fotógrafo de gatos fantástico: su comprensión del comportamiento felino, junto con sus excelentes habilidades fotográficas, hicieron que nuestros gatos modelos estuvieran siempre relajados delante de la cámara y se sintieran lo bastante cómodos para hacer una demostración de sus habilidades de adiestramiento. Gracias a Emma Schmitt (dueña de Batman), Lizzie Malachowski (dueña de Sheldon) y a la organización benéfica Lincs Ark (que cuidaba de Skippy en aquel momento) por ser tan amables de dejarnos fotografiar algunas de las habilidades de sus gatos.

Ambos queremos dar las gracias a nuestro representante, Patrick Walsh, de la agencia literaria PEW, al personal de Conville & Walsh y a nuestros editores de Basic Books, Lara Heimert y Roger Labrie, por ayudarnos a dar forma a nuestras ideas y convertirlas en algo que esperamos de verdad que a los dueños de gatos les parezca accesible y divertido.

Lecturas complementarias

Cat Sense (Londres: Penguin, 2014), de John, nos aporta un informe accesible sobre la domesticación y el comportamiento de los gatos que complementará las introducciones de los varios capítulos de este libro. En la segunda edición del libro de texto de John, *The Behaviour of the Domestic Cat* (El comportamiento del gato doméstico) (Wallingford, Reino Unido: CAB International, 2012), escrito en colaboración con las doctoras Sarah Brown y Rachel Casey, y también en las tres ediciones de *The Domestic Cat: The Biology of Its Behaviour* (El gato doméstico: la biología de su comportamiento), editado por los profesores Dennis Turner y Patrick Bateson, y publicado por Cambridge University Press en 1988, 2000 y 2013, encontraremos más informes detallados, aptos para estudiantes adeptos del comportamiento de los gatos.

Aquellos lectores cuyo interés en los gatos vaya más allá del que tienen sentado sobre el regazo pueden probar a leer *The Natural History of the Wild Cats* (La historia natural de los gatos salvajes) (Londres: Christopher Helm, 1991), de Andrew Kitchener, o *The Wild Cat Book: Everything You Ever Wanted to Know About Cats* (El libro del gato salvaje: todo lo que siempre quisiste saber sobre los gatos) (Chicago: University of Chicago Press, 2014), de Fiona y Mel Sunquist.

En información general sobre el adiestramiento de animales, es difícil superar a *Carrots and Sticks: Principles of Animal Training* (Incentivos y castigos: los principios del adiestramiento de animales) (Cambridge: Cambridge University Press, 2008), de los profesores Paul McGreevy y Bob Boakes, aunque cada vez es más difícil de encontrar. *Animal Learning and Cognition: An Introduction* (Introducción al aprendizaje y cognición de los animales) (Nueva York: Routledge, 2008), de John M. Pearce, es una de las mejores obras universitarias y trata el mismo tema.

Para aquellos que quieran presentarle un perro a un gato (o gatos) o viceversa, el libro *100 trucos para adiestrar a un perro perfecto* (Zaragoza: Paidotribo, 2010), de Sarah Fisher y Marie Miller, describe cómo entrenar a los perros en muchas de las habilidades clave que se necesitan para garantizar que se los presentamos a los gatos sin problemas.

Si necesitas consejo para resolver un problema de conducta con tu gato que no se incluya en este libro, nada puede sustituir a una consulta privada con un experto cualificado, aunque todavía no están disponibles en todas partes (la mayoría de «expertos conductuales» se especializan en perros). En algunos países, hay organizaciones profesionales para expertos conductuales especializados en gatos (algunos de los cuales son veterinarios): por ejemplo, en Estados Unidos se encuentra la Sociedad Americana de Veterinaria y Comportamiento Animal (www.avsabonline.org) y la Asociación Internacional de Consultores de Comportamiento Animal (www.iaabc.org). Libros como *Cat Detective: Solving the Mystery of Your Cat's Behaviour* (Detective de gatos: resolviendo el misterio del comportamiento de tu gato) (Londres: Bantam Books, 2006), de Sarah Heath, Vicky Halls y expertos como Pam Johnson-Bennett, pueden darte algunos consejos útiles. Además, la Sociedad Internacional de Medicina Felina (ISFM) ha publicado la *Guide to Feline Stress and Health: Managing Negative Emotions to Improve Feline Health and Wellbeing* (Guía sobre estrés y salud felina: gestionar las emociones negativas para mejorar la salud y el bienestar felinos) (Tisbury, Reino Unido: International Cat Care, 2016), editado por Sarah Ellis y Andy Sparkes, que describe las distintas emociones negativas que los gatos pueden sufrir, qué las causa y cómo prevenirlas o mitigarlas.

El libro *The Cat: Its Behavior, Nutrition and Health* (El gato: su comportamiento, nutrición y salud) (Ames: Iowa State Press, 2003), de Linda Case, es una buena introducción a las necesidades del gato doméstico e incluye un capítulo sobre cómo aprenden los gatos y otro sobre conductas problemáticas. El bienestar felino se trata brevemente en la tercera edición de *The Domestic Cat: The Biology of Its Behaviour*, pero más exhaustivamente en *The Welfare of Cats* (El bienestar de los gatos), editado por Irene Rochlitz (Dordrecht, Países Bajos: Springer, 2007).

Notas

Notas del prefacio

1. Consulta la postura de la American Veterinary Medical Association (Asociación Americana de Medicina Veterinaria) en https://www.avma.org/Advocacy/StateAndLocal/Pages/ownership-vs-guardianship.aspx

Notas de la introducción

1. La evolución de la familia felina se ha actualizado hace poco basándose en las diferencias en el ADN de las especies, que han revelado algunas migraciones extraordinarias. Consulta el artículo de Stephen O'Brien y Warren Johnson, «*The Evolution of Cats*» (La evolución de los gatos), en la revista *Scientific American* (julio de 2007), 68-75.

2. Podemos encontrar más detalles sobre los antepasados recientes del gato doméstico y la domesticación en los capítulos 1 y 2 de *Cat Sense* (ver lecturas complementarias). Consulta también el artículo «*The Taming of the Cat*» (La domesticación del gato), de Carlos Driscoll, Juliet Clutton-Brock, Andrew Kitchener y Stephen O'Brien en el ejemplar de junio de 2009 de *Scientific American*, páginas 56-63.

3. El capítulo 7 de *Cat Sense,* «*Cats Together*» (Gatos juntos) (ver lecturas complementarias) describe de forma más exhaustiva lo que comprendemos de la vida social de los

gatos; consulta también los capítulos 5 y 6 de la tercera edición de *The Domestic Cat: The Biology of Its Behaviour*.

4. La transformación del gato doméstico de cazador a animal de compañía y, después, a objeto de devoción, se describe en el libro de Jaromir Malek *The Cat in Ancient Egypt* (El gato en el antiguo Egipto) (Londres: British Museum Press, 1996).

5. La organización benéfica International Cat Care mantiene una base de datos actualizada de las enfermedades heredadas entre las razas del Reino Unido en http://icatcare.org/advice/cat-breeds/inherited-disorders-cats.

6. El plan corporal único de la familia de los gatos y cómo ha evolucionado se describe en el libro de Andrew Kitchener, *The Natural History of the Wild Cats* (ver lecturas complementarias).

7. Igual que la nutrición humana, la alimentación de los gatos ha estado sujeta en cierto modo a las modas durante los últimos años. El punto de vista científico se describe en un folleto gratuito, *The WALTHAM Pocket Book of Essential Nutrition for Cats & Dogs* (el Libro de bolsillo WALTHAM de la nutrición esencial para perros y gatos), que puede descargarse en http://www.waltham.com/resources/waltham-booklets/.

8. Los experimentos que establecieron el vínculo entre el juego y la caza que llevaron a cabo John y su compañera, la doctora Sarah Hall, se describen en el capítulo 6 de *Cat Sense* (ver lecturas complementarias).

9. El Instituto de Biología para la Conservación del Smithsonian ha publicado información que compara la depredación entre los gatos domésticos y los salvajes: http://www.nature.com/ncomms/journal/v4/n1/full/ncomms2380.html.

10. Los sentidos felinos se describen con más detalle en los libros de John, *The Behaviour of the Domestic Cat* (capítulo 2) y *Cat Sense* (capítulo 5).

11. Para ver un documento reciente que aporte pruebas del desarrollo del cerebro humano, consulta *Human Evolution*, de Robin Dunbar (Londres: Pelican Books, 2014).

12. Algunos científicos creen que los perros domésticos tienen una teoría de la mente rudimentaria, pero los perros nos prestan mucha más atención que los gatos. Para leer una exposición de las posibilidades, consulta el artículo «*Theory of Mind in Dogs? Examining Method and Concept*» (¿La teoría de la mente en los perros? Examinando el método y concepto) publicado en el *Learning & Behavior* 39 (2011): 314-317.

13. El neurocientífico Gregory Berns ha escrito un informe muy interesante sobre cómo entrenó a su perra Callie para que se sentara en un escáner de resonancia magnética: *How Dogs Love Us* (Cómo nos quieren los perros) (Seattle: Lake Union, 2013).

14. Podemos acceder a varios documentos exhaustivos sobre cómo funciona la mente de los perros, incluidos los libros *Inside of a Dog: What Dogs See, Smell and Know* (Lo que ve, huele y sabe un perro) (Nueva York: Simon & Schuster, 2009), de Alexandra Horowitz; *Entender a nuestro perro* (Paidotribo, 2013), de John Bradshaw; y *Genios: los perros son más inteligentes de lo que pensamos* (KNS ediciones, 2013), de Brian Hare y Vanessa Woods.

15. Para ver estudios sobre los efectos que tiene ver fotografías de gatitos, consulta los artículos «*The Power of Kawaii: Viewing Cute Images Promotes a Careful Behavior and Narrows Attentional Focus*» (El poder del *Kawaii*: ver imágenes adorables fomenta una conducta prudente y reduce el foco de atención), de Hiroshi Nittono, Michiko Fukushima, Akihiro Yano y Hiroki Moriya, *PLoS ONE* 7, n.º 9 (2012) y «*Species-Specific Response to Human Infant Faces in the Premotor Cortex*» (La respuesta de las especies al ver el rostro de un bebé humano en la corteza premotora), de Andrea Caria y otros, *NeuroImage* 60 (2012): 884-893.

16. La veterinaria Rachel Casey describe los trastornos de conducta en gatos provocados por el estrés en los capítulos 11 y 12 de *The Behaviour of the Domestic Cat* (ver lecturas complementarias).

Notas del capítulo 1

1. Leer sobre la ciencia del aprendizaje de los animales puede ser intimidante: dos de los textos más accesibles son el libro de McGreevy y Boakes, y el de John M. Pearce (consulta las lecturas complementarias).
2. Los libros de texto que tratan la teoría del aprendizaje animal tienen su propia terminología para estos procesos, como «refuerzo positivo» y «castigo negativo» (este último se corresponde con la Consecuencia 2), pero a muchos les parecen complicados, por lo que no los hemos utilizado aquí.
3. Para conocer más detalles sobre este experimento, consulta el capítulo 6 de *Cat Sense*.
4. Para saber más información acerca de cómo y cuándo los gatos quieren que los alimentemos, consulta el capítulo «*Feeding Behaviour*» (conducta de alimentación) en *The Waltham Book of Dog and Cat Behaviour,* de John y Chris Thorne, editado por Chris Thorne (Oxford: Pergamon Press, 1992), 115-129.
5. En un estudio no publicado llevado a cabo por Sarah y sus compañeros, se hizo que los gatos jugaran con varitas de juguete (de propiedades sensoriales distintas) para investigar cómo esas propiedades alentaban a los gatos a jugar. Se descubrió que es más probable que los gatos persigan el juguete, independientemente del que sea, si se mueve la varita en línea recta y rápido, en lugar de moverla despacio, aleatoriamente o de un lado a otro.
6. Este blog contiene un reportaje del estudio que realizó Sarah para examinar las respuestas conductuales de

los gatos a las caricias de sus dueños y desconocidos en distintas partes del cuerpo: http://www.companion-animalpsychology.com/2015/03/where-do-cats-like-to-be-stroked.html. La importancia social de las distintas señales se describe con más detalle en los capítulos 7 y 8 de *Cat Sense,* y en el capítulo escrito por Sarah Brown y John Bradshaw en la tercera edición de *The Domestic Cat* (El gato doméstico), de Turner y Bateson (ver lecturas complemenarias).

Notas del capítulo 2

1. Benjamin Hart, Lynette Hart y Leslie Lyons tratan con más detalle las diferencias de conducta entre las distintas razas de gatos en su capítulo en la tercera edición de *The Domestic Cat,* de Turner y Bateson (ver lecturas complementarias).

2. Los orígenes de las personalidades felinas se tratan con más detalle en el capítulo 9 de *Cat Sense,* de John Bradshaw, y en el capítulo de Michael Mendl y Robert Harcourt en la segunda edición de *The Domestic Cat,* de Turner y Bateson (ver lecturas complementarias).

3. Para conocer un poco más cómo afectan las experiencias previas, en especial las negativas, a la disposición del gato a que lo entrenen, consulta los capítulos *«Feline Welfare Issues»* (Cuestiones del bienestar felino), de Irene Rochlitz, e *«Individual and Environmental Effects on Health and Welfare»* (Los efectos individuales y medioambientales en la salud y el bienestar), de Judi Stella y Tony Buffington, en la tercera edición de *The Domestic Cat,* de Turner y Bateson (ver lecturas complementarias).

Notas del capítulo 3

1. Consulta *The Encyclopedia of Applied Animal Behaviour and Welfare* (La enciclopedia del comportamiento y bienestar animal aplicado), editada por Daniel Mills (Wallingford: CAB International, 2010), 136-137, para más información sobre cómo afecta tener el control de la situación al bienestar del animal.

2. Para más información sobre la desensibilización y el contracondicionamiento, consulta el libro *Excel-erated Learning: Explaining in Plain English How Dogs Learn and How Best to Teach Them* (Aprendizaje excel-erado: explicando de forma sencilla cómo aprenden los perros y la mejor manera de adiestrarlos), de Pamela Reid (Hertfordshire: James & Kenneth, 1996), 150-152. Aunque el título sugiera que el libro trata solo de perros, da una perspectiva general de la teoría del aprendizaje que también puede aplicarse a los gatos.

3. Harry era un gato de Sarah que antes de vivir con ella había vivido en un jaula al aire libre.

4. Consulta www.clickertraining.com.

5. En el artículo «*Neural Basis of Emotions*» (La base neuronal de las emociones), de Edmund Rolls, en la *International Encyclopedia of the Social & Behavioral Sciences* (Enciclopedia internacional de las ciencias sociales y conductuales), 2ª ed., vol. 7, editada por James D. Wright (Oxford: Elsevier, 2015), 477-482, se explica la forma en que se establecen vínculos entre las emociones y los refuerzos.

6. Para saber más sobre cómo los gatos utilizan el sentido del olfato y el órgano vomeronasal para obtener más información sobre el entorno, consulta el capítulo 5 de *Cat Sense* (ver lecturas complementarias).

7. Puedes encontrar más información sobre B. F. Skinner, programas de refuerzo o más detalles de su libro en la página web de la fundación B. F. Skinner: www.bfskinner.org.

8. Consulta el libro *Feline Behavior: A Guide for Veterinarians* (El comportamiento felino: una guía para veterinarios) (St. Louis, MO: Saunders, 2003), 68-69, de Bonnie Beaver.

Notas del capítulo 4

1. En los años ochenta, se realizaron numerosos estudios en el laboratorio de Eileen Karsh en los que se tocó a los gatitos de distintas formas y durante distintos períodos de tiempo a distintas edades. Gracias a los resultados de esos estudios, se determinó la época más sensible a las caricias, así como el tipo de contacto que influía más positivamente en sus vidas. Puedes encontrar un resumen de esos estudios en el capítulo de Dennis Turner titulado *«The Human-Cat Relationship»* (La relación entre el ser humano y el gato) en la tercera edición de *The Domestic Cat: The Biology of Its Behaviour* de Turner y Bateson (ver lecturas complementarias).

1. Sarah Ellis, Victoria Swindell y Oliver Burman publicaron este estudio como *«Human Classification of Context-Related Vocalizations Emitted by Familiar and Unfamiliar Domestic Cats: An Exploratory Study»* (Clasificación humana de las vocalizaciones de gatos domésticos conocidos y desconocidos según el contexto: un análisis exploratorio) en el periódico *Anthrozoös 28* (2015): 625-634.

2. Consulta la nota 1.

3. El comportamiento social de los gatos se trata con más detalle en el capítulo 8 de *Cat Sense* (ver lecturas complementarias).

4. Hace poco, Sarah Ellis, Hannah Thompson, Cristina Guijarro y Helen Zulch realizaron un estudio sobre las zonas del cuerpo en las que los gatos responden al tacto de forma más positiva y lo publicaron como *«The Influence*

of Body Region, Handler Familiarity and Order of Region Handled on the Domestic Cat's Response to Being Stroked» (La influencia de la zona del cuerpo, la familiaridad con la persona que lo acaricia y el orden en la forma en que el gato responde a que lo acaricien) en Applied Animal Behaviour Science 173 (2016): 60-67. Este blog contiene un reportaje sobre el estudio: http://www.companionanimalpsychology.com/2015/03/where-do-cats-like-to-be-stroked.html.

Notas del capítulo 5

1. La estructura social de los gatos callejeros se trata con más detalle en el capítulo 8 del libro de John, *Cat Sense* (ver lecturas complementarias).
2. Consulta la nota 1 del capítulo 4.
3. Como parte de su tesis doctoral, Sandra McCune demostró que la simpatía del padre impactaba positivamente en la habilidad del gato para lidiar con objetos y gente nuevos. Es muy probable que también tenga algo que ver en la forma en que los gatitos consideran a otros gatos. Para acceder a un resumen de su trabajo, consulta el capítulo de Michael Mendl y Robert Harcourt titulado *«Individuality in the Domestic Cat: Origins, Development and Stability»* (La individualidad en el gato doméstico: orígenes, desarrollo y estabilidad), en la tercera edición del libro *The Domestic Cat: The Biology of Its Behaviour,* de Turner y Bateson (consulta lecturas complementarias).
4. La American Association of Feline Practitioners y la Sociedad Internacional de Medicina Felina han publicado una guía completa sobre cómo situar los recursos del gato dentro del hogar para optimizar su bienestar, a la que se puede acceder gratuitamente mediante el siguiente enlace: http://jfm.sagepub.com/content/15/3/219.full.pdf+html.

5. Puedes obtener más información sobre el mundo sensorial felino en el capítulo 5 del libro de John, *Cat Sense* (ver lecturas complementarias).

Notas del capítulo 6

1. El Pet Food Institute (el Instituto de Comida para Mascotas) recoge las estadísticas más actuales sobre la población de perros y gatos en Estados Unidos. Puedes encontrarlas en: http://www.petfoodinstitute.org/?page=PetPopulation.

2. El naturalista Mike Tomkies aporta una descripción gráfica de la indomabilidad de los gatos monteses en *My Wilderness Wildcats* (Londres: Macdonald & Jane's, 1977).

3. La edad de presentación y saber si introducir a un perro en el hogar del gato residente, o viceversa, es el tema del estudio de N. Feuerstein y J. Terkel, «*Interrelationships of Dogs (Canis familiaris) and Cats (Felis Catus L.) Living Under the Same Roof*» (La relación entre perros (*Canis familiaris*) y gatos (*Felis Catus L.*) que viven bajo el mismo techo), publicado en *Applied Animal Behaviour Science* 113, n.º 1 (2008): 150-165.

4. Para obtener más información sobre cómo enseñar al perro esas habilidades, consulta el libro *100 trucos para adiestrar a un perro perfecto* (Zaragoza: Paidotribo, 2010) de Sarah Fisher y Marie Miller.

Notas del capítulo 7

1. Consulta el capítulo de Irene Rochlitz, «*Feline Welfare Issues*» en la tercera edición de *The Domestic Cat: The Biology of Its Behaviour*, 131-153, de Dennis Turner y Patrick Bateson (ver lecturas complementarias).

2. Puedes encontrar información sobre la capacidad de algunos animales de oler el miedo en la introducción de un estudio que investiga si los humanos pueden detectar el miedo de otros humanos solo por el olor, realizado por Kerstin Ackerl, Michaela Atzmueller y Karl Grammer, y publicado con el nombre de «*The Scent of Fear*» (El olor del miedo) en *Neuroendocrinology Letters*. Puedes encontrar una versión de libre acceso del artículo en http://evolution.anthro.univie.ac.at/institutes/urbanethology/resources/articles/articles/publications/NEL230202R-03scent.pdf.

Notas del capítulo 8

1. Penny Bernstein escribió un capítulo titulado «*The Human-Cat Relationship*» (La relación entre los seres humanos y los gatos) en el libro *The Welfare of Cats*, de Irene Rochlitz (ver lecturas complementarias), que documenta muchas de las ventajas que los gatos traen a los seres humanos. A la mayoría de los gatos les gusta que los acaricien, pero un estudio llevado a cabo por Daniel Mills y sus compañeros demostró que a aquellos gatos que no estaban relajados en su hogar, las caricias podrían causarles estrés adicional. Puedes encontrar un resumen de este estudio en la página web de la Universidad de Lincoln: http://www.lincoln.ac.uk/news/2013/10/772.asp.

2. Consulta el capítulo 4, «*Every Cat Has to Learn to Be Domestic*» (Todos los gatos tienen que aprender a ser domésticos) del libro de John, *Cat Sense* (ver lecturas complementarias) para obtener más información del desarrollo de los gatitos.

3. Puedes encontrar una descripción de los olores de grupo, incluido cómo el tejón crea un olor de grupo, en el capítulo 5 de la segunda edición de *The Behaviour of the*

Domestic Cat (ver lecturas adicionales), titulado «*Communication*».

4. Sarah Ellis, Hannah Thompson, Cristina Guijarro y Helen Zulch investigaron las zonas del cuerpo en las que los gatos responden al tacto de forma más positiva y publicaron el estudio como «*The Influence of Body Region, Handler Familiarity and Order of Region Handled on the Domestic Cat's Response to Being Stroked*» (La influencia de la zona del cuerpo, la familiaridad con la persona que lo acaricia y el orden en la forma en que el gato responde a que lo acaricien) en *Applied Animal Behaviour Science* 173 (2016): 60-67, http://dx.doi.org/10.1016/j.applanim.2014.11.002. Este blog contiene un reportaje sobre un estudio de Sarah que analizaba las respuestas conductuales de los gatos a que los tocaran sus dueños y personas desconocidas en distintas partes del cuerpo: http://www.companionanimalpsychology.com/2015/03/where-do-cats-like-to-be-stroked.html.

Notas del capítulo 9

1. Los gatos disponen de una serie de estrategias conductuales para lidiar con el estrés. Estas se describen con más detalle en la *Guide to Feline Stress and Health: Managing Negative Emotions to Improve Feline Health and Wellbeing* (Guía sobre estrés y salud felina: gestionar las emociones negativas para mejorar la salud y el bienestar felinos) de la Sociedad Internacional de Medicina Felina (ver lecturas complementarias).

2. *La Guía sobre estrés y salud felina: gestionar las emociones negativas para mejorar la salud y el bienestar felinos* de la Sociedad Internacional de Medicina Felina proporciona información detallada sobre el impacto del estrés en la fisiología de los gatos (ver lecturas complementarias).

3. Puedes encontrar una descripción de los signos conductuales de la frustración, basada en un estudio llevado a cabo en un refugio canadiense, en un artículo de N. Gourkow, A. LaVoy, G. A. Dean y C. J. Phillips titulado *«Associations of Behaviour with Secretory Immunoglobulin A and Cortisol in Domestic Cats During Their First Week in an Animal Shelter»* (El papel de la Inmunoglobulina A secretora y el cortisol en el comportamiento de los gatos domésticos durante su primera semana en un refugio de animales), *Applied Animal Behaviour Science* 150 (2014): 55-64. Puedes encontrar información sobre los efectos del estrés crónico en la salud del gato en la *Guía sobre estrés y salud felina: gestionar las emociones negativas para mejorar la salud y el bienestar felinos,* de la Sociedad Internacional de Medicina Felina (ver lecturas complementarias).

4. El rol del cortisol en el estrés se explica con más detalle en la *Guía sobre estrés y salud felina: gestionar las emociones negativas para mejorar la salud y el bienestar felinos* (ver lecturas complementarias).

5. El libro de Sarah Heath y Vicky Halls, *Cat Detective,* puede darnos alguna pista sobre qué va mal (ver lecturas complementarias), igual que la página web de International Cat Care (www.icatcare.org), pero, si tienes alguna duda, deberías pedir consejo a tu veterinario, quien te recomendará un conductista cualificado si es necesario. El capítulo *«Feline Behaviour Problems and Solutions»* (Problemas de comportamiento felino y soluciones), de Benjamin y Lynette Hart, en la tercera edición del libro *The Domestic Cat: The Biology of Its Behaviour,* de Dennis Turner y Patrick Bateson (ver lecturas complementarias), nos proporciona un breve resumen del tema. Podemos encontrar descripciones detalladas de los distintos estados emocionales negativos en el capítulo 2 del libro *Stress and Pheromonatherapy in Small Animal Clinical Behaviour* (Estrés y feromonoterapia en el comportamiento de los animales

pequeños) (Chichester, Reino Unido: Wiley-Blackwell, 2012), 37-68, de Daniel Mills, Maya Braem Dube y Helen Zulch.

6. El plan de clínicas amables con los gatos es un programa mundial de la Sociedad Internacional de Medicina Felina, la división veterinaria de International Cat Care (conocido como práctica amable con los gatos en Estados Unidos y llevado por la American Association of Feline Practitioners). Está diseñado para ayudar a los consultorios veterinarios a ser más amables con los gatos, a ayudarlos a reducir el estrés y a hacer que las visitas al veterinario también sean más fáciles para los dueños. Puedes encontrar más información en www.catfriendlyclinic.com.

7. La American Association of Feline Practitioners y la Sociedad Internacional de Medicina Felina (parte de la organización International Cat Care) han publicado una serie de guías de buenas prácticas tituladas *Feline Friendly Handling* (Tratar a los gatos con amabilidad) en Journal of Feline Medicine and Surgery. Estas guías no solo te ayudarán a entrenarlo en casa para prepararlo para las visitas al veterinario, sino que además te permitirá conocer las normas que acata el personal de tu clínica veterinaria. Están disponibles en guidelines.jfms.com.

Notas del capítulo 10

1. La American Association of Feline Practitioners ha declarado formalmente que apoya que los gatos domésticos vivan solo en el interior. Puedes encontrarlo en, http://www.catvets.com/guidelines/position-statements/confinement-indoor-cats.

2. El capítulo 10 del libro de John, *Cat Sense* (ver lecturas complementarias) trata el impacto de los gatos en la naturaleza. En el documental de BBC Horizon titulado *La*

vida secreta del gato, John y Sarah monitorizaron el comportamiento de caza de cincuenta gatos del Reino Unido (con amplias oportunidades de caza en un área repleta de vida salvaje) a lo largo de una semana. Los dueños de los gatos recogieron muy pocas presas durante la semana; de hecho, los números equivalían a menos de dos presas por gato, lo que sugiere que muy pocas cazas tuvieron éxito. Puedes encontrar más detalles sobre el documental en http://www.bbc.co.uk/programmes/b02xcvhw.

3. Para obtener más información sobre cómo mantienen los gatos salvajes su territorio, consulta el capítulo escrito por Sarah Brown y John Bradshaw titulado *«Communication in the Domestic Cat: Within —and Between— Species»* [La comunicación entre gatos domésticos (de la misma especie o de otras)] en la tercera edición de *The Domestic Cat: The Biology of Its Behaviour* (ver lecturas complementarias).

4. La página web del Departamento de Educación del Gobierno australiano contiene información sobre las presas que los gatos (salvajes) suelen cazar en ese país: https://www.environment.gov.au/biodiversity/invasive-species/feral-animals-australia/feral-cats.

5. La Sociedad Internacional de Medicina Felina y la American Association of Feline Practitioners han publicado unas guías que detallan las necesidades medioambientales de los gatos, incluyendo su complejidad ambiental y la necesidad de realizar comportamientos propios de los gatos como la exploración y la caza: http://jfm.sagepub.com/content/15/3/219.full.pdf+html.

6. Un estudio, llevado a cabo por Kathy Carlstead y otros compañeros en gatos de laboratorio, demostró que los sucesos cotidianos imprevisibles que no podían controlar les provocaban signos conductuales y fisiológicos de estrés. Consulta el artículo *«Behavioral and Physiological Correlates of Stress in Laboratory Cats»* (Signos conductuales y fisiológicos del estrés en gatos de laboratorio), de K.

Carlstead, J. L. Brown y W. Stawn, en *Applied Animal Behaviour Science* 38 (1993): 143-158.

7. La *Guía sobre estrés y salud felina: gestionar las emociones negativas para mejorar la salud y el bienestar felinos* de la Sociedad Internacional de Medicina Felina nos proporciona mucha información para poder reconocer, prevenir y lidiar con gatos frustrados (ver lecturas complementarias).

8. El blog de Sacramento Leashwork titulado *«Both Ends of the Leash»* (Los dos lados de la correa) se centra en los perros, pero tiene una entrada muy instructiva sobre los ataques de frustración y la teoría puede aplicarse enteramente a los gatos: https://leadworks.wordpress.com/2014/08/12/foundations-of-training-frustration-bursts/.

Notas del capítulo 11

1. La ley de bienestar animal del Reino Unido (2006) estipula que los dueños de un animal de compañía tienen la responsabilidad de garantizar que el animal tenga bienestar físico y también psicológico. Puedes encontrar los detalles de la ley en: http://www.legislation.gov.uk/ukpga/2006/45/contents. Puedes encontrar información sobre la ley federal de Estados Unidos sobre el cuidado de mascotas, incluidos los gatos, en la página web del departamento de la Librería Nacional de Agricultura del Departamento de Agricultura de Estados Unidos: https://awic.nal.usda.gov/government-and-professional-resources/federal-laws.

2. El capítulo de Sarah Brown y John Bradshaw titulado *«Communication in the Domestic Cat: Within —and Between— Species»* en la tercera edición de *The Domestic Cat: The Biology of Its Behaviour* (ver lecturas complementarias) explica más en profundidad cómo los gatos

marcan el territorio para impedir que los demás entren en él. El rociado de orina también puede ocurrir por sucesos que les provoquen estrés, como si se sienten amenazados o nerviosos. Si tu gato rocía orina, lo primero que debes hacer es consultar con el veterinario que no tenga ningún problema médico. Entonces, él o ella decidirá si recomendarte a un conductista cualificado. Para obtener más información sobre el rociado de orina puedes consultar el artículo *«Guidelines for Diagnosing and Solving House-Soiling Behavior in Cats»* (Pautas para diagnosticar y resolver los comportamientos del gato que ensucian el hogar), producido por la American Association of Feline Practitioners y la Sociedad Internacional de Medicina Felina y publicado en el *Journal of Feline Medicine and Surgery*. Puedes acceder a ellas gratuitamente en http://jfm.sagepub.com/content/16/7/579.full.pdf+html.

3. En el capítulo 11 del libro de John, *Cat Sense* (consulta las lecturas complementarias) podrás encontrar información más detallada sobre los problemas que conlleva la extirpación quirúrgica de las uñas.

4. En *Cat Sense* hay un capítulo entero, el 10,dedicado a los gatos y la fauna (ver lecturas complementarias).

5. La reacción a la hierba gatera se describe más a fondo en *Cat Sense,* en las páginas 120-121 (consultar lecturas complementarias).

6. Por ejemplo, los códigos de nuevas prácticas para dueños de mascotas que acompañan a la ley de bienestar animal (2006) estipulan que sobrealimentar a los animales es un «problema de bienestar grave» que puede causarles sufrimiento innecesario. Aunque infringir estos códigos no se equipara con infringir la ley, si se llevara a juicio a un dueño y este hubiera incumplido el código de prácticas, podría utilizarse en su contra. Puedes encontrar el código de buenas prácticas por el bienestar de los gatos en https://

www.gov.uk/government/publications/code-of-practice-for-the-welfare-of-cats.

7. Puedes encontrar información sobre el babero para gatos de neopreno en http://www.catbib.com.au.

8. Puedes encontrar más detalles sobre los collares de colores para proteger a los pájaros en http://www.birdsbesafe.com.

Notas de la conclusión

1. La organización International Cat Care dispone de una base de datos actualizada sobre estos trastornos, vigentes sobre todo en el Reino Unido: http://icatcare.org/advice/cat-breeds/inherited-disorders-cats.

2. Para ver los datos de una encuesta realizada a nivel mundial, consulta el trabajo de Monika Lipinski y sus compañeros «*The Ascent of Cat Breeds: Genetic Evaluations of Breeds and Worldwide Random-Bred Populations*» (El ascenso de las razas de gatos: análisis genético de las razas y de las poblaciones criadas aleatoriamente), *Genomics* 91 (2008): 12-21.

3. Algunos de los genes que afectan a la forma en que funciona el sistema nervioso de los gatos y que pueden haber tenido algo que ver en su domesticación se describen en el artículo «*Comparative Analysis of the Domestic Cat Genome Reveals Genetic Signatures Underlying Feline Biology and Domestication*» (Un análisis comparativo del genoma del gato doméstico pone al descubierto firmas genéticas que sustentan la biología y la domesticación felina), de Michael Montague y sus compañeros, *Proceedings of the National Academy of Sciences of the United States of America* 111 (2014): 17230-17235.

4. Por ejemplo, a muchos les preocupa que las formas más extremas de la raza de gato Ragdoll, que permanecen dó-

ciles y, al parecer, indiferentes cuando se los coge, corran el riesgo de que les hagan daño, ya sea por accidente o de forma deliberada. Estas preocupaciones se documentaron en un artículo del periódico británico *Sunday Express,* el 11 de diciembre de 1994, del cual podemos encontrar un extracto, recogido por Sarah Hartwell, en http://messy-beast.com/ultracat.htm.

Índice de materias

Esperamos que haya disfrutado
de *Adiestra a tu gato,*
de John Bradshaw y Sarah Ellis,
y le invitamos a visitarnos
en www.kitsunebooks.org,
donde encontrará más información
sobre nuestras publicaciones.

Recuerde que también puede seguir
a Kitsune Books en redes sociales
o suscribirse a nuestra newsletter.